교육의 역사와 철학 시리즈 ④

박애주의 교육사상

오인탁 지음

Die Pädagogik des Philanthropismus

3

편집자의 말

편집자는 학지사 김진환 사장의 깊은 이해와 지원으로 '교육의 역사와 철학' 총서 20권을 편집할 수 있었다. 이는 여러 가지로 의미 있는 일로, 김 사장께 진심으로 감사드린다.

편집자의 말을 쓰면서 출판사 사장에게 감사부터 하는 경우는 거의 없다. 그러나 편집자는 이러한 없는 경우를 예외적으로 수용해 본다. 왜냐하면 오늘날처럼 순수한 학술서적의 출판이 어려워진 때도 별로 없기 때문이다. 출판을 기업으로 하는 사람은 필연적으로 이익을 창출하여 함께 데리고 있는 식구를 먹이고 사업도 키워야 한다. 그런데 학술서적의 출판은 최소한의 이익 창출을 보장하지 않고 있다. 그래서 의미를 강조한다. 그러한 서적과 총서의 출판이 우리의 교육학계에 주는 의미가 얼마나 중차대함을 강조하고, 이러한 출판이 동시에 출판사에 재미도 가져다 줄 수 있을 것이라고 전망해 본다. 김진환 사장은 고맙게도 우리의 그러한 주장을 그대로 받아들였다.

우리나라에서 학술서적은 교재와 참고서 중심의 출판으로 이어져 왔다. 최근에 들어와서 개론의 틀을 벗어난 전문서적들이 활발하게 출판되고 있으나, 상황은 여전히 어렵다. 교육학계도 예외가 아니다. 그래서 깊고 전문적인 연구의 결과를 단행본으로 출판하기는 저명한 교수가 아니고는 참으로 어려웠다. 출판의 풍토가 이렇다보니 참고서, 총서, 사전류 등이 개론적 서술의 성격을 띠고 있어서 교재로 활용할 수 있도록 기획될 수밖에 없었다.

편집자는 '교육의 역사와 철학' 총서로 이러한 한계를 뛰어넘는 모험을 하였다. 일차적으로 모두 20권으로 기획된 총서는 글자 그대로 교육의 역사와 철학에서 기초가 되는 사상들을 정선하여, 이 분야에 깊은 조예를 쌓은 학자에게 역사적이고 조직적인 서술을 부탁하였다. 그래서 예를 들면 『인본주의 교육사상』의 집필을 김창환 박사에게 부탁하였으며, 이 책에서 편집자는 인본의 어원과 개념에 대한 명쾌한 설명을, 인본주의 교육사상의 역사적이고 조직적인 전개에 관한 권위 있는 서술을, 오늘에 미친 영향사 및 사상사적 의미를, 그리고 권위 있게 제시한 이 분야의 참고문헌목록을 접하기를 기대하고 있다.

이러한 관점으로 편집자는 하나의 사상을 1,200매 내외의 원고 분량에 최적으로 담을 수 있는, 그 분야에서 가장 조예가 깊다고 알려져 있는 저자를 찾았으며, 교육학의 기초가 되는 사상과 운동과 개념을 정선하였다.

'교육의 역사와 철학' 총서는 다음과 같다. 제1권 인본주의 교육사상(김창환), 제2권 자연주의 교육사상(주영흠), 제3권 계몽주의 교육(이상오), 제4권 박애주의 교육사상(오인탁), 제5권 비권위주의 교육사상(박용석), 제6권 실존주의 교육사상(강선보), 제7권 교육인간학(정혜영), 제8권 개혁교육학(최재정), 제9권 진보주의 교육사상(정창호), 제10권 정신과학적 교육학(정영수), 제11권 사회주의 교육사상(심성보), 제12권 비판적 교육과학(황원영), 제13권 분석적 교육철학(유재봉), 제14권 도덕교육사상(남궁 달화), 제15권 평화교육사상(고병헌), 제16권 발도르프 교육학(정윤경), 제17권 대안교육사상(송순재), 제18권 예술교육의 역사와 이론(고경화), 제19권 페미니즘 교육사상(유현옥), 제20권 홀리스틱 교육사상(송민영).

이상의 20권에는 민족주의 교육사상, 현상학적 교육철학, 종교개혁의 교육사상, 포스트모더니즘 같은 중요한 사상과 철학이 많이 빠져 있다. 그래서 편집자는 다만 교육철학과 교육사학의 영역뿐만 아니라, 교육과 교육학에 관심을 가지고 있는 모든 사람이 필연적으로 읽어야 하는 기본도서로 기능할 수 있기를 바라는 마음으로 총서를 지속적으로 보완하여 가려고 한다.

오인탁 · 강선보

머리말

박애주의는 18세기에 독일 북부의 아름다운 작은 도시 데사우를 중심으로 일어난 새로운 학교교육문화운동이다. 이 시대는 계몽의 정신으로 가득 찼었다. 칸트와 훔볼트, 로크와 루소의 시대요 페스탈로치의 시대였다. 괴테와 헤르더와 쉴러가 일으킨 질풍노도의 물결이 아직 가라앉지 않고 있었다. 파리에서 일어난 프랑스 혁명이 캄페와 훔볼트 같은 박애주의 교육사상가들에게도 정신적 충격과 용기를 주고 있었다. 영국에서 시작된 산업혁명의 바람이 독일 전역에 세차게 몰아치고 있었다. 이러한 시대적 정신의 비등을 타고 계몽의 이념에 사로잡혀서, 그리고 루소가 꾸던 꿈을 이어받아서 바제도우를 비롯하여 캄페, 잘츠만, 트랍, 로코우 같은 사람들이 전승되어 온 인문주의적 학교교육을 인간 중심의 새로운 학교교육으로 확 바꾼 운동이 박애주의였다.

박애주의 학교교육운동은 글자 그대로 기존의 학교교육을 뒤집어없는 운동이었다. 그 주요 주장을 보면 다음과 같다.

라틴어와 그리스어 같은 삶과 동떨어진 고전어를 가르치는 대신에 삶의 직접적인 언어인 국어를 가르치자. 백과사전적인 지식의 체계를 강제로 주입하는 교육 대신에 생활에 유용하고 삶을 행복하게 만들어 주는 살아 있는 지식을 가르치자. 어른의 책을 강제로 읽히기를 중지하고 어린이를 직접적인 독자로 한 책을 만들어서 읽히자. 강제로 읽히고 익히는 주입식 교육을 중지하고 학습 동기를 최대한 살려서 재미있게 놀이하듯이 지식을 익히도록 하자. 생활에 유용한 기술을 직접 실습하도록 하며 배우도록 가르치자. 지금은 산업혁명의 불길이 도처에서 타오르기 시작했으니, 미래는 산업시대가 될 것이다. 그러니 산업을 실천적으로 가르치자. 건강한 신체에 건강한 정신이 오래 깃들이는 법이니, 체육을 정규 교과목으로 도입하자. 신분과 계층의 한계를 벗어나서 모든 학생을 차별 없이 받아들여 자유롭게 잘 교육하자. 학부모와 사회의 지도자들이 박애주의 교육을 잘 이해해야 이 새로운 학교교육문화운동이 성공적으로 전개될 터이니, 그들을 계몽하기 위한 잡지를 발간하자. 새로운 교재를 만들어 가르쳐야 하는데, 기존의 인쇄소들이 쉽게 만들어 줄 용기를 내지 못하니, 직접 학교 인쇄소를 차려서 교재를 인쇄하자. 다만, 지식을 가르치는 데서 그치지 말고 세계 탐험의 다양한 모험담들을 모아서 읽히고, 생활의 교양과 지혜를 가르치며, 종교교육도 일상생활에서 신앙이 다져지고 기능하도록 합리적으로 베풀자. 모든 참된 교육은 학생을 사랑할 줄 아는 교사로부터 시작되고 끝나는 것이니, 이 새로운 교육운동을 박애주의 학교교육운동이라 부르자.

이렇게 하여 박애주의는 칸트와 같은 당대의 대표적 철학자를 비롯하여 숱한 지식인들의 정신적 공감과 지지를 받으며 이론적으로 정립되고 실천적으로 활발하게 전개되었다.

박애주의 학교교육운동은 그 일어난 배경과 형태와 색깔에서 이미 확인되듯이 시대적 정신의 비등이었다. 그렇기 때문에 그만큼 전승되어 내려 온 정신에 대한 정면 도전이었다. 좀 더 구체적으로 말하면 인문주의 교육에 대한 박애주의의 도전이요, 정치와 종교의 지배집단인 귀족과 신부의 권위에 대한 도전이요, 기득권에 대한 부정이었다. 결국 극심한 탄압을 받았으며, 최초의 데사우 박애주의 학교는 불과 20년이란 짧은 기간에 존속하고 문을 닫았다. 그럼에도, 아니 그렇기 때문에 박애주의 학교교육운동은 새로웠고, 새로운 만큼 그 전체적 색깔과 형태에서 대안교육의 효시요 원천으로 기능하기에 부족함이 없었다. 그래서 학자들은 박애주의로부터 독일의 근대 학교교육의 이론과 제도와 내용과 방법이 시작되었으며, 박애주의가 대안교육의 원천으로 계속하여 기능하고 있다고 보고 있다.

박애주의는 독일을 중심으로 한 서구의 교육학계에서 연구의 대상으로 끊임없이 천착되고 있다. 그러나 한국의 교육학계에선 그동안 연구의 대상으로 관심을 받지 못해 왔다. 그래서 연구논문도 손가락으로 헤아릴 정도다. 단행본으로 출판되는 이 책이 박애주의 교육사상으로 한국에서 처음으로 선보이는 전문연구서다.

나는 독일 튀빙겐 대학교에서 박사학위를 취득한 후에 1976년도에 5년간 계약직 전임연구원으로 튀빙겐 대학교 교육학연구소에 취직했었다. 나의 생애 첫 직장이기도 한 이 연구소에서 내가 받았던 첫 연구과제는 "박애주의의 텍스트와 원천에 관한 연구"(Forschung über Texte und Quellen von Philanthropismus)였다. 이 연구를 수행하면서 충분한 연구비로 브라운슈바이크(Braunschweig)와 볼펜뷔텔(Wolfenwüttel)에 두 달간 머무르며 문서보관소(Archiv)와 도서관(Herzog August Bibliothek)을 섭렵하였으며, 캄페의 고향인 데엔젠(Deensen)을 방문하여 시청에서 캄페의 업적이 담긴 책을 얻기도 하였다. 데사우는 당시에 동독영역에 있었기 때문에 갈 수 없었다. 나는 이러한 연구활동의 일환으로 박애주의에 관한 엄청나게 많은 자료를 수집하였다. 그리곤 언젠가 박애주의 학교교육과 사상에 관한 큰 연구서를 써내리라 마음먹었었다. 그러나 이렇게 늦게, 그것도 갖고 있는 자료의 지극히 적은 부분만 활용한 연구서를 탈고하게 되었다. 부끄러운 마음이다. 그렇지만 이 책은 박애주의에 관한 유일한 단행본일 뿐만 아니라, 박애주의 교육사상을 전체적으로 깊이 있게 천착하면서 재미있게 읽을 수 있도록 노력한 연구서라고 자부한다. 이 책을 통하여 박애주의 교육사상과 운동에 관한 관심이 커지기 바란다. 또한 이 책이 우리나라의 학교교육의 성장과 발전에 보탬이 되길 바란다.

전문적인 학술 서적은 상품으로서의 가치가 적기 때문에 출판을 꺼리는 것이 출판계의 일반적 풍토다. 이러한 풍토 아래서 지속적으로 전문서적을 출판하고 있는 대표적 출판사 중의 하나가 학지사다. 전문서적 가운데서도 교육철학은 특히 독자가 많지 않은 영역이다. 그런데도 학지사의 김진환 사장께선 교육철학에 관한 깊은 관심을 가지고 『교육의 역사와 철학』 시리즈의 발간을 기꺼이 맡아 주셨다. 김진환 사장님의 큰 관심과 김순호 편집부장님의 자세한 보살핌으로 이 책이 잘 다듬어져 출판되었다. 이 자리를 빌려 두 분에게 깊은 감사의 말씀을 드린다.

2016년 1월
연교철 일산 서재에서
오인탁 씀

차 례

1 서 론

1. 들어가는 말

박애주의(博愛主義, Philanthropismus)는 계몽시대에 독일의 데사우를 중심으로 일어난 교육개혁운동이요, 사상이다.[1] 데사우는 역사적으로 안할트-데사우 공국의 수도였으며, 물데 강변에 있는 아름다운 전원도시다. 박애주의가 일어난 18세기 후반에 데사우의 군주는 레오폴드 III세였다. 그는 데사우를 독일 계몽운동의 중심지로 만들었다. 그는 박애주의 교육과 학교를 지원하였으며, 유명한 데사우-뵈를리처 식물원(Dessau-Wörlitzer

1) Philanthropismus는 phile(벗)+anthropos(인간)+mus(운동, 사상)의 합성어로, 직역하면 '인간의 벗 사상'이 된다. 우리나라에서 이를 일찍부터 '박애주의' 또는 '범애주의'로 번역하여 왔다. 이 글에서는 번역어의 관례에 따라서 박애주의로 번역한다. 'Philanthropin'은 박애주의 학교라는 말이며, 'Philanthropinismus'라고 하면 '박애주의 학교운동'이라는 의미가 된다.

Gartenreich)을 비롯하여 숱한 고전주의 형식의 건물을 건축하였다. 정치와 문화의 중심 도시로 부상한 데사우에 계몽사상뿐만 아니라 산업혁명의 물결이 밀려들었고, 곧 데사우는 시대적 흐름의 한가운데 자리하게 된다. 최초의 박애주의 학교가 데사우에 설립되고 박애주의 운동의 보루로서 활발한 운동을 펼치게 된 것은 결코 우연이 아니었다.

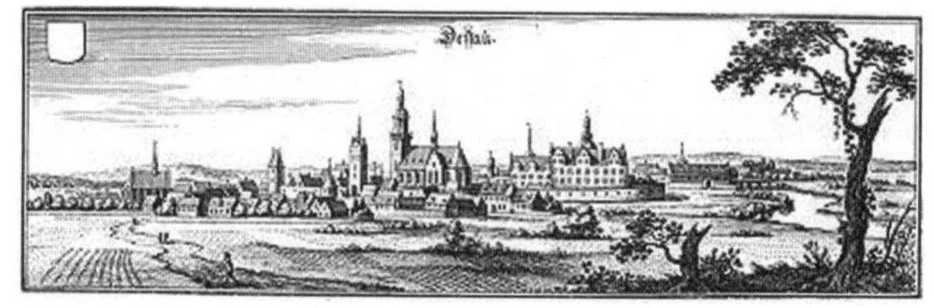

[그림 1-1] 17세기의 데사우 전경

박애주의 학교운동을 일으킨 대표적인 교육자는 바제도우(Johann Bernhard Basedow, 1724~1790)다. 바제도우를 따라서 박애주의 학교운동에 가담한 교육자 및 교육사상가들은 모두 스스로를 '인간의 벗(philanthropin)'이라고 불렀다. 여기에서 인간의 벗 운동과 사상이라는 뜻을 가진 '박애주의(Philanthropismus)'라는 말이 형성되었다. 박애주의는 말이 가지고 있는 뜻 그대로 인간을 바로 이해하여 그 바탕 위에서 학생을 위한 교육을 하자는 운동이요, 사상이다. 인간을 바로 이해한다는 말은 기독교 신앙과 성서에 기초하여 이해한다는 뜻이다. 따라서 박애주의라는 말을 그 말에 담겨 있는 뜻대로 철저히 이해하면 연역적 · 규범적으로 전승되어 온, 인간과 사회를 신분과 계층에 따라 구분하

[그림 1-2] 물데 강변에 자리한 데사우의 현재 모습

여 온 가치 체계와 이 체계를 통하여 정당화되고 있는 삶의 형식과 제도를 재구성과 개혁의 대상으로 본다. 그리하여 필연적으로 박애주의가 비판과 도전의 언어로 기능하게 된다.

이 운동은 1770~1800년에 걸쳐서 독일의 북부 개신교 지역에서 주로 일어났으며, 부분적으로는 19세기 신인본주의의 대두 이후까지 계속되었다. 박애주의는 계몽기에 서구에서 광범위하게 퍼져 나가면서 숱한 박애주의 학교를 탄생시켰다. 박애주의는 그때까지 사회계층의 한계 내에서 이루어지고 있었던 학교교육을 신분을 넘어서 '모든 시민을 위한 학교교육'으로, 다시 말하면 공교육으로서의 학교교육 제도와 과정 전반을 재구성하고자 시도하였다. 그래서 독일의 교육학계에서는 일반적으로 박애주의와 더불어 독일의 현대를 포함한 근대적 학교교육학과 학제가 탄생하였다고 보고 있다.[2)]

교육은 언제나 일정한 역사적이고 사회문화적인 맥락에서 이해되고 실천되기 때문에 교육학의 학문적 성격도 변증법적이요, 구체적이다. 계몽시대의 박애주의 교육운동에서도 이러한 성격은 그대로 드러난다. 우리는 18세기를 계몽시대라고 부른다. 18세기의 대부분이 계몽의 정신으로 세계를 재구성하는 큰 흐름으로 채워져 있기 때문이다. 계몽의 성격은 17세기 바로크 시대의 인간관과 세계관을 비판하고 극복하는 것이었다. 17세기를 지배하는 교육학적 흐름은 리얼리즘으로 알려져 있는데, 리얼리즘은 합리적 정신으로 세계를 재구성하는 운동이요, 사상이다. 그래서 합리주의라고 표현할 수도 있다. 여기서 합리란 자연을 모델로 삼고 자연의 질서를 인간 세계에서 실현해 보자는 의미로 강조되었다. 그리하여 질서를 만들고 체계를 세우는 것에서 이성(Ratio)의 힘을 찾았다. 인간은 자유로운 시민이기 이전에 왕의 신민이므로 모든 신민이 국가라는 전체 안에 합리적으로 자리매김되고 각자의 자리에서 삶을 영위하도록 할 때에 세계는 합리적인 것이다. 그래서 바로크 시대의 합리주의는 객관적 질서와 체계 안으로 신민을 자리매김하고 그러한 세계관을 신민에게 주입하는 이념이었다. 계몽주의는 바로 이러한 17세기적 규범적 합리주의에 대한 도전이었다. 즉, 신민을 딱딱한 신분 계층의 속박에서 해방시켜 개인으로서의 삶을 이룩할 수 있도록 생활 공간과 교육 공간을 열어 주자는 사상이요, 운동이었다. 그리하여

2) Wolfgang Sünkel, Zur Entstehung der Pädagogik in Deutschland, Studien über die philanthropische Erziehungsrevision. Münster 1970. Habilitationsschrift.

서구에서 처음으로, 사회적 차원에서 인간이 개인(Individuum)으로 이해되고 강조되기 시작하였다.[3)]

여기서 개인으로서의 인간 이해와 개성(Individualität)으로서의 인간 이해는 구별할 필요가 있다. 개성은 인간 개개인이 각자의 잠재 능력을 고유하고 상이하게 실현하고, 이를 통하여 자신의 유일회적(唯一回的) 삶을 이룩함으로써 드러나는 개념이다. 따라서 근세 인문주의 시대부터 인간을 개인으로 인식하기 시작한 후에도 교육의 영역에서는 18세기에 접어들 때까지 여전히 개인 모두에게 평등한 교육이 아니라 계층 안에서의 교육이 이루어졌다. 이 틀을 극복하여 성장하는 남녀 시민 모두에게 교육의 기회를 베풀어 일반교양과 직업 능력을 배양하고, 개개인이 책임 있는 시민으로 살게 하자는 개념은 그 자체가 학교교육의 전통에 대한 전면적 도전이었다.

박애주의 학교는 계층의 한계를 초월하여 모든 시민 남녀에게 동일한 교육의 기회를 베푸는 학교, 국어를 중심으로 체육과 실기를 정규 교과목으로 도입하여 지덕체의 전인교육을 베푸는 학교, 인간의 성장 발달에 따른 합리적 수업의 방법으로 가르치는 학교 등을 강조하여 아직 대안교육이라는 말이 없었던 시대에 이미 대안교육의 시대를 열었다. 이러한 의미에서 박애주의 교육사상은 기존의 학교교육을 개혁하게 하는 새로운 학교교육 문화의 이론이요, 대안교육의 원천이라 하겠다.

이 책에서는 박애주의가 대두하게 된 시대적 배경을 설명하고, 이로부터 박애주의 교육운동의 사상과 내용을 개관하되, 오

---

3) Albert Reble, Geschichte der Pädagogik. Stuttgart 1967, S. 124.

늘의 시점에서 미래의 바람직한 학교교육 문화를 내다보며 박애주의 학교운동과 사상의 의미를 살펴보고자 한다. 그리고 대표적인 박애주의 교육사상가들의 생애와 업적을 서술한 후에 교육사상사에서 박애주의가 차지하고 있는 의미와 오늘의 우리 교육현실에 주는 의미를 논의하려고 한다.

2. 역사적 형성 조건

종교개혁(1517)과 프랑스 혁명(1789) 사이에 있는 17세기는 교육의 역사에서 대단히 중요한 의미를 지닌다. 문예부흥과 인본주의가 이룩한 인간의 발견을 종교개혁은 종교 차원에서 이성과 육체를 함께 가지고 있는 개인(個人)이요, 전인(全人)으로서의 인간으로 재발견하였다. 그리하여 인간이 현세를 행복하고 의미있게 살아갈 수 있도록 교육하는 일을 국가와 교회의 주업(主業)으로 인식하게 되었다.

[그림 1-3] 요한 코메니우스

교육학의 역사에서 교육 현상에 대한 합리적 설명이 시도된 시대는 17세기의 바로크 시대다. 이 시대에 사람들은 수업(Unterricht)을 교육의 핵심으로 보고 교재 개발과 수업의 이론 정립, 교수방법의 개선에 많은 노력을 기울였다. 바로크 시대의 합리적 수업 이론의 정립 한가운데에 서 있는, 오늘에 이르기까지 찬란히 빛나는 별이 코메니우스(Johann Amos Comenius, 1592~1670)다. 코메니우스는 모든 인간에게 전체를 철저히 교육하려는 범교육(Pampaedia)의 이념 아래 교수방법을 개선하고자 했다.[4] 17세기를 그래서 우리는 '교수학의 세기'라고 부른다. 17세기의 바로크적인 보편주의는 합리적 정신에 의한 시도와 조직을 특징으로 하는 '교수학적 교육학(didaktische Pädagogik)'을 낳았다.[5] 교수학적 교육학은 교수방법의 원리와 이론을 자연의 이해에 기초하여 전개하였다. 그래서 교육 사조에서는 이를 '실학주의(Realismus)'라고 부른다.[6] 이 17세기의 자연은 기독교적 자연 이해였으며, 교수학(教授學, Didaktik)과 범지(汎智, Pansophie)는 교육학의 두 가지 큰 중심 개념을 이루고 상호 보완적인 관계에 있었다.

박애주의 교육학은 17세기의 교수학적 흐름을 보다 철저하게

---

4) Johann Amos Comenius, Pampaedia. Heidelberg 1960, 오인탁, J. A. Comenius의 범교육 이론. 신학사상. 29(1980 여름), 312-250쪽 참조.

5) Hans-Michael Elzer, Bildungsgeschichte als Kulturgeschichte, Bd. II., Ratingen 1967, S. 146: "didaktische Pädagogik".

6) Realismus를 실학주의라고 표현함으로써 조선 후기에 實事求是를 강조한 실학파와 연관시켜 잘못 이해할 여지가 있다. 17세기에 시도되었던 교육사상을 묶어서 'Realismus'라고 칭한 것은 그 시대에 이루어진 교육 이론 정립의 모든 노력이 사물(res, realis) 중심이었기 때문이다. 사물을 중심으로 교육을 파악하고 재구성하려고 시도하였던 근거는 합리적 척도를 창조 세계의 사물 자체에서 찾았던 기독교적 합리주의 정신이었다. 따라서 Realismus를 직역하면 사물(realis) 중심 사상, 사물 운동, 사물주의가 된다. 그러나 이미 우리 교육학계에서 실학주의라는 표현이 정착한 지 오래 되었기 때문에 이 표현을 그대로 수용하였다. 그러나 실학주의의 본질이 實學이 아니라, 사물의 원리로 교육을 풀어보려고 한 사물 중심의 합리적 정신이었음을 유념하여야 할 것이다.

수용하여 교육학을 수업의 교육학에서 교육의 교육학으로 발전시켰다. 다시 말하면 가르치고 배우는 방법의 이론에서 어린이의 성장과 발달을 국가와 사회 안에서 전체적으로 파악하고 재구성하는 이론으로 교육학의 개념을 확대하고 심화한 것이다. 인간은 사회적 존재로 파악되었고, 인간 개개인을 그가 생활하고 있는 그의 직업 세계 안에서 교육의 대상으로 삼았다. 박애주의자들은 '합리적이고 자연적인 교육'[7]을 추구하였다. 인본주의자들이 교육 아래서 지성의 도야만을 강조한 데 반해 박애주의자들은 지성의 도야뿐 아니라 구체적인 삶의 조건에서 합리적이고 도덕적인 생활을 할 수 있는 능력을 갖추는 교육을 강조하였다. 부지런하고 교양 있는 계몽된 시민의 양성과 행복한 삶을 즐기는 자연인의 교육을 함께 추구하였다.

박애주의의 합리적이고 도덕적이며 실제적인 교육 개념에 큰 영향을 준 사람은 루소(Jean-Jacques Rousseau, 1712~1778)다. 루소의 사상은 18세기 유럽의 정신세계에 불어닥친 엄청난 폭풍이었다. 프랑스에서 루소의 사상은 사회적·정치적 운동에 방향을 결정하는 힘으로 작용하였으며, 프랑스 혁명에 이념을 제공하는 원천이 되었다. 그러나 그의 사상은 프랑스와 대조적으로 독일에서는 사회적·정치적 영역이 아니라, 문학적·교육

[그림 1-4] 장 자크 루소

7) Albert Reble, Geschichte der Pädagogik. Stuttgart 1967, S. 148.

학적 영역에 깊은 영향을 주었다. 특히 그의 교육 소설 『에밀』의 계몽적 특징은 독일의 계몽주의와 이에 기초한 박애주의 학교교육 개혁운동의 정신적 지주가 되었다. 그리하여 18세기 독일의 학교 제도를 이론적으로 뒷받침하는 사상적 모태가 되었다.[8] 박애주의 교육학을 이론적으로 재구성하고 집대성해 16권으로 정리한 『학교와 교육제도의 전반적 재검토』－제XII권에서 제XV권까지 4권에 걸쳐 크라머의 번역과 각주로 수록된 루소의 『에밀』－에서도 이는 확인할 수 있다.

박애주의는 루소의 교육사상이 독일이라는 땅 위에서 새롭게 싹트고 성장한 나무다. 자연인이 사회인에 선행한다는, 사회나 국가 또는 문화보다도 자연이 더 위대하며 본래적이라는 루소의 문제의식은 인간의 이성에 깃들어 있는 순수한 정신에 대한 신념과 더불어 박애주의 교육의 주제가 되었다. 루소의 자연주의에는 학교나 교실의 개념이 없다. 그래서 박애주의는 루소가 주장하는 자연의 개념을 그대로 수용하지 않고 페스탈로치(Johann Heinrich Pestalozzi, 1746~1827)가 주장하는 사회적 자연주의의 개념으로 보완하였다. 그리하여 18세기의 교육사상을 대표하고 있는 페스탈로치가 주장한 보편적 인간 도야의 이념은 사회적 행

[그림 1-5] 요한 하인리히 페스탈로치

8) A. Pinloche, Geschichte des Philanthropinismus. Leipzig 1914, S. III.

위요, 사회 능력으로서의 교육이라는 박애주의 교육관의 기초가 되었다.

박애주의 교육학자들은 그 시대를 지배하였던 계몽의 정신에 고무되어 새로운 학교를 설립하고자 했다. 계몽의 정신은 합리주의적 철학과 민속적 계몽문학을 통하여 다양하게 표현되었다. 계몽은 한마디로 외부로부터 제시된 규범이나 척도에 종속되어 무반성적으로 살지 아니하고, 개개인의 고유한 합리적 이성의 판단에 따라 자신의 내부에서 형성되어 나온 주체적 생각에 따라 행동하는 정신이요, 능력이다. 그리하여 관념적으로 인류 전체를, 구체적으로 시민 개개인을, 스스로 초래한 미성숙성에서 벗어나서 현재의 정치, 종교, 경제 등에 내재하고 있는 불합리와 질곡을 직시하고 이에 도전하여 이를 극복하고 노력하도록 교육받은 지식인들을 자극하였다. 박애주의 교육학자들은 이러한 계몽의 정신을 학교의 권위적이고 규범적인 행정 체계와 교육실천에 옮겨 인간 중심의 실용적인 교육, 생활에 직접 유용하게 쓸 수 있는 교육으로 개혁하는 노력을 하였다. 따라서 박애주의 학교는 성장하는 어린 인간을 현재의 삶을 즐기고 의미 있게 사는 인간으로 교육하기 위하여 요청되는 바람직한 교육 환경과 교육기관의 구체적인 설계도요, 이러한 학교와 교육이 가능한 사회로 개혁하기 위한 이념을 정립하고 선포하는 작업장의 성격을 갖게 되었다.

계몽정신의 교육학적 정열에 사로잡힌 박애주의 교육사상가들은 종래의 교육사상가들이 인본주의와 합리주의 전통에 젖어 이론과 사색 속에 깊이 침잠하고 있는 현실을 거부하고, 유용성(有用性, Brauchbarkeit)과 지복성(至福性, Glückseligkeit)의 조화를 이룬 교육의 실천과 구체적 학교교육의 개혁에 모든 정열을 기울였다. 다시 말하면, 개인의 삶을 의미 있고 행복하게 할 뿐만 아니라 사회와 국가의 책임 있는 구성원으로서 필요하고 유용한 지식의 전달을 강조하였다. 이를 위하여 어린이의 심리를 발달 단계에 따라 이해하고자 시도하였고, 이에 기초하여 교재를 개발하고 수업 방법을 모색하였다. 박애주의 교육은 박애주의자들의 언어로 표현하면 '모든 시민에게 유익하고 애국적이며 행복한 생활의 능력을 배양하는 교육'[9]이었다. 이러한 공익과 애국과 지복의 교육이념은 추상적 관념이 아니라 계몽시대의 정신이었던 세계주의적(kosmopolitisch) 사회적 개념이었다. 이러한 이념의 실천을 그들은 '참된 인간애'[10]를 구현하는 교육이라고 보았다.

지금까지 박애주의의 대두를 서구 교육학의 역사적 맥락에서 간략하게 살펴보았다. 박애주의는 17세기의, 특히 코메니우스의 교수학적 교육학과 루소의 자연주의 교육학, 그리고 인간적이고 사회적인 관점에 기초한 페스탈로치의 인간교육의 구상을 계몽주의의 합리적 정신 아래서 함께 수용하고 있다. 다시 말하면 코메니우스, 루소 그리고 페스탈로치의 사상이 박애주의 교육학의 정신적 바탕을 이루고 있다. 박애주의자는 수업을 강조하면서도 언제나 수업의 경직된 울타리를 참된 인간애에 기초한 바른 교육을 위하여 열어 놓고 있으며, 넘어서고 있다. 트랍(Ernst Christian Trapp, 1745~1818)은 주저 『교육학의 시도』[11]에서 지식

9) Theodor Ballauff/Klaus Schaller, Pädagogik. Bd. II., Freiburg 1970, S. 338.
10) a.a.O., S. 339.
11) E. Ch. Trapp, Versuch einer Pädagogik(1780). Paderborn 1977.

과 예술과 과학이 인류를 완전한 지복에 이르게 할 수 있다고 보았다. 그래서 수업을 교육의 중심이요 교육학의 기본 개념으로 다루면서, 이를 박애주의 교육의 테두리 안에서 강조하고 있다. 이렇게 하여 박애주의는 수업의 교육학을 교육의 교육학으로 끌어올린 교육학 이론을 성공적으로 재구성했다. 여기서 '성공적으로'란 표현은 오늘날 현재의 교육학 논리로 박애주의 이론을 볼 때 성공적이란 의미가 아니라, 당대 지식인에게 박애주의 이론이 큰 깨우침으로 받아들여지고 공감받았다는 의미다.

3. 당시의 정신적 사회 상황

일반적으로 4~5세기부터 14~15세기까지의 천 년을 중세기라고 한다. 중세기의 천 년 동안에 유럽의 국가와 사회는 지배계층, 시민계층, 농노계층이라는 세 계층으로 구성되어 흘렀다. 다시 말하면 초세속적이고 종교적인 신분계층인 신부와 세속적이고 정치적인 신분계층인 귀족이 사회의 상부 지배계층을 이루고 있었고, 가공, 유통, 관리에 종사하는 목수, 상인, 직조공, 사냥꾼 등의 직업인들로 구성된 조합이 자유시민계층을 이루고 있었으며, 농업에 종사하며 이주와 소유의 자유가 없었던 농민이 농노계층을 이루고 있었다. 통칭하여 수공업자로 묶이는 중간계층은 교인과 신민으로서의 의무를 충실히 수행하며 비교적 자유롭게 자신의 고유한 생활 문화를 만들어 가고 있었다.

이러한 구조는 14~15세기의 인본주의와 16세기의 종교개혁을 거치면서 전통적인 신분계층 구조로 굳어지고 기능하였다.

교육도 상부의 신분계층을 위한 수도원학교와 기사도 교육 같은 교육제도와 자유시민계층을 위한 조합학교가 있었다. 하부의 농노를 위한 교육과 교육기관은 없었다. 신분계층을 위한 학교는 크게 종교적 귀족 신분인 신부를 교육하는 수도원, 성당 또는 감독학교와 세속적 귀족 신분인 기사를 교육하는 기사도 교육으로 구성되어 있었다. 기사도 교육은 집단교육기관이 아니기 때문에 학교라 이름하기엔 문제가 있으나, 중세기의 지배계층을 위한 짜임새 있는 교육의 내용과 형식을 갖고 있었기에 일반적으로 교육사에서 교육제도로 간주하여 왔다. 편지학교, 쓰기학교 또는 모국어학교라 불린 조합학교는 자체의 자율과 전통을 가진 실용적 지식과 기술을 가르치는 훌륭한 교육기관이었다. 조합학교를 통하여 수공업에 종사하는 자유시민들이 생업을 가업으로 이어가며 자율적으로 조합과 학교를 가꾸고 부를 축적해 갈 수 있었다.

이러한 중세기적 교육기관은 그 시대의 세계관에 따라서 교육적 기능을 비교적 잘 수행하였다. 그 결과로 시민계층에 이르기까지, 부분적으로는 농노계층의 똑똑하고 야심 있는 준재(俊才)에게도 어느 정도로 학문의 탐구에 몰입할 수 있는 사회 상황을 만들어 주었다. 그리하여 학문과 문물의 발전과 더불어 자유로운 지식인이 새로운 신분계층으로 탄생하였다. 이 새로운 신분계층은 급속하게 영향력을 키워 갔다. 17세기 초에 30년 동안이나 지속된 종교전쟁이 종식되면서 평화조약과 더불어 이루어진 새로운 시대는 시장경제의 눈부신 성장으로 이어졌으며, 이와 더불어 사회적 정신노동의 가치에 대한 인식이 나날이 높아져 갔다. 그리하여 지식인은 새로운 신분계층인 자유로운 정신노동자가 되어 오로지 정신노동에 집중하면서 생활할 수 있게 되었다. 이는 고대로부터 그 당시에 이르기까지 그러했던 것처럼 부유한 시민이 여가를 활용하여 지적 탐구의 호기심이나 정신적 유희로 학문과 예술의 세계를 거닐었던 것에서 오직 정신노동에 집중하면서도 부업에 시간과 정력을 빼앗기지 않고 생활할 수 있는 일종의 교육사회적 조건을 갖게 된 것으로, 전통적 생활환경과는 사뭇 다른 것이었다. 다시 말하면 지적 탐구의 호기심이 직업으로 승화하고 발전한 모습을 보여 주게 되었다.

정신노동이 직업이 된 새로운 신분은 종래의 성직자와 법률가, 수학자를 비롯한 자연과학자로 크게 분류된다. 그리하여 이 세 유형이 새로운 정신적 신분계층을 형성하게 되었다. 이러한 새로운 정신적 신분 사회의 등장과 더불어 시대는 이성에 눈뜨게 되었다. 인간 개개인에게 내재되어 있는 합리적 사유 능력의 절대적 기관인 이성에 눈뜬 계몽기로 접어들면서 중세기부터 이어져 온 교회의 절대적이고 수직적인 일원적 계층 구조가 느슨해져 갔다. 상하 수직적 관계에서 절대적 의미를 확인하였던 성직 사회에도 변화가 찾아왔다. 수직적 상하 관계에서 수평적 상호 관계로, 다시 말하면 성직자 상호 간의 관심과 이해를 통한 협력과 유대의 관계로 변해 갔다. 상호 간의 유대와 협력이 수직적 순종의 관계보다 더 큰 의미를 갖게 되었다. 국가와 권력에 대한 생각도 '왕권신수설(王權神授說)'에서 보여 주었던 종래의 초월적 · 계승적 국가관에서 루소의 사회계약설에서 보듯이 인간의 정신이 만들어 낸 작품으로 보는 계몽적 공화정치적 국가관으로 변천되어 갔다. 수학을 선두로 한 자연과학도 중세기적 교회의 가르침 안에서 교리의 내용과 일치된 이론의 틀을 벗어나지 못하던 관계에서 교회의 지배를 벗어나 모든 합리적 수단과 방법을 통한 객관적 연구의 이론으로 거듭나게 되었다. 철학과 자연과학은 더는 신학의 시녀가 아니었다. 그리하여 이성과 과학의 위대한 시대가 눈부시게 전개되어 갔다.

이러한 현상을 개관하면, 근대를 열면서 선보인 문예부흥과 인문주의, 개인주의가 계몽기에 와서 비로소 고대와 중세를 지배하였던 객관적 규범의 구속성에서 벗어나는 확실한 모습을 보여 주기 시작한 것이었다. 중세기까지 인간은 유형으로만 이해되었을 뿐 개인으로 인식되지 아니하였는데, 문예부흥과 인문주의로 시작된 근대는 개인으로 인간을 이해하는 시대를 활짝 열었다. 다시 말하면 중세기까지 인간은 귀족, 시민, 농노라고 하는, 그가 태어났고 살아갔던 신분의 유형으로만 이해되었다. 이제 사람들은 인간을 개인마다 고유하고 특별한 인격으로 인식하기 시작하였다. 인간은 '아무개'라는 개인으로, 자신의 유일회적인 삶을 살고 있는 역사적 존재로 이해되었다. 그의 죽음은 고장난 기계의 부속품처럼 대체하면 다시 기능이 정상화되는 대체 가능한 존재가 아니라, 절대적이기 때문에 대체 불가능한, 한 인간의 죽음은 개인으로서 그가 가지고 있었고 표현하였으며, 창조하였던 문화적 손실로 확인되는 가치로 이해되었다. 상대방의 인격에 대한 무조건적이고 절대적인 동등성 인정이라는 현대적 의미의 개인 이해는 아직 없었다. 그러나 이 시대에 개인의 상대적 상이성에 대한 인식과 대화를 통한 이해 지평의 확대와 심화에 대한 관심이 싹텄으며 지식인 사회에서 넓게 확산되었다.

[그림 1-6] 크리스티앙 토마시우스

[그림 1-7] 크리스티앙 볼프

합리적 이성의 가치를 높이 쳐든 개인주의는 처음엔 주로 목회자에게서 나타났다. 그러나 급속하게 사회 전반으로 확산되어 갔고, 독일어권에서는 개인주의적 지성으로 토마시우스(Christian Thomasius, 1655~1728)와 볼프(Christian Wolff, 1679~1754)가 유명하였다. 토마시우스는 과학에 독일어의 옷을 입히려 시도하였다. 그는 이미 1681년에 라이프치히 대학교에서 교단에 섰으나 계몽철학을 가르친다는 이유로 해직되었다. 그 후 1690년부터 할레 대학교에서 다시 교단에 섰으며, 독일 철학자로서 최초로 대학에서 고전어인 라틴어가 아니라 생활언어인 국어[독일어]로 강의하였다. 토마시우스가 철학에 독일어의 옷을 입혀서 이해 중심의 철학을 넓게 전개하였다면, 볼프는 독일 합리주의 철학에 이론적 체계와 조직을 부여하였다. 볼프는 계몽시대의 대표적 철학자이면서 수학자로, 그의 문하에서 당시 독일의 거의 모든 대학의 철학 교수가 배출되었으며, 속칭 '볼프학파'를 이루었다. 볼프는 철학적 저서 대부분을 독일어로 집필하여 철학적 전문용어로서의 독일어 토대를 제공하였다. 그래서 칸트는 볼프를 '합리적 교조주의

(Dogmatismus)의 대변자'라고 평가하였다.[12)]

당시에 개혁적이고 계몽적인 지식인들의 소리에 귀기울인 계층은 자유시민이었다. 귀족들은 이웃나라에서 들어온 화려한 생활 형식과 그럴듯한 이념에 안주하고 있었다. 농민들은 무지 속에서 가난하고 거친 삶을 영위하기에도 급급했기 때문에 고상한 정신적 유희에 관심을 가질 수 있는 형편이 못 되었다. 그러나 조합의 전통을 이어오면서 자영업을 통하여 경제적 영향력을 꾸준히 키워 온 자유시민은 새로운 지식을 학습하여 교양 있는 시민으로 생활을 개선하고 사회적 신분 상승을 꾀하려는 의지가 있었다.

이러한 시대정신의 비등 속에서 1700년에서 1750년까지 독일의 계몽기 초기에 시대를 읽고 공감한 몇 명의 계몽된 귀족을 예외로 하곤 대부분의 귀족은 불안과 부정의 시각으로 사회적 변동을 주시하고 있었다. 시민계층은 이에 영향을 받지 않고 오히려 이러한 새로운 정신적 흐름을 함께 호흡하면서 자연스럽게 새로운 계몽적 지성의 흐름 안으로 들어갔다. 계몽의 세기답게 18세기에 '독일 국민을 위한 대화와 교훈'이라는 부제가 달린 『등대(Der Leuchtthurm)』, 교양과 계몽의 잡지인 『Deutsche Acta Eruditorum』 『Der teutsche Merkur』 『Begegnung』 『Weltkunst』 그리고 해학 전문지인 『Eulenspiegel』 등 숱한 정기간행물이 쏟아져 나왔으며, '모든 학문과 예술에 관한 대백과사전'으로 번역할 수 있는 『Grosses vollständiges universal Lexicon aller

12) Heinrich Schmidt(Begr.), Philosophiesches Wörterbuch. Stuttgart 1965, S. 654.

Wissenschaften und Künste』 같은 백과사전이 탄생하였다. 시민계층은 이러한 잡지들에 실린 글을 마치 굶주린 동물이 먹이를 탐하듯 게걸스럽게 읽어 댔으며, 같은 생각을 가진 시민끼리 모이게 되었고, 드디어 시민 스스로 글을 쓰게 되었다.

시민은 근대 이후에 17세기 바로크 시대를 거쳐 오면서 정형화된 라틴어 교육을 비롯한 딱딱하고 엄격한 인문주의적 도야 교육을 멀리하고 개성에 맞는 자아 도야의 길을 추구하였다. 그래서 문학의 대표적 작품들을 섭렵하려고 하였을 뿐만 아니라 시대의 신학적이고 철학적인 대화에도 참여하려고 하였다. 더 나아가서 법학의 기초를 알고 싶어 하였으며 자연의 탐구에도 관심을 가졌다. 시민들은 어떤 주제나 영역을 특수하게 깊이 알기보다는 전반적으로 넓은 상식을 갖기를 원했다. 이러한 관심에 부응하여 백과사전적 저서들이 출판되었으며, 소위 백과사전 시대가 도래하였다. 이러한 연관 아래서 실천철학인 도덕에 대한 인식과 관심도 높아졌다. 시민계층에 대한 자아의식이 점증함에 비례하여 시민들은 낮은 계층의 빈곤하고 무지한 삶과 귀족 계층의 부유하고 비도덕적인 삶에 눈을 떴다. 그리하여 자신의 삶의 질을 높이기 위하여 사회생활 전반에 걸쳐서 도덕성의 기본 원리와 형식을 탐구하게 되었다. 이러한 노력은 동시대 철학자인 토마시우스와 볼프에 의하여 철학적 과제요, 목표로 강조되었다. 토마시우스는 도덕성의 탐구를 철학의 과제로 보았으며, 볼프는 다른 사람들과의 동등한 관계 안에서 완전성을 추구하는 것을 도덕철학의 목표로 보았다.

계몽시대의 정신적 비등은 적지 않은 귀족들까지 그들이 물려받은 사회적 위치와 부귀에 젖어 있지 않고 자아 도야에 관심을 갖게 만들었을 뿐만 아니라 농민까지 본인이 원하면 지식의 집으로 들어갈 수 있도록 자아 도야의 문을 활짝 열어 놓았다. 그리하여 백성 전체가 통일되고 대단히 동질적인 정신문화를 호흡하게 되었다. 이러한 정신문화는 일종의 튼튼한 연결의 끈이 되어서 귀족에서 평민에 이르기까지 사회의 다양한 계층을 연결시켜 주었다. 백성들은 역사 이래 처음으로 각자가 처한 정치적 굴레에 속박되어 있는 삶을 영위하고 있으나 정신은 그 굴레 안에 머물지 않고 굴레를 벗어나 자유로운 의식으로 서로서로 지적 교제를 나눌 수 있게 되었다.

이러한 지적 교제의 생활은 '계몽(Aufklärung)'이란 개념으로 강조되었다. 그리고 계몽은 18세기 중엽으로 접어들면서 교육적 색깔로 물들기 시작하였다. 계몽은 타인의 이성에 종노릇하는 것이 아니라, 자신의 이성에 눈뜨고 사용하는 법을 개발하여 살아가는 능력이다. 교육적 색깔로서의 계몽은 인간 개개인이 자신의 내적 가능성을 최대한으로 갈고닦는 활동이다. 그리하여 18세기에 도야(Bildung)는 인생의 최고 이념이 되었다. 도야되지 아니한 상태는 무교양이다. 그러한 상태에 있는 사람은 그 시대의 모든 악, 도착적 행위, 저질 수준의 원천으로 간주되었다. 자아 도야에 대한 관심은 시민의 일반적 생활 현상이 되었고, 일반적 도야에 대한 관심은 점차 교육(Erziehung)에 대한 열정으로 바뀌어 갔다. 사회적으로 도야에 대한 열정이 점점 커지면서 학교를 도야 교육의 기관으로 개편하여야 한다는 의견이 대두되었다. 여기엔 계몽기의 새로운 도야는 개별적으로 이루어지는 개선이 아니라 전면적인 제도 개혁을 통해서만 가능하다는 생각이 깔려 있다. 칸트를 비롯한 동시대의 지식인들은 서서히 이루어지는 개혁(Reform)을 통해서가 아니라 빠르게 진행되는 혁명(Revolution)을 통해서 교육의 쇄신이 이루어져야 한다고 생각하였다.

1750년대는 교육받은 지식인들의 국가관이, 다시 말하면 국가의 본질과 과제에 대한 정치적 계몽이 시작된 시기다. 이미 존재하고 있는 국가의 모습과 관계에 대한 고찰이 종래의 국가관이었다면 새로운 국가관은 자연법에 기초한 것이었다. 국가는 모든 시민이 참여하여 만든 계약의 공동체다. 따라서 모든 시민의 복지를 최적으로 동등하게 추구하는 것이 국가의 목적이다. 이러한 보편적 자연법적 국가관은 전면적 제도 개혁을 통한 새로운 교육의 실천을 이론적으로 뒷받침하였다. 복지국가는 오직 국가적 교육의 길 위에서만 실현 가능하기 때문이다.

국가의 교육적 책임을 강조하는 소리는 1770년대에 절정에 달했다. 당시 지식인들은 오랜 세월을 통한 논의 과정을 거쳐 교육을 국가의 가장 중요한 과제로, 국가를 시민교육의 최대 기관으로 파악하게 되었다. 국가도 중세의 봉건국가에서 근세의 절대주의 국가로 변천하면서 국가적 능력이 엄청나게 확장되었다. 중세의 봉건국가는 주로 국가의 평화와 안정을 도모하는 일에 관심을 쏟았으며, 국가의 능력도 여기에 제한되어 있었다. 그러나 근세의 국가는 영토의 점진적 확장과 더불어 중앙 집중적 행정 체제를 도입하고, 화폐를 도입하여 국가 재정을 안정시켰으며, 국토의 분열을 예방하는 조치를 취하는 등 여러 정책을 통하여 군주의 권력 신장을 본격적으로 도모하였다. 그 결과로 군주는 동시에 교회의 주인이 되었으며, 문화재의 관리, 빈자의 구제, 수업 제도의 장학과 감독 등 지금까지 교회가 수행해 오던 과제가 국가의 과제가 되었다. 이러한 발전에서 우리는 복지국가로의 첫걸음을 보게 된다.

교육은 서구에서 중세를 거쳐서 근세에 이르기까지 오랜 세월 동안 신학의 시녀였다. 중세에 교육은 독립된 연구 영역으로 인정받지 못하고 있었다. 따라서 교육학이란 용어도 아직 탄생하지 않았다. 교육은 일반 시민을 종교적으로 교육하지 않으면 안 되는 천주교의 교회학교교육, 크고 작은 국가를 관리하지 않으면 안 되는 군주와 통치계급이 자녀에게 베푼 기사도교육, 그리고 자유시민들이 직업적으로 자연스럽게 만든 조합학교교육으로 크게 나누어 있었다. 철학은 학문적 성격 때문에 교육에 관심은 있었으나, 연구하고 싶은 것을 연구할 연구권도, 가르치고 싶은 것을 가르칠 교수권도 없었다. 오로지 신학이 명하는 바에 따라 연구하고 가르칠 의무만이 있었다. 이렇게 중세에 철학과 교육은 신학의 시녀로 존재하고 있었으며, 시녀의 역할을 수행하는 과정에서 연구와 교육의 다양하고 풍부한 성과를 거둘 수 있었다.

종교개혁의 시대에도 이러한 관점은 별로 변하지 않았다. 학교는 여전히 교회의 감독과 관리 아래 있었다. 목회자는 동시에 학교의 감독자요, 교사였다. 여전히 연구할 수 있는 권리와 가르칠 수 있는 권리를 교회는 장악하고 있었고, 학교는 다만 교회가 연구하고 가르치라는 과제와 내용을 교회가 정해 준 테두리 안에서 수행할 수 있을 뿐이었다. 교회는 연구권과 교육권을 엄격하게 장악하고 학교를 통한 기능 수행을 엄격하게 감독하였다.

근세의 절대국가는 계몽의 과정에서 점차로 군사국가(Militärstaat)와 관료국가(Beamtenstaat)로 변해 갔다. 이러한 변화와 더불어 신하의 개인적 성취 능력이 점차 중요하게 인식되었고, 교육의 질적 제고에 대한 관심이 높아졌다. 국가는 국민의 교육 수준이 높아짐에 비례하여 국가의 관리 능력도 함께 증대한다는 사실을 인식하게 되었다. 다시 말하면, 국가는 교회의 관리자로서 교육과 수업을 장학할 뿐만 아니라, 국가의 고유한 관심인 국력의 배양을 도모하기 위하여 국민의 교육에 심혈을 기울여야 한다는 사실을 인식하게 된 것이다. 그리하여 국가를 잘 관리할 수 있는 인재를 양성하기 위하여 프러시아 같은 국가에서는 군주의 주도 아래 1727년에 할레 대학교와 프랑크푸르트 대학교에 국가경영학(Kameralwissenschaft)[13] 정교수 자리를 마련했다.

군주들은 사회의 중간 계층뿐만 아니라 하부 계층에서도 교육을 통한 신분 상승의 욕구가 늘고 있다는 사실에 눈을 떴다. 그리하여 군주는 교육을 통하여 모든 시민계층의 경쟁력을 증진시켜 국가의 경제력을 집중적으로 개발하고 동시에 통치 권력을 확대하는 시도를 하였다. 교육을 모든 백성에게 확대하여 실시하는 정책은 빈곤계층에도 긍정적으로 작용하여 삶의 형편이 나아지고 범법 행위가 두드러지게 감소하였다. 이러한 현상을 통하여 군주들은 국민 복지와 국력 증강이 교육의 본질적 기능과 과제가 만들어 내는 열매임을 학습하였다. 종전에는 대학이 국가의 문화 수준을 이웃 국가들에게 알리고 국내의 정치, 종교, 학문, 예술의 현존 구조를 통치자 중심으로 관리하는 지배 도구

13) Kameralwissenschaft는 국가의 경영과 행정뿐만 아니라 국민경제 일반을 포함한 국가 경제를 함께 연구의 대상으로 삼고 있는 학문이다. 일본에서는 '관방학(官房學)'으로 번역하고 있다. 그러나 관방이란 말은 우리말에선 사용하지 않는 생소한 말이다. 그래서 국가경영학이라고 번역하였다.

였는데, 이제 계몽된 군주에 의하여 대학뿐만 아니라, 모든 학교가 지배 도구가 되었다. 이러한 흐름과 더불어 모든 시민을 위한 학교교육은 교회의 과제에서 국가의 과제로 자연스럽게 전환되었다.

박애주의는 1760년대 말에서 1780년대 말 사이에 이러한 시대정신의 비등을 계몽과 교육의 영역에서 함께 나누면서 분명하고 힘 있게 등장한 교육사상이요, 교육운동이다. 박애주의는 계몽주의 시대의 대표적 교육사상답게 국가의 교육적 과제와 책임을 새롭게 강조하였다. 박애주의와 더불어 오랫동안 학교교육의 역사에서 표출되지 않았던—모든 성장 세대를 위한 교육, 가정을 가진 시민의 행복과 국가에 유익한 시민의 자질을 추구하는 교육—구체적 학교교육 개혁운동이 단지 지역 학교의 차원에서가 아니라 국가 차원에서 전개되었다. 박애주의는 처음부터 적지 않은 무리의 지식인들이 같은 생각과 의지로 뭉쳐서 학교교육에 대한 분명한 개혁 프로그램을 가지고 사회의 공공 무대에 등장하였다는 특색을 갖고 있다. 게다가 박애주의는 국가의 정치적 힘을 빌리지 않고 계몽적 지식인들이 힘을 모아서 자력으로 사회를 시민 공동체 생활의 터전으로 전면적으로 쇄신하는 것을 목표로 내걸고, 박애주의 학교를 설립하고 새로운 교육과정과 수업 이론으로 재구성한 교육을 통하여 이러한 목표를 실현하려고 시도하였다.

박애주의자들은 국가를 위태롭게 하고 해롭게 하는 모든 파괴적인 것을 극복하는 만병통치약은 '보다 더 좋은 교육'이라는 이념을 갖고 있었다. 그래서 종교개혁 이래로 독일에서의 운동의 관행이 되어 버린 선전 활동의 형식과 방법을 모두 동원하여 새로운 학교교육운동을 벌였다. 그들이 동원한 형식과 방법은 호소문, 학생 모집 광고, 학부모의 학교 방문 및 견학 프로그램, 교과서를 비롯한 교육 관련 서적과 정간물의 출판, 편지, 현상 논문, 여행, 모델 학교의 설립, 출판사와 서점의 설립 등이었다. 그들은 이러한 활동으로 많은 동조자를 얻었다.

운동 초기에 거둔 성과는 놀라운 것이었다. 독일에서 역사상 유례가 없는, 순수한 교육운동을 위하여 자발적으로 모금된 성금이 15,000탈러에 달했다.[14)] 바제도우의 도전정신은 선전 활동에서 유감없이 발휘되었으며, 그 결과 다양한 신분계층과 정신적 흐름으로부터 숱한 동조자가 나타나 역사에 길이 남는 교육활동을 벌인 집단이 되었다. 이 집단의 대표적 박애주의 사상가들이 바제도우를 비롯하여 잘츠만(Christian Gotthilf Salzmann, 1744~1811), 캄페(Joachim Heinrich Campe, 1746~1818), 트랍(Ernst Christian Trapp, 1745~1818), 바르트(Karl Friedrich Bahrdt, 1741~1792), 스투베(Johann Stuve, 1752~1793), 빌롬(Pierre Villaume, 1746~1806) 등이다. 그들은 대표적 박애주의 모델 학교인 데사우 박애주의 학교에서 함께 일하였다. 캄페는 박애주의 교육사상의 핸드북이요, 세계 최초의 교육학 백과사전이라 할 수 있는 『학교와 교육제도의 전반적 재검토』의 책임편집자가 되어 공동 집필자들과 함께 만들었다. 캄페는 또 편집인이 되어

---

14) 15세기 말부터 프러시아를 중심으로 넓게 사용되어 온, 약 30g 내외의 무게를 가진 은화. 박애주의 운동을 벌였던 시대는 탈러의 가치가 대단히 높이 올라갔던 시대다. 일반적으로 당시에 1탈러가 70Kreuzer였는데, 박애주의 운동이 일어났을 때엔 120Kreuzer까지 올라갔다. 그러므로 15,000탈러가 상당한 거금이었음을 짐작할 수 있다.

[그림 1-8] 17세기 말 Gräfin Cosel 시대의 Schmetterlingstaler

당대의 대표적 계몽잡지 『철학적 · 어문학적 · 교육학적 내용의 브라운슈바이크 저널』, 줄여서 『브라운슈바이크 저널』을 함께 집필하고 발행하였다.[15] 이러한 모델 학교에서의 교육실천과 잡지와 핸드북의 공동 문헌출판 활동을 통하여 그들은 함께 일하면서 사상과 이념을 나누고 공동의 세계관과 교육이념을 형성할 수 있었다. 그러나 초기의 눈부신 공동 활동은 진보적인 젊은 동지들이 바제도우의 독단을 견디지 못하고 대립이 심화되면서 결국엔 찢어지고 말았다.

4. 박애주의의 기본 사상: 지복성과 유용성의 조화

박애주의는 인간의 본질에 대한 기독교적 이해와 국가와 사회의 생활공동체를 구성하고 있는 시민으로서의 인간관계에 관한

15) IV, 2, 4) '잡지의 발행과 도서의 출판' 참조.

계몽철학적 성찰에서 정립된 사상이다. 교육은 지식의 전달과 기술의 훈련이기 이전에 본질적으로 인간의 삶의 형식이요, 방법이다. 이러한 성찰은 오랜 세월이 흐르면서 교육에 대한 인식이 깊어지고 확장되어 점진적으로 이루어진 것이다. 교육은 역사적으로 개혁과 개선의 걸음을 걸어 왔다. 개혁이나 개선의 걸음걸이를 자세히 들여다보면 거기엔 인간의 본질에 대한 인식의 깊은 차이가 새롭게 드러나고, 이에 따라서 생활공동체의 구성원으로서 인간 개개인과 정치에 대한 이해가 또한 확대, 심화되면서 박애주의라는 새로운 교육사상과 실천에 눈떴음을 알 수 있다. 박애주의 학교교육운동을 교육의 역사 서술에서 주로 '개혁'이란 표현을 사용하고 있지만, 이 운동을 자세히 들여다보면 오히려 '혁명'이란 표현이 더 어울릴 만큼 이론과 실천에서 엄청난 혁신이 있다. 박애주의는 한마디로 표현하면 교육혁명의 이론이다. 지금까지 박애주의를 교육혁명의 이론이라고 본 학자는 없다. 그러나 나는 이 책에서 그렇게 전제하고 박애주의의 이론과 실천을 풀어 가려고 한다. 왜냐하면 혁명은 판을 바꾸는 작업인데, 박애주의 학교교육운동에서 우리는 이를 확인할 수 있기 때문이다. 다시 말하면 박애주의는 전승되어 온 교육의 기본 개념과 과제 자체를 새롭게 정립하고 그 기초 위에서 학교교육의 전반적 개혁을 시도하였으며, 이로써 근대적 학제의 시대를 열었기 때문이다.

근세는 인간관과 세계관 변혁의 시대다. 중세 천 년이라는 긴 세월 동안에 인간은 계층과 유형으로만 인식되었으며, 교회와 국가가 만들어 놓은 틀에서 노동 활동에서 정신 활동에 이르기까지 모든 삶의 형식을 다양하게 구속받아 왔다. 이러한 유형으로서의 인간 이해가 이성을 가진 개인으로서의 인간 이해로 변혁된 결과 문예부흥과 인문주의로 대표되는 근세가 시작되었다. 이와 더불어 세계에 대한 과학적 탐구가 이루어졌으며 주관적 미적 표현의 자유를 점차 향유하면서 간주관적 역사 서술이 시도되었다. 그래서 근세의 시작인 문예부흥과 인문주의에서 우리는 개인과 개성의 발견, 교회의 지배라는 타율(Heteronomie)로부터 인간의 이성의 지배라는 자율(Autonomie)의 강조, 저 세상에서의 삶의 강조와 현세의 부정으로부터 이 세상에서의 삶의 강조와 현세에 대한 전반적 긍정, 세계에 대한 주관적 서술의 도구로서 언어의 발견 등을 근세로의 문을 연 인간정신의 특징으로 확인하게 된다.

그러나 18세기 사회의 지배계층은 여전히 16세기의 정신에 고집스레 머물러 있었다. 그리하여 학교는 라틴어와 그리스어 같은 고전어의 연역적 학습을 강조하고 엄격한 기독교적 종교 수업을 실시하였다. 다시 말하면, 고전어와 교리 수업이 교육과정의 중심이었다. 신분계층은 주어진 교육에 안주하며 언제나 보장되어 있는 지배적 삶의 조건을 향유하였다. 신분계층의 기성세대와 성장세대 모두에게 교육은 미래의 보다 더 나은 삶을 준비하는 것과는 아무런 관계가 없었다. 따라서 그들은 교육엔 관심이 없었다. 기성세대는 청소년을, 잘츠만의 표현을 빌리면, '사유의 부재(Abwesenheit der Gedanken)' 상태에 익숙해지도록 교육하였다. 그들은 현재의 다양한 교육적 요구와 필요에 대해서는 외면하였다. 기존의 학교에서는 학교를 졸업한 후에 직장에서 필요한 능력과 솜씨를 학습할 수 없었다. 취직을 하고 일하며 살지 않으면 안 되는 젊은이들은 직장이 요구하는 능력을 스스로 힘겹게 학습할 수밖에 없었다.

박애주의는 이러한 풍토에서 시민계층의 필요와 요구에 부응하는 교육사상이요, 교육운동으로 일어났다. 박애주의는 시민계층에서 싹트고 발전된 지식과 기술을 가르쳐야 한다, 삶의 구체적 현장에서 확인되는 실용적 지식과 기술의 완벽한 훈련을 꾀하는 교육을 하여야 한다, 이러한 교육을 교육의 이념으로 삼아야 한다고 주장하였다. 박애주의는, 교육철학적으로 표현하면, '사실주의적-백과사전적 도야의 이념(das realistisch-encyklopädische Bildungsideal)'을[16] 학교교육에 도입하려 하였다. 박애주의는 고대 그리스의 학예를 연구하는 인문학의 도구인 그리스어와 고대 히브리의 종교를 연구하는 신학의 도구인 히브리어, 그리고 교회의 지배 아래서 정치와 종교의 언어로 강조되어 온 라틴어와 교리교육이 수업의 내용과 형식을 지배하는 현실을 비판하였다. 또한 전통적 교육의 형식과 방법인 신체와 정신을 함께 규범적으로 구속하고 강요하는 교육을 버리고 아동에게 본래 주어져 있는 자연적 바탕과 본성이 자유롭게 표현되고 발휘되게 하는 교육을 강조하였다. 그래서 박애주의는 '자연, 학교, 생활(Natur, Schule, Leben)'을 슬로건으로 삼았다. 이 세상을 고통의 골짜기로 보는 중세 기독교 세계관에서 박애주의는 천국을 이 세상에서, 그 시대적 표현으로, '하늘을 땅에서' 발견할 것을 강조하였다.

이러한 박애주의의 인간의 삶 중심적 인생관은 중세기를 거쳐 근세의 문예부흥과 인문주의 시대(14~15세기), 종교개혁 시

---

16) Reinhold Schumann, Die Auffassung des Philanthropinismus von Gesellschaft und Staat. Leipzig 1905, S. 19.

대(16세기), 바로크 시대(17세기), 그리고 계몽시대(18세기)에 이르기까지 서구를 지배하여 온 엄격한 경건주의의 신 중심 인생관과 세계관에 대한 정면 도전이었다. 경건주의적 인간 이해에 따르면 '인간은 원죄로 인하여 타락한 존재다. 그래서 인간에겐 처음부터 본성에 악을 지향하는 의지가 들어 있기 때문에 이를 교육을 통하여 약화시키고 제거하지 않으면 안 된다.'라는 원죄론이 삶의 규범과 기초를 이루고 있다. 이 기초 위에 연역적으로 구성된 교회와 국가의 권위주의적 조직 체계가 자리 잡고 있다. 박애주의는 이와 같은, 캄페의 표현을 빌리면, '염세주의적 어거스틴'의 가르침에 저항하였다. 박애주의 교육사상가들은 약간의 개인차는 있으나, 전반적으로 인간의 본성은 처음부터 본질적으로 선하다는 성선설을 확신했다. 그래서 바제도우를 비롯하여 캄페와 잘츠만은 모두 낙천적 인생관과 세계관의 소유자였다. 그들은 이 세상에서 선이 악을 이길 것이며, 인간은 선한 피조물이라는 생각을 갖고 있었다.

박애주의 교육사상가들은 인간의 교육 가능성에 대한 긍정적이요, 낙관적인 시각으로부터 인간의 성장과 발달을 억압하고 저해하는, 그들의 표현대로라면 '인간의 잠재력을 억압하는' 모든 잘못된 교육에서 어린이를 보호하고, 스스로 자유롭게 성장하도록 열어 놓는 교육을 강조하였다. 박애주의자들이 가졌던 인간 개개인의 도야 가능성에 대한 기대는 당시의 일반적 인간 이해에 비추어 볼 때 시대적 교육관을 뛰어넘는, 학교에서 현실적으로 상상할 수 있는 교육의 실제를 초월하는 엄청나게 높고 새로운 인식이었다. 바로 이러한 시대를 뛰어넘고 앞서가는 교육관이 동시대의 종교적·정치적 지도자들에 의하여 박애주의 교육의 기본 개념으로 확인되는 인간의 완전성에 관한 '과장된 개념'[17]으로 받아들여졌다. 이것이 18세기라는 시대의 본질적 특성이었다. 여기에 박애주의가 지속적으로 확산될 수 없었던 한계가 도사리고 있었다.

18세기의 계몽정신이 인간에게 교육을 통해 추구해야 할 최고의 목표로 강조하였던 개념은 지복성(至福性, Glückseligkeit)이다. 지복성을 실현하는 자는 신체적이고 정신적인 잠재력을 외부로부터 아무런 강제적 압력이나 통제도 받지 않고 계발하는 자다. 박애주의가 추구하였던 이상적 인간상은, 바제도우의 표현을 빌리면, '공익적 · 애국적 · 지복적 생활'[18]의 인간이다. 박애주의적 인간은 개성 있게 자아를 실현한 결과 국가를 사랑하며 사회에 유익한 삶을 살되, 이러한 삶이 동시에 자기 자신의 삶의 행복으로 확인되는 인간이다.

박애주의가 표방한 이러한 교육 목적은 시대정신의 비등에 대하여 교육적으로 참으로 적절하게 대응한 결과다. 중세 이래로 자체적 결속과 발전을 거듭하여 온 수공업자 조합들이 점점 더 내적 결속력을 상실하여 갔다. 18세기로 접어들어 많은 조합이 느슨해져 갔고, 이로 인하여 사회가 내적 결속력을 상실하고 분산되는 위기를 맞이하였다. 수공업자들은 국가의 통치력 때문에 강제로 연결되어 있을 뿐, 내적 구속력을 가진 하나의 사회 공동체로서의 모습과는 거리가 멀었다. 결과적으로 시민들은 이기

---

17) Reinhold Schumann, a.a.O., S. 20.

18) gemeinnütziges, patriotisches, glückseliges Leben, Basedow, Methodenbuch, S. 123.

적이 되고 이웃과 사회의 복지에 관해서는 무관심해졌다.[19] 이러한 상황을 염려한 박애주의 교육사상가들은 경제적 대가를 지불하거나 폭력적 채찍을 가하기 전에는 이웃을 위하여 아무것도 하지 않으려 하는 세태를 근본적으로 바로잡고 공동체 중심의 사회를 이룩하는 새로운 가치로 유용성과 지복성과 애국심을 강조하였다.

계몽의 세기로 잘 알려져 있는 18세기는 '계몽'이라는 슬로건에 걸맞게 신문과 잡지의 발간, 서적의 출판, 공익적 목표를 내건 활동 단체들의 결사, 그리고 박애주의 학교의 설립과 교육운동의 전개 등 이성의 자유롭고 합리적인 표현이 다양하게 일어난 세기였다. 사회가 발전하기 위해서는 사회 구성원 개개인이 결속하여야 하며, 결속 능력을 다지기 위해서는 개개인의 발전을 위하여 서로서로 격려하고 지원하는 능력, 전체를 위하여 개인을 희생하는 애국심, 그리고 시민의 물질적 정신적 복지를 위하는 마음을 배양하여야 한다. 바제도우는 공익성에 기초한 애국심으로 성장세대를 배양하는 사상을 박애주의라는 개념으로 강조하였다.

박애주의가 강조하는 또 하나의 이념은 지복성이다. 지복성은 따지고 보면 개인의 이기적이고 절대적인 행복 추구 개념으로, 함께 사는 이웃의 삶이야 어찌되었던 나와 내 가족의 삶만 풍족하고 행복하면 된다는 인생관으로, 정신적으로 몰락하는 당시의 시대상을 반영하는 부정적 가치였다. 박애주의는 잘못된 계몽이

19) 잘츠만은 동시대의 이기적 인간상을 주인공으로 한 소설 『Karl von Karlsberg』에서 이러한 시대상을 잘 묘사하였다.

가져다 준 반사회적이고 개인주의적인 가치를 공익성 또는 유용성의 강조와 더불어 사회적이고 공익적인 가치로 승화시켰다. 인간은 사회적 존재이기 때문에 개인 자체로는 결코 행복할 수 없고, 공동체와 유기적으로 연관되어 있을 때에 비로소 행복할 수 있다. 자신의 삶의 행복이 동시에 이웃의 삶에도 유용한 것으로 작용할 경우에만 그러한 삶은 지복성으로 확인될 수 있는 것이다. 그리하여 유용성과 지복성의 조화와 종합(Synthese)이라는 새로운 도야 이념이 제시되었다.

그렇다면 어떤 방법으로 서로 배타적인 개념인 지복성과 공익성이 하나의 이념으로 종합될 수 있는가? 여기엔 개인과 사회의 상호 대립적인 관심이 평형을 이루어야 하며, 개인의 내적 추동이 균형을 이루어야 한다. 박애주의 교육사상가들의 글에서도 이러한 어려움은 잘 확인된다. 여러 글이 이 두 대립적 가치를 상호 연관시키지 않은 상태에서 강조되고, 서술되었다. 상호 연관과 종합을 시도한 글에서는 심리적 · 윤리적 낙관주의가 지배적이다. 참으로 도야된 인간은 삶의 최고가치인 그 자신의 고유한 행복추구가 동시에 공공의 이익으로 기능하고 있는 가치임을 알고 이를 기뻐하는 인간이다. 다시 말하면, 도야된 인간은 지복성이 유용성에 근거하고 있는 개념임을 인식하는 자다. 바르트는 「교육의 목적」에서 지복성은 우리가 이웃의 행복의 원인이라는 사실을 알게 될 때에 갖게 되는 마음의 상태요, 이웃과 함께 갖게 되는 즐거움이라고 하였다.[20)]

이러한 이해는 대단히 주관적이어서 실제로 공익성이 어떻게

20) C. F. Bahrdt, 교육의 목적. Revisionswerk I., S. 1f, bes. S. 41.

표현되어야 하는지에 관한 사회적 공감대가 아직 형성되지 아니한 상태로, 오늘날 현대 국가가 공유하고 있는 복지 개념의 전 단계 수준에 해당하는 것이었다. 그럼에도 박애주의는 전개 과정에서 공익성의 개념을 지속적으로 강조하고 발전시켰다. 그 결과 교육받은 인간의 가치를 일차적으로 개인으로서 인간 자체가 가지고 있고 향유하고 있는 사적 생활에서가 아니라 그가 시민으로 사회적 생활에서 보여 주고 있는 사회적 유용성에서 찾게 되었다. 그리하여 유용성(Brauchbarkeit)은 사회적 활용 가치를 교육목표로 삼는 개념으로 각인되었다. 인간 사회는 개개인의 유용성에 대한 권리를 갖고 있다. 이 권리 위에서 인간은 자신의 능력을 높이고 인격을 실현하는 교육의 권리를 동시에 향유하는 것이다. 따라서 인간은 자신의 내적 욕구에 따라서만 자아를 실현해서는 안 되고 그가 그로부터 자아를 수월의 경지에 이르도록 개발한 결과로 사회에 아주 유익한 인간이 된 것이 확인되도록 자아를 실현하여야 한다.

유용성의 개념을 철저하게 파고든 박애주의 교육학자는 빌롬이다. 그는 이렇게 묻는다. "교육에서 인간의 완전성을 유용성에 희생시켜야 하는가?"[21] 유용성은 사회에서 지나치게 앞서가거나 지나치게 뒤처지지 않는, 중간의 적절성을 유지하고 있어야 하는 가치다. 그래서 개인이 완전성에 도달하였을 경우에 수월의 경지에 이른 그는 사회에서 비실용적이고 불행한 자신을 발견할 수 있다. 인간은 사회라는 거대한 구조물의 한 부분이다.

---

21) Pierre Villaume, "개인의 자아실현과 사회적 유용성의 관계". Revisionswerk III., S. 435-616.

그래서 인간의 자아 도야는 항상 자신의 모든 잠재력을 평균보다 더 높이는 것을 목표로 삼고 있으므로 다른 부분보다 더 크거나 더 정교하지 않도록 유의하여야 한다. 더 크면 그는 쓸모없게 되고, 더 정교하면 쉽게 부서진다. 그래서 빌롬은 강조한다. 인간은 신분과 직업이 허락하는 한도보다 더 완전해져서는 안 된다고.

박애주의는 당시의 시대적 시민 이해를 사회라는 거대한 구조물을 굴러가게 하는 '바퀴'로 비유하였다. 인간은 함께 사회를 굴리는 바퀴이기 때문에 사회의 구성원으로 다른 바퀴보다 더 크거나 정교해서는 안 된다. 이러한 사회의 구성원이라는 좁은 의미의 인간관이 여전히 그 시대를 지배하였다. 근세 이래로 신분계층이 넓게 공유하여 온 교육관은 전체의 복지를 위하여 개인의 사회적 능력과 교양을 배양하는 것이 아니라, 신분계층에 속해 있으면서 온갖 특권을 향유하고 있는 개개인의 교양과 행복을 위하여 내면의 여러 능력을 조화롭게 배양하는 것이었다. 그런데 박애주의는 인간을 사회의 유용한 시민으로 파악하고 사회에서 유용한 '바퀴'로 배양하는 교육을 주장하였다. 그럼으로써 박애주의는 인격을 가진 존재로서 인간의 고유한 가치와 품위를 간과하였으며 경시하였다. 박애주의는 인간의 잠재적 바탕과 능력의 완전한 배양을 강조하였으나, 완전성의 강조는 항상 교육을 통하여 추구하는 유용성과 연관되어 파악되었으며, 인간의 내면적 능력 전체의 조화로운 실현을 지향한 것은 아니었다. 그래서 브란데스(Brandes)는 19세기 초에 박애주의 학교를 통하여 배출된 인간을 '영혼이 없는 조상(彫像)'이라고 폄하하기도 하였다.[22] 그럼에도 박애주의는 인간을 시민이자 동시에 개인으로 이해하고 사회에 유용하고 국가를 사랑하며 자신의 삶의 행복을 추구하는 존재로 파악했다. 또한 지복성과 유용성의 조화라는 교육이념과 이에 따른 교육과정을 제시하여 교육의 역사에서 현대적 의미의 시민교육의 장을 구체적으로 열었다. 이를 통하여 박애주의는 근대적 학교교육학의 이론적 기초와 학교교육 제도의 실제적 형태를 제공하였다.

5. 산업교육사상

박애주의 교육사상가들은 산업교육에 큰 관심을 갖고 다양한 글을 썼다. 캄페는 시민의 공공복지를 향상하기 위하여 산업을 장려하는 교육정책을 강조하였다.[23] 레제비츠(Resewitz)는 시민을 건전한 사유와 공동사회에 유익한 사업을 할 수 있는 능력을 갖추도록 교육할 것을,[24] 섹스트로(Philipp Sextro)는 청소년의 산업교육에 관하여[25] 바게만(L. G. Wagemann)은 산업과 빈민 구제에 관한 괴팅겐 시의 실태를 세 권의 책으로 펴냈으며 국민의 산업교육론을 썼다.[26]

---

22) Brandes, Über den Zeitgeist, 1808, "Seelenlose Bildsäulen". Reinhold Schumann, a.a.O., 1905, S. 29에서 재인용.

23) Joachim Heinrich Campe, Über einige verkannte, wenigstens ungenützte Mittel zur Beförderung der Industrie der Bevölkerung und des öffentlichen Wohlstandes, 2 Fragmente. Wolfenbüttel 1786.

24) Resewitz, Über die Erziehung des Bürgers zum Gebrauch des gesunden Verstandes und zur gemeinnützigen Geschäftigkeit. 1773.

25) Ph. Sextro, Über die Bildung des Jugend zur Industire. Göttingen 1785.

1785년에 섹스트로는 『청소년의 산업교육에 관하여』라는 책에서 박애주의의 산업교육사상을 전체적으로 서술하였다. 섹스트로는 이 책에서 당대의 산업혁명의 물결 아래서 이루어지고 있는 인간성의 소멸을 걱정하였다. 인간의 고귀한 능력과 인격이 마치 전염병처럼 산업의 물결 아래서 병들고 있다. 이러한 현상은 특히 중산층과 빈곤층에서 두드러진다. 그들은 일 년에 평균 1,000시간 내지 2,000시간을 아무 일도 하지 않고, 의미 없는 잡담으로, 전혀 무익한 것들로 채우고 있다.

"빈곤층의 형편은 참혹하였다. 그들은 벌거벗은 생존을 위해서 투쟁하였다. 그들은 다만 호구지책을 위해 일하였으며, 욕구를 충족시킬 수단을 갖지 못하였다. 더럽고 게으르고 미련하였으며, 느렸고 솜씨도 형편없었다. 절제를 모르는 욕망의 추구는 그들을 급속하게 몰락시켰다. 어린이는 골목에서 고함을 지르며 날뛰었다."[27)]

로코우(Friedrich Eberhard von Rochow), 잘츠만, 킨더만, 바게만 등도 이와 유사한 서술을 하고 있다. 그들은 한결같이 당시 상황에서 절망을 보았다. 농부는 자연이 가져다주는 본래의 자유를 상실하였으며, 빈곤에 허덕였다. 산업교육은 농부를 이러한 경제적 빈곤에서 해방시키기 위한 투쟁으로 강조되었다. 빈곤층의 몰락을 극복하기 위해 인간을 일깨울 교육을 해야 한다는 소

---

26) L. G. Wagemann, Göttingische Magazin für Industrie und Armenpflege. 3 Bände. Göttingen 1789-1793; L. G. Wagemann, Über die Bildung des Volkes zur Industrie. Göttingen 1791.

27) Bruno Bendokat, Industriepädagogik bei den Philanthropen und bei Pestalozzi, Diss., Halle 1933, S. 1

[그림 1-9] 중세시대의 대표적 서책 마네쎄 코덱스에 있는 '에쓰링겐의 교사'

리가 사방에서 울려 퍼졌다. 그리고 이러한 소리의 중심에 산업교육이 있었다. 다시 말하면 산업(Industrie)은 이러한 운동의 핵심 개념이 되었다. '산업적 인간(der industriöse Mensch)'은[28] 교육자가 강조하는 새로운 인간상이 되었을 뿐만 아니라 시대적 절망의 삶에서 탈출할 수 있는 희망의 인간상이 되었다.

18세기에 산업적 인간은 전혀 새로운 교육이념이었다. 따라서 전승되어 온 교육이념과 대립할 수밖에 없었다. 박애주의는 교육학적 전환기에 산업교육의 개념과 처음부터 연관되어 있었다. 산업교육을 강조하면서 동원된 교육의 원리가 비판(Kritik)이다. 산업이라는 세계가 몰고 온 부정적 측면을 비판하고 긍정적 측면을 수용하면서 박애주의는 전통적 수업의 내용과 방법을 모두 비판의 대상으로 삼았다. 박애주의는 생활 세계에서 소외된 학교, 학생들의 실생활에 아무런 도움이 되지 못하는 학교라는 고립된 공간 안에서의 교육을 비판하였다. 박애주의는 이러한 전통적 학습 중심의 학교교육에 대하여 실생활에 유용한 지식과 기술을 교육의 내용과 방법으로 강조하였으며, 이러한 산업교육으로부터 영글어 제시된 비판은 인위적으로 조성된 고전어와 교리 중심의 학교교육을 통한 생활 세계로부터

28) a.a.O., S. 3.

어린이의 소외를 교육적 관점 아래서 재조명하였다는 점에서 오늘날에도 현실적 의미가 있다. "우리의 초등학교는, 소수의 예외를 제외하고는, 생활을 위해서는 게으르고 우둔하며 쓸모없는 학교다."[29)]

박애주의는 당시의 학교교육을 특히 두 가지 관점에서 비판하였다. 첫째 관점은 암기 연습(Gedächtnisübung) 중심의 교육에 대한 비판이었다. 암기 연습은 당시 학교교육의 중심이었다. 암기는 이해, 통찰, 인식과 같은 오성의 능력과는 아무런 관계가 없다. 사유의 능력을 길러 주지도 못한다. 이러한 암기 교육은 특히 종교 과목에서 참담했다. 종교 지식은 맹목적으로 전달되었으며 교리는 강제로 주입되었다. 교리문답(Catechism), 잠언, 성구 등이 강제로 암송되었다. 이러한 암기 교육으론 결코 종교의 내면화가 이루어질 수 없었다. 사람들은 암기 연습을 하였을 뿐 감성과 이성의 차원을 전적으로 방기하였다. 그리하여 가슴에 담기지 않은 지식, 삶의 힘으로 드러나지 않는 지식이 생활 세계의 노동을 중시하는 박애주의적 산업교육자들에 의하여 비판되었다. 삶의 유용성과 아무런 관련도 없는 지식은 전혀 쓸모가 없다.

둘째 관점은 현재의 삶과 분리된 추상적이고 규범적인 지식과 가치로의 교육에 대한 비판이었다. 이러한 교육은 현재의 추상(Abstraktion)이었다. 학교의 교육 내용은 과거에 오리엔테이션이

---

29) Campe, über einige verkannte wenigstens ungenützte Mittel zu Beförderung der Industrie der Bevölkerung und des öffentlichen Wohlstandes, Wolfenbüttel 1786, Erstes Fragment, S. 7, "non scholae sed vitae discimus".

되어 있었으며, 현재는 교육의 관심 밖에 있었다. 다시 말하면 학교교육은 고전어와 고대 그리스와 로마의 인문과 예술, 성경과 교리에 대한 규범적 가르침으로 가득 차 있었으며, 현재의 삶에 유용한 지식과 기술에 대한 가르침은 교육의 관심 밖이었다. 박애주의 교육학은 역사적인 것을 현재의 삶의 상황 안으로 끌고 들어와서 구체적으로 반성하는 교육이 아니라 오로지 역사적인 것들에 묶여 있는 규범적 교육이 이루어지고 있음을 비판하였다. 박애주의는 현재적인 것에 가까운 교육, 삶, 직접적인 교육을 통하여 역사의식을 심화시켜 주어야 할 것을 강조하였다. 새로운 학교는 이러한 현재적인 것의 원리에서 교육을 도모하는 학교다. 이는 당시의 지배적 교육에 대한 전면적 부정이요, 정면 도전이었다. 당시의 교육은 현재 안에 있는 학생을 끌어내어 학교라는 인위적 공간 안으로 집어넣어 전승되어 온 과거로 인도하는 교육이었다. 그러한 교육을 받은 결과는 학생들이 현재의 생활 세계에서 멀리 떨어져 있는 과거로 의식화되고 재구성되는 것이었다.

기존의 학교는 학생을 수동적으로 적응하게 하는 교육기관이었다. 캄페는 학교가 어린이를 '타성적이고 게으르고 미련한 인간으로' 교육하기만 하였다고 하였다.[30] 선생은 어린이의 잠재능력을 일깨우고 도야하기보다는 어린이를 채찍과 훈련을 통하여 주어진 규범에로 길들어지게 하는 조련사(Gängelmagd)였다. 그리하여 어린이는 학습에서 자발성 같은 고유한 지적 호기심에

30) "träge, schwerfällige, faule und stupide Menschen" Campe, a.a.O., Erstes Fragment, S. 16.

서 나오는 능력보다는 수용성 같은 외부로부터 어린이에게 가해지고 제시되는 낯선 권위와 내용을 맹목적으로 학습하는 능력을 필요로 하였다. 학교에서는 학생은 소질과 능력을 일깨워 살리고 기르기보다는 소외시켜 죽이고 패리시키는 교육을 받았다. 박애주의 학교교육은 이러한 전통적 교육에 정면으로 도전하였다. 그래서 종교교육도 수동적 순종으로의 교육에 머물지 않고 능동적 활동으로의 교육을 강조하였다.

종래의 학교교육은 한마디로 '말은 너무나 많고 활동은 너무나 적은' 교육이었다. 또한 학교는 실습은 없고 학습만 있는, 학생을 책에 묶어 놓는 일종의 학습학교(Lernschule)였다. 박애주의는 산업교육의 필요성과 중요성을 강조하고 책에 담긴 내용을 생활에 응용하는 작업(Arbeit)을 교육의 중심으로 삼았다. 산업교육은 일방적 교육을 해 온 전통적 학교교육에 대한 투쟁이요, 대안이었다. 일방적으로 학습학교의 철폐를 주장하는 것이 아니라 학습과 노동이 연결되고 조화를 이룬 학교를 주장하는 것이었다. 이러한 주장은 오늘날 지극히 자명한 것이었으나 당시엔 참으로 혁명적인 것이었다.

박애주의 산업학교 가운데서 잘 알려진 학교로 바게만이 설립한 괴팅겐 산업학교가 있다. 이 학교의 학년과 교육과정은 다음과 같다.[31] 모두 3학년으로 구성되어 있는데, 제1학년을 철자학년(Buchstabenklasse), 제2학년을 철자응용학년(Buchstabierklasse), 제3학년을 읽기학년(Leseklasse)이라고 칭하였다. 오전 교육과정은 다음과 같이 구성되어 있다. 철자학년이 학습을 하는 시간에

31) Bruno Bendokat, Industriepädagogik. 1933, S. 8.

철자응용학년과 읽기학년은 노동을 하고, 철자응용학년이 학습을 하면 철자학년과 읽기학년이 노동을 하며, 읽기학년이 학습을 하면 철자학년과 철자응용학년이 노동을 한다. 그리하여 각 학년의 학습 시간과 노동 시간이 1 : 2가 되도록 구성하였다. 오후 시간도 오전과 유사하다. 매일 2시간 학습하고 4시간 노동하는 수업 구조다.

노동교육은 어린이의 성장 발달을 배려하여 세심하게 계획되고 실천되었다. 예를 들면, 바게만의 괴팅겐 학교에서는 90명의 학생을 30명의 학습반과 60명의 노동반으로 나누고, 노동반 학생 60명은 다시 성장 정도에 따라서 나이가 아주 어린 학생 36명은 뜨개질반(Strickklasse)에 들어가고, 5명에겐 바느질책상(Nähtisch)을 주었으며, 9명에겐 물레질(Wollenspinnerei)을 가르쳤고, 8명에겐 아마방직(Flachspinnen)과 섬유방직(Hedespinnen)을, 그리고 가장 성숙한 학생 2명에겐 무명방직(Baumwollspinnerei)을 교육하였다.[32)]

로코우가 레크안(Reckahn)이라는 작은 마을에 설립한 산업학교는 다음과 같은 교육목적을 내걸었다.

첫째, 일상 수업 외에 자연의 일반적 기초를 가르친다.

둘째, 모든 어린이는 아마와 목화를 물레로 저어 실로 만들어야 하며, 양말을 뜨개질하고 계집아이는 재봉질도 할 줄 알아야 한다.

셋째, 건강한 신체로 교육한다.

32) Bendokat, a.a.O., S. 10.

넷째, 가축을 건강하게 기르는 방법을 가르친다.

다섯째, 밭을 경작하고 정원을 가꾸며 과일나무를 기르는 방법을 가르친다.

노동의 내용은 엄격하게 선정되었고, 규모가 큰 시설을 필요로 하는 노동은 제외되었다. 노동의 과정과 결과가 어린이의 성장에 영양소가 되는 노동을 선택의 원리로 삼았다. 노동은, 첫째, 교육목적에 부합하여야 하며, 둘째, 변화가 있고, 셋째, 내용과 형태가 다양해야 한다. 이러한 세 가지 척도에 따라서 노동은 선택되고 조직되었다.[33] 산업학교 설립의 물결은 드레스덴(Dresden), 뷔르츠부르크(Würzburg), 함(Hamm), 하노버(Hannover), 나움부르크(Naumburg), 마그데부르크(Magdeburg), 브란덴부르크(Brandenburg), 베스트팔랜(Westfalen), 슐레지엔(Schlesien), 뵈멘(Böhmen) 등 독일 전역에서 일어났다.

6. 교육학적 주장과 공헌

박애주의자들이 생각하였던 교육은 무엇일까? 이 문제로 넘어가기 전에 박애주의자들에게서 공통적으로 확인할 수 있는 기독교적 바탕과 여기에서 나온 인간관을 간략하게 언급할 필요가 있다. 박애주의 교육학을 탄생시켰고 박애주의 학교운동을 벌인 바제도우, 잘츠만, 캄페, 빌롬, 로코우 그리고 바르트 등은 모두

---

33) Bendokat, a.a.O., S. 9.

신학을 전공한 교사요, 교육학자였다. 캄페와 바르트는 목사요, 신학자였다. 그들은 그 당시 종교인들에 비해서는 합리적이고 개방적인 신앙의 소유자이긴 하였으나, 18세기 교육학의 공통 주제인 "인간은 '하나님의 형상'으로 창조된 존재이므로, 타락한 후에도 본질적으로 하나님의 형상을 지닌 존재다. 따라서 인간은 타락 이전의 본래적 상태로 환원되지 않으면 안 된다."는 사상에 젖어 있었다. 본래성으로의 환원의 필연성과 요청은 그대로 타락하고 무질서한, 무교육한 인간을 교육을 통하여 본래 모습으로 돌아서게 하는 목적과 내용을 제공하고 있다. 인간이 새로운 인간으로 교육되려면 인간뿐만 아니라, 사회와 국가와 시대가 동시에 교육을 통하여 전부 새롭게 변화되지 않으면 안 된다. 교육은 자연과 이성 사이에서 인간과 사회를 교육의 대상으로 수용하면서 기독교적 인간 회복의 길을 구체적으로 걷는 걸음이다. 이러한 철학적 합리주의와 계몽적 세계관과 기독교적 인간관이 혼합하여 박애주의 교육사상의 기초를 이루고 있다.

박애주의의 교육 원리 가운데 하나는 공익성이다. '공동의 복지를 조장하고 공동의 안전을 보장하는 일을 하라. 이와는 반대로, 공동의 복지를 방해하고 공동의 안전을 저해하는 일을 하지 마라.'[34] 볼프는 공익성의 개념이 학교교육의 기초요 시작점임을 강조하였다. 박애주의는 공리주의(Utilitarismus)가 주장하는 사회적 행복론을 윤리적 입장에서 수용하면서 동시에 교육 아래서 인간을 자연인이요 동시에 개성(Individualität)으로 이해하는 루소

34) Christian Wolff, Vernünftige Gedanken von dem gesellschaftlichen Leben der Menschen. Halle 1721.

의 입장도 철저히 긍정하고 있다. 사회와 개인 사이에서 교육 이론은 역사적으로 사회 편에 서서 공리와 유용을 강조하거나, 개인의 편에 서서 개성과 행복을 강조하였다. 이와 같은 대립 개념들을 박애주의는 다음과 같은 이해를 통하여 극복하고 있다. 교육은 개인의 소질과 관심을 뒷받침해 주는 연습(Übung)과 개인의 자아실현 욕구에 거슬러 작용하는 사회적 윤리와 질서로 성장세대의 행동을 습관화(Gewöhnung)하는 이율배반으로부터 교육의 본질과 의무가 무엇인지 생각하고 실천하지 않으면 안 된다. 이러한 표면적으로 대립과 긴장 관계에 있는 것처럼 보이는 교육의 양면성을 바르게 관찰하고 균형과 조화를 모색하는 것에 교육의 지혜와 사랑이 근거한다.

박애주의자들은 저마다 관심과 성격이 대단히 다양했지만, 그들의 교육관과 학교교육 문화에 대한 인식은 박애주의라는 말로 묶여 하나된 모습을 보여 주고 있다. 그들은 루소와 마찬가지로 인류의 평등사상으로부터 합리적이고 자연적인 교육을 주장하면서 기독교 교회의 전통에 대항하고, 정통주의(Orthodox)와 경건주의(Pietismus)를 비판하면서 어린이의 능력이 자유롭게 성장하도록 어린이를 외부에서 가해지는 모든 제약과 구속에서 해방하고 각성시키는 교육을 할 것을 강조하였다. 교육은 루소에 있어서처럼 관념적인 사변에 머물러 있지 않고, 삶의 세계 안에서 일어나는 구체적인 사고와 실천으로 나타났다. 합자연적 정신(Naturnähe), 정신과 신체의 단련(Abhärtung), 독자성(Selbständigkeit)과 함께 이 세상에서의 행복한 삶과 단순하고 건전한 시민 생활, 세계관적 정조를 동반한 즐거운 생활의 추구 등이 교육의 중요한 목표로 강조되었다. 이미 루터가 주장하였고 경건주의 교육학이 추구하였던 소명(Berufung)과 직업(Beruf)의 연결은 박애주의 교육학에 의하여 합리적 공익성의 정신 위에서 직장과 가정에서 공적이고 사적인 생활의 실천과 바른 실현의 방향으로 새롭게 강조되었다.

페스탈로치는 박애주의 교육학자들에게 직접적으로 영향을 주었다. 특히 그의 노작교육(Arbeitserziehung) 이론은 박애주의 교육학자들에 의하여 수용되어 인간 도야(Menschenbildung)와 유용성(Brauchbarkeit)의 조화라는 교육의 원리로 재구성되었다. 캄페의 「인간 능력의 조화로운 보존을 위한 염려」와 빌롬의 「교육에서 개인의 완전한 자아실현이 개인의 유용성에 어느 정도로 희생되어야 하는가?」라는 글은 이 문제를 다루고 있는 대표적 글이다.[35] 잘츠만도 『개미의 작은 책』[36]에서 합리적인 교육에 관하여 서술하면서, 교육을 기초적 문화 기술을 위한 연습으로, 그리고 인간의 잠재 능력을 계발하는 활동으로 보았다. 어린이를 인간으로 교육하는 자는 어린이의 모든 능력이 발달하도록 연습시키는 자다. 그러나 일정한 일에 종사하도록 교육하는 자는 그 일에 종사하기 위하여 필요한 능력만을 연습시키고 그 외의 능력은 잠자게 놔두거나 아예 마비시켜 버린다.[37] 교육은 전자의 경우다. 인간의 유용성이란 소나 말처럼 훈련된 가축의 유용성이 아니라 농부나 목수처럼 직업 특수적 수행 능력의 유용성이

35) J. H. Campe(Hrsg.), Allgemeine Revision des gesamten Schul-und Erziehungswesens von einer Gesellschaft praktischer Erzieher. 16 Bde., Hamburg 1785~1795, 여기서는 Bd. III.

36) Ch. G. Salzmann, Ameisenbüchlein(1806). Bad Heibrunn/Obb 1960.

37) a.a.O., S. 27.

다. 그는 소처럼 단순히 일하기 위해서 존재하지는 않는다. 그는 농부요 목수일 뿐만 아니라, 동시에 남편이요 아버지요 시민이다. 따라서 유용성은 훈련된 가축처럼 단지 노동의 도구로 사용되고 경제적 효용성으로 평가되는 일차원적 유용성이 아니라, 교육받은 결과 가정의 가장으로 향유하게 된 유용성일 뿐만 아니라 동시에 교양 있는 시민으로 국가의 보존과 발전에 기여하는 유용성으로 드러나는 다차원적 유용성이다. 여기서 우리는 인간과 삶에 대한 이해의 변천을 본다. 이러한 이해는 실제적이고 공리적인 추세를 학교 안으로 끌고 들어와 가정과 직업 세계에서의 실천적 노동과 수공(Handfertigkeit)을 중요한 교육 내용으로 강조하고 있다.

교육은 인본주의가 강조하여 왔으며 당대를 지배하고 있었던 인간의 고전적 정신 능력의 성취인 라틴어와 그리스어 같은 고전어와 그러한 언어로 쓰인 고전을 학습하거나, 사회에서 출세하기 위한 어떤 자격과 조건을 획득하는 일이기 이전에 근본적으로 아직 미성숙한 어린 인간 개개인이 먼저 성숙한 인간으로 씩씩하고 튼튼하게 성장하게 하는 일이요, 이러한 성장을 하면서 기성세대의 생활 세계에 담겨 있는 문화와 언어를 배우고 익히도록 하는 일이며, 그 결과로 사회와 국가에 유용한 시민이 되고 동시에 자신의 삶을 의미 있고 행복하게 가꾸어 갈 수 있도록 도와주는 활동이다. 따라서 공익성과 지복성은 교육의 두 목적이요 과제다. 이러한 이해에 근거하여 박애주의 학교는 밭을 경작하기와 정원을 가꾸기, 방랑하고 산책하기, 체조를 묶어서 '체육'이라는 중요한 교과로 만들었다. 한때 고대 그리스에서 그렇게나 기초적 교육과정으로 강조되었던 체육은 박애주의 교육학자들이 학교 교과로 도입하기 전까지 잊혀 있었다. 여기서 우리는 박애주의 교육학자들의 체육 교과 이해가 오늘날 우리가 체육으로 수용하고 있는 과목보다 넓었음을 알 수 있다.

박애주의 교육자들이 시도한 체육의 이론 정립과 실천은 체육교육의 역사에서 이 분야가 전혀 생소하던 시대에 '체육'이라는 교과의 영역을 새로 만들고 학교의 필수 교과목으로 정착시킨 의미가 있다. 그러므로 박애주의의 체육을 좀 더 자세히 살펴보자.

청소년은 엄청나게 생기발랄하다. 그들은 자유롭고 자연스럽게 생활한다. 그렇기에 청소년은 교사의 감독이 필요하며, 절도 있고 정확한 생활 습관을 익혀야 한다. 신체는 자유로운 공기 안에서 놀이와 산보를 통하여 건강하고 강하게 단련된다. 그래서 산보나 작은 여행은 학교에서 교사가 학생들과 더불어 할 수 있는 용이한 건강법이다. 볼케는 루소가 『참회록』[38]에서 묘사한 도보 여행을 강조하였다. 여행은 대체로 8일에서 14일 정도를 최소한의 음식을 가지고 산과 들을 방랑하고 계곡과 정상을 오르는 것으로, 학생들이 감성을 키우고, 신체를 단련하는 데 이보다 더 좋은 교육이 없다.[39] 학생들은 이를 통하여 자연의 아름다움에 눈뜨고, 정원, 건축, 미술, 조각 같은 것들을 경험하면서 주관적 맛과 멋에 대한 감각을 키운다.

이러한 체육교육의 개념 안에서 박애주의 교육은 캠핑을 교육의 중요한 형식으로 발견하였다. 교사들은 학생들과 배낭을 메

38) 루소의 참회록. I, 4.

39) K. A. Schmid, Geschichte der Erziehung von Anfang an bis auf unsere Zeit, Vierter Band zweite Abteilung. Stuttgart 1898, S. 267.

고 산으로 가서 천막을 쳤다. 그 안에서 함께 먹고 노래하고 이야기를 나누며 잠을 잤다. 이것은 전혀 새로운 시도요, 경험이었다. 그들은 바이올린, 하프, 기타 같은 악기를 가지고 가서 연주하였다. 밤에는 흩어져서 기도와 명상에 잠겼다. 1786년에는 8일의 캠핑 여행을 한 후 기록한 여행기를 『데사우 청소년 신문』에 보도하였다.[40] 1784년에 학생들과 함께했던 소풍을 잘츠만은 「잘츠만 학생들의 여행」[41]이라는 글로 정리하였다. 여행을 효과적으로 하기 위하여 그들은 『청소년 및 방랑 노래(Jugend- und Wanderlieder)』라는 작은 책을 만들었다. 그들은 많은 유쾌하고 좋은 노래를 모으고 만들어서 출판하여, 천박하고 감성과 영혼을 상하게 하는 나쁜 노래들로부터 청소년을 보호하였다. 그들은 좋은 노래로 친교의 노래, 자연을 찬양하는 노래, 숲 속에서 부르는 노래, 아름다운 초원에서 부르는 노래, 흐르는 시냇물 가에서 부르는 노래, 태양이 떠오르는 아침에 부르는 노래, 봄에 부르는 노래 등을 만들었다. 그리하여 1782년에는 『즐거운 사회와 고독한 즐거움의 노래 210곡』[42]이라는 좋은 노래책을 출판하였다.

여름에는 수요일과 토요일 오후를 수영과 물놀이 시간으로 정하고 데사우 주변을 흐르는 엘베와 물데 강변에서 수영과 물놀이를 하였다. 겨울에는 눈과 얼음 위에서 스포츠를 즐겼다. 승마, 무용, 검술 등을 연습하였고, 연극도 하였다. 연극을 위한

40) Dessauer Jugenzeitung, Schmid, a.a.O., S. 267.

41) Reisen Salzmannscher Zöglinge. 1784.

42) Zweihundert und zehn Lieder fröhlicher Gesellschaft und einsamer Fröhlichkeit. Dessau 1782.

드라마는 교사들이 직접 쓰고 연출하였다. 이를 『박애주의 아키브』와 『교육학 논의』와 같은 박애주의 교육의 기관지 성격을 지녔던 잡지에 실었다.[43)]

박애주의 학교는 학생들에게 정원을 손질하고 밭을 가는 일도 시켰다. 교사와 학생이 분담해서 과수와 야채를 재배하였다. 1788년부터는 정원과 밭에서 수확한 채소와 과일과 나무 묘목 등을 팔아서 상당한 이익도 남겼다. 이미 1777년부터 수공(手工) 수업(Handfertigkeitsunterricht)을 정규 교과목으로 설정하고, 목수에서 뜨개질까지 다양한 수공예를 가르쳤다. 여기서 망치, 톱, 대패, 칼, 집게 같은 도구의 사용 방법을 익히는 일이 중시되었다. 장롱, 책상과 의자 등을 학생들이 직접 제작하였다. 멀리뛰기, 높이뛰기, 뛰어내리기, 줄넘기, 평균대 운동, 기어오르기, 모래주머니 옮기기 같은 다양한 체조(Turnen)를 개발하여 근육 강화 운동과 신체 단련도 하였다. 모래주머니 옮기기에서는 한 손으로 또는 양손에 4에서 8파운드 사이의 모래주머니를 들고 옮기는 운동을 하였다. 절도 있게 걷기가 강조된 군대식 행진도 하였다.

앞에서 살펴본 바와 같이 체조의 이론과 실제는 본질적으로 박애주의 학교교육운동에서 기원하고 있다. 로크가 고대 그리스의 시인 유베날리스(Decimus Junius Juvenalis)의 유명한 시 구절, '건전한 신체에 건전한 정신'을 새로운 교육의 의미를 간명하게 드러낸 표현으로 만들어 버린 뒤로 18세기의 교육학은 신체와 영혼의 건강한 발달 아래서 지정의(知情意)의 조화로운 교육을

43) Philanthropisches Archiv, Pädagogische Unterhandlungen.

계속하여 강조하여 왔다. 그러나 이를 체육으로 정착시킨 사람은 잘츠만의 동료 교사였던 구츠무츠(Johann Christoph Friedrich Guts-Muths, 1759~1838)다. 그는 『청소년을 위한 체조』(1793),[44] 청소년의 『신체와 정신의 연습과 쇄신을 위한 놀이』(1796),[45] 『조국의 아들들을 위한 체조 책』(1817)[46] 등을 통하여 인간의 완전한 자아실현과 행복한 삶과의 유용성을 위한 신체의 도야를 이론적으로 정립하였으며, 교과목으로 정착시켰다. 신체의 도야는, 첫째, 감각기관과 기능의 도야, 둘째, 신체의 건강과 단련, 셋째, 몸통과 사지의 체력 강화를 내용으로 하고 있다. 박애주의 학교는 인간의 완전성과 지복성이라는 관점에서 신체의 도야를 강조하였다. 구츠무츠의 책 『청소년을 위한 체조』를 비롯하여 호크하이머(F. A. C. Hochheimer)의 『그리스인의 교육체계 연구』와 비이스의 『체육 백과사전』은 박애주의 체육 이론의 세 기본 도서로 자리 잡았다.[47]

박애주의자들은 성교육에도 많은 관심을 기울였다. 물론 여기에는 시대적 제약 때문에 지적이고 도덕적인 가르침에 머물러 버린 한계가 있기는 하지만, 그럼에도 18세기의 독일이라는 시

---

44) Johann Christian Friedrich Guts-Muths, Gymnastik für die Jugend. 1793, Wien und Leipzig 1893.

45) J. C. F. Guts-Muths, Spiele zur Uebung und Erholung des Koerpers und des Geistes. Schnepfenthal 1796.

46) J. C. F. Guts-Muths, Turnbuch fuer die Soehne des Vaterlandes. Frankfurt a.M, 1817.

47) J. C. F. Guts-Muths, Gymnastik für die Jugend. 1793; K. W. A. Vieth, Encyklopädie der Leibesübungen. 1794; F. A. C. Hochheimer, Versuch eines Systems der Erziehung der Griechen. 2 Bände. Dessau 1785/86.

대성을 감안하면, 이는 대단히 용기 있는 교육 쇄신 운동이었다. 특히 캄페는 「테오프론 또는 무경험한 젊은이를 위한 노련한 충고자」(1783), 「교양 있는 신분의 자녀들을 위한 윤리의 작은 책」(1787), 「딸을 위한 아버지의 충고」(1789) 같은 일련의 글을 집필하여 독서를 통한 성교육을 시도하였다.

박애주의 학교는 쾌활하고 고무적인 교육 분위기와 어린이에 맞는 수업의 형성에서 특징적이었다. 수업의 원리는 철저성과 용이성이었다. 트랍은 주저 『교육학의 시도』에서 놀이의 교육학적 의미를 80여 쪽에 걸쳐서 다루고 있다.[48] 주목할 만한 사실은 여기에서 철저성과 용이성을 어린이의 입장에서, 다시 말하면 어린이의 능력과 형식적인 도야의 측면에서뿐만 아니라, 수업의 입장에서 어린이가 배울 내용의 측면에서도 함께 다루고 있다는 점이다. 여기서 수업은 놀이하는 학습의 원리에 따라 쉽고 효과적으로 수행된다.

어린이는 벌보다는 상과 격려를 통하여 교육되고 도야되어야 한다. 이러한 생각은 한편으로는 코메니우스의 『세계도해』[49]를

---

48) Trapp, a.a.O., S. 55ff.

49) 코메니우스의 'Orbis sensualium pictus'는 일반적으로 '세계도회(世界圖繪)'로 번역되어 왔다. 그러나 나는 이를 '세계도해(世界圖解)'로 번역한다. 그 이유는 다음과 같다. 세계도해는 그림을 사용하여 국어와 라틴어를 가르치되, 내용의 합리적이고 전체적인 구성에서 이 한 권의 교재가 초등학교 어린이들에게 언어, 수학, 사회, 자연, 종교의 기초적인 지식을 종합적으로 매개하여 주도록 되어 있는 교재다. 이러한 교재는 교재의 역사에서 처음이었다. 그래서 유명하고 의미 있다. 그런데 '세계도회'란 번역은 교재의 편성적 특징으로 그림만 강조하고 이 교재가 담고 있는 독일어와 라틴어로 된 세계에 대한 기초적이고 조직적인 설명을 묵살하고 있다. 따라서 '세계도해'로 번역하는 것이 더 적절하다. 혹시 라틴어의 명칭에는 그림만

발전시킨, 바제도우의 『기본 교재』,[50] 캄페의 『아베체 읽기 책』[51] 등 혁신적인 교재의 제작과 출판을 가져왔으나, 다른 한편으로는 덕행확인증(Tugendbillett)과 선행 목록(Meritentafel)의 체계화라는 교육상으로 문제시되는 극단적인 상황까지 나아가 문제로 부각되기도 하였다.

박애주의 학교는 종교교육의 개선도 시도하였다. 종교교육을 성서의 역사와 내용으로부터가 아니라, 도덕적인 이야기에서 시작하는 자연스럽고 합리적인 방법으로 구상하였다. 데사우의 박애주의 학교에서는 경건회 시간에 계시 종교와 자연 종교를 나란히 동등하게 인정하였다. 박애주의 교육학의 종교적 기본 입장은 절충적 개선이었다. 박애주의는 계몽적인 이성 종교를 지향하였다. 그러면서도 중세기에서 근세로 접어들면서도 변하지 않고 전승되어 내려온 교리적인 성서교육과 문답교육을 통하여 두드러지게 드러나는 규범적이고 주입적인 수업도, 비록 이러한 수업이 아동의 성장발달에 따른 수업이 아님에도 불구하고, 어느 정도 관용적으로 수용하였다. 시대는 여전히 규범적 교리 수업의 지배하에 있었으므로 교육학적으로 극단적인 대결

강조되어 있다고 항변할 사람이 있을지 모르나, 당시의 언어 사용의 현실에서 sensualium(감각적)이라는 형용사가 이미 내용을 말하고 있다.

50) Basedow, Elementarwerk. 4 Bde. 1770, Leipzig 1909. 이 책은 바제도우가 세계도해를 개선하겠다는 의지로 만든 4권의 방대한 교재로, 이 교재로 학생들이 가장 기초적인 지식에서 높은 수준에 이르기까지 학습하도록 짜여 있다. 모두 100개의 동판화가 함께 배열되어 있다.

51) Campe, Abeze-und Lesebuch, 1807. 어린이들이 철자와 읽기를 배우도록 철자와 그림과 글이 26개의 놀이카드로 배열되어 있다. 이 책은 다음과 같이 다시 출판되었다. J. H. Campe Bilder-Abeze. Frankfurt: Insel 1975.

을 피하면서 합리적 종교 수업을 시도하였다.

박애주의는 인본주의에 의하여 정립되고 전승되어 온 학제와 교육과정을 불가피한 개혁의 대상으로 보고 활발하게 개혁을 시도하였다. 바제도우를 위시한 박애주의자들은 학교를 사회의 공기(公器)로 보고, 교육에 대한 교회의 간섭을 배제하고, 학교 안에서 교파 간의 갈등을 극복하며, 교육 공간 안에서의 종교적 관용을 인정할 것을 주장하였다. 그리하여 '교육학적 이성의 제도적 정착을 교육정책 구념(構念, konzeption)에 따라서 정치적인 길 위에서'[52] 찾았다. 이러한 박애주의 교육 이론의 정치적 차원은 17세기까지만 해도 아직 구체적으로 밝혀지지 않았던 교육과 국가의 관계를 잘 정리한 것이었다. 그리하여 잠시나마 프리드리히 대제 치하에서 브라운슈바이크를 중심으로 교육행정의 국가 감독 체제와 학제의 합리화가 이루어졌다. 그러나 교회와 정치계 지도자들의 끈질긴 반대와 방해로 박애주의 교육학자들의 학제 개혁 운동은 결국 실패로 끝나고 말았다.

트랍은 교육과 국가의 관계를 새로운 학교의 교육행정 입장에서 다섯 가지 관점으로 정리하고 있다.[53] 첫째, 국가는 수업을 제공하기만 할 뿐 강요하지는 말아야 한다. 둘째, 국가는 수업을 특히 낮은 시민계층을 위하여 계획하고, 읽기, 쓰기, 셈하기라는 일반적으로 유용한 지식을 중심으로 제공하여야 한다. 셋째, 국가는 공적인 학교들을 공적인 재정으로 유지하여야 한다. 넷째, 국가는 교회의 이익이나 국가 권력의 오용을 조장하기 위하여 학교 시설

52) Sünkel, a.a.O., S. 190f.

53) Allgemeine Revision, Bd. XVI, S. 25f.

과 조건을 지시해서는 안 된다. 다섯째, 국가는 교육기관이나 모든 가정이 가지고 있는 모든 형태의 사설 수업(Privatunterricht)을 허용하여야 한다.

바제도우의 데사우 박애주의 학교를 범례로 박애주의 학교의 수업 내용을 살펴보자. 박애주의 학교는 기숙학교다. 학교의 하루는 조교나 일직 교사가 다섯 시에 기상하는 것으로 시작된다. 조교나 일직 교사는 5시 45분에 기상나팔을 불어서 모든 학생을 깨운다. 그러고 나서 조회를 해서 방을 점검하고, 청결과 정돈 상태를 검사한다. 아침 기도회를 드린 후 아침 식사를 한다. 여름에는 7시에, 겨울에는 8시에 교사 회의를 시작으로 수업이 시작된다.

수업 시간표는 다음과 같다. 학교는 전체적으로 하급 학생(Die Kleineren)과 상급 학생(Die Größeren)으로 나뉘어 있다. 하급 학생과 상급 학생은 다시 각각 1학년과 2학년으로 조직되어 있다. 학교는 오전에 3시간 수업하고 오후에 하급 학생은 2시간 또는 3시간, 상급 학생은 4시간 수업한다. 교과목은 자연, 역사, 수학, 문법과 작문, 무용과 미술, 승마, 음악, 지리, 철학, 선반과 목수를 중심으로 한 수공 그리고 국어(독일어)를 비롯하여 라틴어, 프랑스어, 영어, 그리스어 같은 언어 과목들로 구성되어 있다. 상인이 되고자 하는 학생에겐 모든 교과목을 선택과목으로 열어 놓고, 국어, 프랑스어, 영어만 필수로 공부하게 하였다. 이를 표로 만들면 〈표 1-1〉과 같다.

박애주의의 노작교육, 체육, 교수방법의 개선, 종교교육, 그리고 학제 개혁 등의 교육적 노력이 집중적으로 강조되고, 공익성, 지복성, 유용성, 철저성, 용이성 같은 교육의 기본 원리와 개념

〈표 1-1〉 수업시간표

<table>
<tr><th colspan="3">하급 학생</th><th colspan="2">상급 학생</th></tr>
<tr><th>시간</th><th>1학년</th><th>2학년</th><th>1학년</th><th>2학년</th></tr>
<tr><td>8~9</td><td>쓰기 연습</td><td>국어 읽기 연습</td><td colspan="2">독일의 스타일과 맛의 도야, 자연 종교와 도덕.</td></tr>
<tr><td>9~10</td><td colspan="2">바르게 쓰기 연습, 자유 시간</td><td colspan="2">승마와 무용, 보충수업: 셈하기</td></tr>
<tr><td>10~11</td><td>라틴어</td><td>라틴어 서법</td><td>고전 독본</td><td>고대사, 언어학</td></tr>
<tr><td>11~12</td><td>라틴어</td><td>프랑스어</td><td>고전 독본</td><td>실제적 언어학</td></tr>
<tr><td>1~2</td><td colspan="2">음악</td><td colspan="2">수공(선반, 목공)</td></tr>
<tr><td>2~3</td><td colspan="2">소묘/스케치</td><td>소묘.
보충: 셈하기</td><td>지리, 해부학,
수학, 미술.</td></tr>
<tr><td>3~4</td><td colspan="2">무용</td><td colspan="2">프랑스어 연습, 세계사, 신문 강의</td></tr>
<tr><td>4~5</td><td colspan="2">프랑스어</td><td colspan="2">프랑스어 연습, 세계사, 신문 강의</td></tr>
<tr><td>5~6</td><td>독서</td><td>라틴어</td><td colspan="2">수학, 물리학</td></tr>
<tr><td>6~7</td><td colspan="2">자유 작문 시간</td><td>영어</td><td>천문학, 그리스어</td></tr>
</table>

들이 이론적인 틀로 잘 정리된 배후에는 박애주의자들이 광범위하게 벌인 저술과 출판 활동이 있다. 그들은 대단한 글쟁이였으며 광적인 출판가였다. 그들은 교재를 포함하여 교육에 필요한 모든 도서를 저술하고 출판하였다. 또 교육학 이론을 『학교와 교육제도의 전반적 재검토』라고 하는 제목 아래 16권으로 구성된 방대한 총서로 정리하여 출판하였다.[54] 이 총서는 서구의 교육학 역사에서 확인되는 최초의 교육학 백과사전이었다.

그들은 어린이와 청소년을 위한 도서가 전혀 없었던 시대에

54) 자세한 내용은 제2장 『학교와 교육제도의 전반적 재검토』 참조.

어린이와 청소년을 독자로 삼은 책들을 저술, 편집, 출판하였다. 그리하여 독일에서 '청소년 문학(Jugendliteratur)'이라고 하는 새로운 문학의 장르를 탄생시켰다. 그중에서도 캄페는 단연 독보적이었다. 그는 청소년을 독자층으로 구상한 39권의 방대한 문헌을 출판하였다.[55] 1979~1980년 캄페의 『소년 로빈슨(Robinson der Jüngere)』이 출판되자 이 책은 교양과 흥미를 겸한 국민 교육 도서로 각광받으며, 초판이 인쇄된 브라운슈바이크에서만 1923년까지 122판을 거듭했다. 곧 유럽의 모든 언어로 번역되었고, 수많은 각색과 모방과 해적판이 나타날 정도였다.

박애주의자들은 박애주의적 학교교육의 이론과 실천을 정기간행물을 발간하여 정리하고 알렸다. 바제도우가 캄페와 함께 편집하고 발행한 『교육학적 논의』,[56] 트랍, 스투베, 호이징거, 캄페가 공동으로 편집한 『철학적 · 언어학적 · 교육학적 내용의 브라운슈바이크 잡지』,[57] 그리고 캄페의 『모국어 육성을 위한 전문지』[58]가 그들이 편집하고 출판한 대표적인 잡지다. 이러한 출

---

55) Sämtliche Kinder-und Jugendschriften, 1778~1806. 4. wohlfeile Gesamtausgabe der letzten Hand. Braunschweig 1831~1836, 39 Bände. 39권의 내용은 캄페에 관한 장에서 자세히 다루었다.

56) Pädagogische Unterhandlungen, Philanthropisches Journal für die Erzieher und das Publikum. Hrsg. von Basedow und Campe. Dessau 1777~1784.

57) Braunschweigisches Journal philosophischen, philologischen und pädagogischen Inhalts. Hrsg. von Trapp, Stuve, Heusinger und Campe. 1788~1793.

58) Beiträge zur weitern Ausbildung der Deutschen Sprache von einer Gesellschaft von Sprachfreunden. Hrsg. von Campe. Braunschweig 1795~1797.

판 활동에서 그들은 박애주의 교육이념에 투철한 교사요, 교육자요, 교육학자요, 학교 개혁자였을 뿐만 아니라 동시에 이 이념을 바르고 효과적으로 실천할 수 있게 하기 위해 정치가요, 어린이와 청소년 문학자요, 출판인이 되었음을 알 수 있다. 박애주의 교육사상가들이 학교교육 문화를 개혁하기 위하여 벌인 노력으로 박애주의 교육사상과 학교는 독일을 넘어서서 오늘에 이르기까지 전 세계적으로 영향을 미치고 있는 모든 대안학교, 소위 '좋은 학교'로 칭송되는 학교들의 원천과 모체가 되었다.[59] 어떤 학교든 박애주의 정신과 이론으로 무장하고 재구성되면, 마치 줄기세포가 유기체를 새롭게 만들듯이 좋은 학교로 새롭게 탄생하는 역사를 만들었다.

59) Jörn Garber, Die Stamm-mutter aller guten Schulen, Das Dessauer Philanthropinum und der deutsche Philanthropismus 1774~1793. Niemeyer 2008.

『학교와 교육제도의 전반적 재검토』

1. 『학교와 교육제도의 전반적 재검토』의 기획과 편집

캄페(J. H. Campe)가 기획, 편집, 출판한 『학교와 교육제도의 전반적 재검토』(이하 『재검토』)[1]는 독일 계몽주의 교육학의 기초를 놓은 문헌일 뿐만 아니라 교육학의 역사에서 최초로 만들어진 근대적 학교교육 이론을 집대성한 결과물이다. 캄페는 교육학 이론을 전반적으로 재검토하고 집대성할 것을 요청하는 시대의 요구를 간파하고 구체적 행동으로 옮겼다. 그 결과가 세계 최초의 교육학 백과사전이라고 할 수 있는 『재검토』의 탄생이다. 캄페는 이로 말미암아 교육과 교육학의 역사에서 불후의 업적을 남겼다.

1) Allgemeine Revision des gesammten Schul- und Erziehungswesens von einer Gesellschaft praktischer Erzieher. 16 Teile. Hamburg 1785~1792.

캄페가 『재검토』에서 시도하였던 것은 그 시대에 이미 있는 교육학적 문헌 전체를 개관하고 새로운 교육관에 따라서 재정립하는 일이었다. 이러한 엄청난 작업을 국가가 아니라 개인이 시도한다는 것은 박애주의 학교를 창설한 대표적 박애주의 교육학자인 바제도우에게도 거의 불가능해 보였다. 캄페도 이 작업을 혼자 할 수 없어서 '경험 있고 유식하며 유능한 건축가(Baumeister)들의 모임'을 만들어서 이 모임에서 교육이라는 집을 전체적으로 철저히 새롭게 건축하는 작업을 추진하여야 한다고 생각하였다.[2] 이 시대에 독일의 교육계에는 자타가 공인하는 유능한 건축가가 많았다. 그렇지만 캄페는 국가가 나서서 훌륭한 교육과 교육학의 대가들을 모으고 조직하여 일을 시작하기를 기다리지 않고 직접 『재검토』를 구상하고 함께 일할 대가들을 공개적으로 초청하였다. 그리하여 일종의 '교육과 학제의 집대성(corpus educationis et institutionis)'을 이루어 냈다.

16권으로 구성된 『재검토』는 당시의 출판 현실에서 참으로 엄청난 규모였다. 『재검토』는 이론과 실천의 두 부분으로 구성되어 있다. 캄페는 교육에서 중요한 내용 가운데 빠진 것이 있어선 안 되고 지나치게 중복되어 강조된 것이 있어서도 안 된다고 생각하고, 이에 신경 썼다. 그래서 이론 부분에서 신체적 · 정신적 · 윤리도덕적 교육을, 다시 말하면 지덕체 교육을 균형 있게 다루었으며, 수업의 목표와 내용과 방법을 포괄하는 수업의 이론 전체와 교사교육의 이론을 다루었다. 그리고 박애주의 교육

2) 여기서 건축가(Baumeister)라 함은 교육의 집을 짓는 사람, 다시 말하면 훌륭한 교육학자와 교육자를 말한다.

학자들에게 영감을 불어넣은 두 사상가, 로크와 루소의 책을 번역하여 『재검토』에 집어넣었다. 실천 부분에서는 캄페의 표현을 빌리면, "학교에서 배우는 초기의 학습 내용부터 교육받은 신분의 청년으로 대학에 들어가거나 취직할 경우에 갖추어야 할 지식과 교양에 이르기까지 학교 수업 전체에 관한 교재를 전반적으로 검토하고 편찬하는 계획을 포괄하고 있다. 수업 전체는 여러 과정으로, 매 과정은 시간 단위의 강의로 정확하게 정리되어 있어야 한다. 교안은 학습지진아나 천재가 아니라 중간 정도의 학습 수준을 보이는 학생에게 맞추어져 있어야 한다."[3] 이상의 인용에서 드러나듯이 캄페는 『재검토』의 실천 영역에서 매 수업 시간의 교과내용까지 아우르는 치밀한 교육과정을 강조하고 있다.

캄페는 16권으로 구성된 이 방대한 책에서 그때까지 교육계를 지배하여 온 교육에 관한 일반적인 이론과 방법을 전체적으로 다시 검토하고 박애주의 교육사상을 바탕으로 한 새로운 교육의 이론과 방법을 제시하였다. 『재검토』는 박애주의 교육사상과 박애주의 학교교육의 이론을 집대성한 전서다. 『재검토』는 이미 언급한 바와 같이 16권으로 구성된, 세계 최초의 교육백과사전이다. 이러한 전집을 어떤 국가도 그때까지 시도하지 못하였다. 그래서 학자들은 『재검토』가 독일 민족의 교육학 전통에 새 왕관을 씌워 준 책이라 말한다.[4] 우리는 『재검토』의 내용에서 당시의 교육학 이해의 수준과 관심 영역을 알 수 있다.

---

3) Campe, 『재검토』 제1권, 머리말, 51쪽.

4) Ulrich Herrmann, Die Pädagogik der Philathrophen. In: Hans Scheuerl (Hg.), Klassiker der Pädagogik I. München 1979, S. 135-158, hier S. 147.

『재검토』의 내용을 권, 쪽수, 필자, 제목 순으로 살펴보면 다음과 같다.

제1권 III–LVI: 캄페, 서론, 전집의 계획
LVII–LXXXXIV: 예약자 명단
1–124: 바르트(K. F. Bahrdt), 교육의 목적
125–232: 캄페, 아기의 탄생 전후에 필요한 부모교육
233–382: 스투베(J. Stuve), 교육의 일반 원리
382–462: 스투베, 체육의 일반 원리
제2권 3–296: 캄페, 탄생 후 두 살 사이의 유아기의 교육
297–616: 빌롬(P. Villaume), 어린이의 초기적 나쁜 버릇
제3권 1–76: 운처(J. C. Unzer), 임산부의 섭생
77–290: 우덴(K. F. Uden), 신생아의 섭생
292–434: 캄페, 잠재 능력의 균형적 발달
435–616: 빌롬, 개인의 자아실현과 사회적 유용성의 관계
제4권 빌롬, 일반적 잠재 능력 개발론
제5권 1–160: 캄페, 어린이의 조기교육의 큰 위험성
161–274: 빌롬, 어린이를 심지가 굳고 순종적인 인격체로 교육하는 방법
272–730: 빌롬, 억제해야 할 본능
제6권 IX–XII: 예약자 추가 명단
1–286: 외스트(J. S. Öst), 패륜과 방탕에서 청소년의 신체와 영혼을 보호하는 방법과 문제 청소년 치료법

287-506: 외스트, 청소년 도덕교육
507-609: 빈터펠트(M. A. von Winterfeld), 청소년 범죄

제7권 1-308: 빌롬, 청소년의 성범죄
309-384: 트랍, 교육학적 관점에서 본 고전 고대의 저자와 언어 공부
385-553: 고전 공부에 대한 캄페, 빌롬, 엘러스, 레제빗츠, 뷔슈, 게디케, 휘셔, 풍크의 논평

제8권 1-210: 트랍(E. C. Trapp), 수업론
211-490: 빌롬, 체육론

제9권 루돌피(역), 존 로크의 교육론. 전집의 저자들과 당대의 지도적 교육학자들에 의한 자세한 각주

제10권 1-162: 크로메(F. A. Crome), 가정교사론
163-444: 스투베, 어린이의 직관 학습
445-568: 캄페, 상벌론
569-640: 빌롬, 어린이의 예절

제11권 트랍, 언어 교수론

제12권-제15권. 크라머(역), 루소의 『에밀』 캄페와 여러 동료의 각주

제16권 1-232: 트랍, 학교론
233-328: 전집 전체의 색인

『재검토』를 발행하기 위해 캄페는 주도면밀한 출판 계획을 세웠다. 『재검토』의 출판은 그때까지 교육학 분야에서 이루어진 적이 없었던 엄청난 기획이었다. 『재검토』에는 박애주의 교육사상의 경전이 될 내용이 담겨야 했다. 방대한 저작을 인쇄하고

출판할 출판사, 배포하고 판매할 서점 그리고 엄청난 출판 비용을 감당할 재원이 필요했다. 캄페가 『재검토』를 기획할 당시 그에겐 아무것도 없었다. 그래서 그는 두 가지를 시도했다. 첫째, 그는 구매 예약[Subskription]을 받았다. 『재검토』를 구매하기로 예약한 사람은 첫 권부터 끝 권까지 구매할 것을 약속하였다. 둘째, 그는 표절과 해적판의 등장을 미리 차단하였다. 이미 그 당시에도 표절과 해적판이 심심치 않게 나타나곤 하였고, 저자들은 많은 노력 끝에 탄생한 연구와 저술을 표절하거나 해적판으로 출판하여 이익을 챙기는 무리와 싸워야 했다. 그는 그런 무리에게 강하게 경고하였다. 그는 '무례한 책 도적 가운데서도 가장 무례한 책 도적'으로 뮌헨의 스트로벨 교수(Professor Strobel)를 칭하면서, "복제판이 나오자마자 판매가 금지되고 그는 나락으로 떨어질 것"이라고 경고하였다.[5)]

캄페는 이 거대한 출판 사업을 시작하면서 목적을 분명히 밝혔다. 개인의 이익이나 영달을 위해서가 아니라 오직 학교교육의 쇄신을 위하여 『재검토』를 출판해야 한다고 역설하였다. 캄페는 『재검토』의 출판으로 동시대인이 교육에 대하여 눈뜨고 계몽된 의식과 인식으로 새로운 교육 문화를 적극적으로 수용하게 되기를 간절히 바랐다. 구매 예약 시도는 성공적이었다. 제I권의 예약자 명단엔 1,431명의 이름이 나열되어 있다. 제V권엔 다시 91명의 구매 예약자 이름이 추가되었다. 예약자 명단을 살펴보면, 공작과 백작을 비롯한 그 시대의 귀족들, 특히 귀부인들의 이름이 숱하게 등장하고, 종교인과 지식인의 이름이 망라되어

5) Campe, Vorrede, Bd. I., S. VI.

있다. 예약자는 꾸준히 증가하였다. 모두 2,043명의 예약자를 확보한 캄페는 『재검토』를 순조롭게 발행할 수 있었다. 여기서 우리는 박애주의 교육사상과 이에 기초한 학교라는, 새로운 교육이론과 교육문화에 대한 시대적 관심과 호응이 얼마나 컸었는지를 가늠할 수 있다.

Allgemeine Revision
des gesammten
Schul- und Erziehungswesens
von
einer Gesellschaft
praktischer Erzieher.
Vierter Theil.
Herausgegeben
von
J. H. Campe
Hamburg,
bei Carl Ernst Bohn.
1785.

[그림 2-1] 『재검토』의 표지

『재검토』의 I권에서 IV권까지가 1785년에 함부르크에서 발행되었다. 나머지 12권이 브라운슈바이크에서 1792년까지 순차적으로 발행되었고, 8년에 걸쳐 16권이 모두 출판되었다.

2. 『학교와 교육제도의 전반적 재검토』의 의미

『재검토』는 18세기의 교육계와 교육학계가 공유하고 있었던 교육에 관한 지식을 집대성하고, 글자 그대로 새롭게 재구성한 결과물이었다. 『재검토』의 출판은 동시대의 정신계에 엄청난 의미로 다가왔다. 『재검토』는 모든 지식을 백과사전식으로 집대성하고 체계화하는 일에 관심을 가졌던 시대정신을 반영한 결과물이었다. 캄페는 『재검토』에서 학교와 교육에 관한 기존의 모든 이론과 개념을 박애주의 관점에서 철저히 재검토하고 재정립하는 시도를 하였다. 그리하여 『재검토』는 박애주의 교육사상을 체계적으로 정립한 권위 있는 문헌이 되었을 뿐만 아니라 자연스럽게 '세계 최초의 교육학 백과사전'이라는 평가를 받게 되었다. 오늘에 이르기까지 계몽시대의 교육학을 이해하고자 하는 사람에게 『재검토』는 가장 중요한 문헌이요, 사상적 원천으로 기능하고 있다. 그래서 클뤼펠(Alois Klüpfel)은 "오늘에 이르기까지 수업과 교육의 영역에서 라인(Rein)의 『교육학사전』을 제외하고는 『재검토』만큼 위대하고 창조적인 저작은 출판된 적이 없다."[6]라고 하였다.

캄페와 동료들의 저술 활동은 동시대인의 공감과 찬사만 받은 것이 아니었다. 엄청난 비판과 방해도 뒤따랐다. 그래서 1788년 캄페는 트랍, 스투베, 호이징거(Heusinger)와 함께 월간지 『Braunschweiger Journal』을 발행하였다. 이 잡지에서 그들은 『재검토』를 비판하는 글에 대응하는 글을 게재하였으며, 『재검토』의 글을 수정, 보완하며 동시대인에게 박애주의 학교교육이라는 새로운 교육 문화를 계몽하는 활동을 벌였다. 『Braunschweiger Journal』은 일종의 『재검토』의 후속이요, 보완이었다.

『재검토』는 교육과 수업에 관한 이해의 지평을 박애의 이념 아래서 성별과 신분의 차이를 넘어서 전인적으로 새롭게 넓혀 주고 심화시킨 위대한 작품이었다. 이에 대한 비판도 거셌다. 특

---

6) Alois Klüpfel, Das Revisionswerk Campe's. Ein Grundwerk der deutschen Aufklärungspädagogik. Würzburg: Dissertation 1934, S. 12. Wilhelm Rein은 7권으로 구성된 방대한 교육백과사전인 『Encykopädisches Handbuch der Pädagogik』을 Langensalza에서 1894~1899에 편집·발행하였다. 그 후에 다시 10권으로 증보하여 제2판을 1903~1910에 편집·발행하였다.

히 조상에게 물려받은 부를 계속하여 성공적으로 보존하고 물려주는 기능을 수행하여 온 학교교육에 대한 근본적 도전으로 받아들인 신분계층의 반발이 컸다. 일차적으로 당시의 지식인 귀족과 종교인이 반발하였다. 유명한 월간지 『Wiener Zeitschrift』의 편집인이었던 호프만(A. Hofmann) 교수는 캄페와 트랍을 혁명의 전위대, 잡필을 휘두르는 뒷골목 똥개, 협잡 모리배, 특권층에 도전하는 촛불시위대장, 독일선동대의 부두목, 민족의 사기꾼, 정부와 통치자들이 가는 길에 숨어 있다가 급습하여 재물을 노략질하는 산 도둑 등으로 폄하하였다. 프러시아의 뵐르너(Wöllner) 장관은 캄페와 동료들이 쥐고 있는 무기인 저술활동을 근본적으로 무력화하려는 시도까지 벌였으나 실패하였다. 당시 브라운슈바이크-볼펜뷔텔의 군주요, 공작이었던 페르디난드(Karl Wilhelm Ferdinand, 1735~1806)는 캄페가 대안도 없이 교회의 가르침을 흔들고 있다고 여기고 박애주의 학교운동을 견제하였다.

[그림 2-2] 칼 빌헬름 페르디난드

이러한 지배계층과 신분계층의 거센 비판과 탄압에 맞서서 캄페와 트랍은 교육하는 정신과 양심의 자유를 위한 투쟁을 용기있게 전개하였다. 그들의 순수한 교육정신에 감동한 브라운슈바이크의 군주는 캄페와 트랍이 지금까지처럼 앞으로도 양심과 지성에 따라 교육활동을 할 수 있도록 정치적으로 뒷받침해 주었다. 그래서 캄페는 브라운슈바이크의 영내에서 자유롭게 박애주의 학교운동을 전개할 수 있었다.

동시대의 계몽적 지식인의 호응도 뜨거웠다. 장 파울(Jean Paul)은 『Levana』 서문에서 『재검토』에 관하여 "그러므로 모든 어머니는 지금까지 어떤 민족도 이와 유사한 것을 제시한 적이 없는 이 위대한 교육의 『재검토』를 읽고 마치 보석처럼 자기 것으로 만들어서 모성적 개성을 갈고닦아서 고상하고 기품 있게 들어 올려야 한다."라고 썼다.[7] 잘츠만(C. G. Salzmann)도 캄페의 노력으로 벽지에 있는 가정에서도 자녀교육의 기쁨을 맛볼 수 있게 되었다고 했다.[8] 계몽의 정신이 이 시대를 어느 정도로 사로잡고 있었는가를 우리는 이 시대에 쏟아져 나온 숱한 언론매체가 『재검토』를 긍정적으로 평가하였던 사실을 통하여 알 수 있다.[9]

3. 신체의 도야

박애주의 교육사상의 큰 업적 중 하나는 체육의 재발견이다. 체육은 음악과 더불어 인류 교육의 역사에서 가장 먼저 제시된 교육과정일 뿐만 아니라, 오늘에 이르기까지 모든 교육의 기초로 기능하고 있는 교육내용이다. 체육과 음악은 호머 시대에 이

7) Jean Paul, Levana oder Erziehungslehre 1807. Bd. I, S. 12.

8) Alois Klüpfel, a.a.O., S. 14.

9) 대표적인 언론매체 몇 가지를 예로 들면 다음과 같다. Würzburger Gelehrte Anzeigen, Oberdeutsche Allgemeine Literaturzeitung, Allgemeine Literaturzeitung, Allgemeine Deutsche Bibliothek, Göttinger Gelehrte Anzeigen 등.

미 보편적이고 필수적인 기초교육과정으로 정립되었다. 체육과 음악은 영웅과 무사로의 교육의 보편적 교육이념인 미선성(美善性, Kalokagathia)이 교육과정으로 구체화되어 제시된 개념이요, 과목이었다.

고대 그리스에서 호머 시대에 이상적 인간상인 영웅의 교육이념으로 가장 먼저 등장한 미선성은 자신을 최적으로 도야한 결과 그로부터 끌어낼 수 있고 실현할 수 있는 최고로 아름다운 신체와 선한 영혼을 갖게 된 인간의 모습이다. 호머 시대에 모든 자유시민은 체육으로 신체를 아름답게, 음악으로 영혼을 선하게 도야하고 그 결과로 훌륭한 영웅으로 우뚝 서는 것을 교육을 통하여 실현할 수 있는 이상이요, 또한 삶의 목표로 삼았다.[10] 이렇게 미선성이 호머적 교육이념으로 정리되면서 체육과 음악이 학교교육의 기본 바탕을 이루는 교육과정으로 정착되었다.

그러나 교육의 역사는 신체의 도야를 학교교육에서 망각하였으며, 영혼의 도야도 감성과 지성과 영성 중에서 지성의 도야만을 강조하여, 이를 지속적으로 교육과정으로 세분화하고 규범적으로 훈육하는 방향으로 발전하였다. 중세시대를 거치면서 체육은 다만 기사도교육에서 전투 능력 훈련과 지배계층의 가치교육 내용으로 머물게 되고 수도원학교에서의 성직자 교육이나 조합학교에서의 수공업자 교육에선 완전히 잊혔다. 거의 이천 년 동안 학교교육에서 잊어버린 체육을 박애주의라는 계몽의 교육사상이 학교교육의 근본 바탕을 이루는 교육과정으로 되살려냈다.

10) 고대 그리스의 교육이념에 관해서 오인탁, 『파이데이아』, 학지사, 2001 참조.

[그림 2-3] 존 로크

신체적 건강은 인간의 내재적 잠재 능력을 수월의 경지까지 개발하기 위한 전제 조건이다. 계몽시대의 대표적 지성인 로크(John Locke, 1632~1704)와 루소(Jean-Jacques Rousseau, 1712~1778)는 이를 강조하였다. 그들이 강조하는 신체교육의 엄청난 의미를 독일의 계몽주의 교육학은 전체적으로 수용하였으며, 그 바탕에서 학교교육의 구체적 실천 이론을 제시하였다. 지복성(Glueckseligkeit)은 '우리의 자연적 바탕과 능력의 적절한 배양과 실현'[11)]을 통하여서만 이루어질 수 있다. 그러므로 인간의 교육은 신체의 도야에서 시작해야 한다. 신체에서 어떤 한 부분이라도 건강하지 않은 상태에서는 정신이 조화롭게 개발될 수 없다. 바제도우는 어린이의 교육은 자연의 질서를 따라야 하며, 어린이에게 잦은 운동과 연습의 기회를 주는 일을 결코 소홀히 해서는 안 된다고 강조하였다. 운동과 연습은 어린이를 건강하게 만들고 잠재 능력의 계발이 활발하게 이루어지게 해 주기 때문이다.

캄페는 『재검토』에서 「아이의 탄생 전후에 필요한 부모교육」(제I권 125-232쪽)과 「탄생 후 두 살 사이의 아동기 교육」(제II권 3-296쪽)이라는 제목으로 유아교육에 관한 방대한 분량의 글 두 편을 썼다. 캄페는 「탄생 후 두 살 사이의 아동기 교육」에서 체

11) Pinloche, S. 192.

육의 의미를 구체적으로 제시하였다.[12] 첫째, 어린이의 건강은 이미 탄생 전에 확실하게 다져야 한다. 둘째, 영유아 체육은 유모와 어머니의 바른 행동을 필요로 하며, 바른 영양 섭취와 의복 착용 및 충분한 휴식과 수면이 이루어져야 하고, 신체 단련과 청결 및 운동과 신선한 공기의 호흡이 있어야 하고, 감각기관을 바르게 배양하는 내용으로 이루어져야 한다. 캄페에 의하면 '원천처럼 개천이, 부모처럼 어린이가'(제I권 130쪽) 그렇게 된다. 『재검토』 제III권에서 운처(J. C. Unzer)는 「임산부의 섭생」(1-76쪽)을, 우덴(K. F. Uden)은 「신생아의 섭생」(77-290쪽)을 썼다. 이러한 시도는 코메니우스가 『대 교수학』에서 탄생 후부터 여섯 살까지의 영유아의 교육을 '어머니 무릎학교'로 강조한 후에 『재검토』와 쇄신 차원에서 깊이 있게 제시된 첫 시도였다. 물론 그 이전에 이미 코메니우스가 『범교육론』에서 탄생 전 모태에서의 태아교육, 결혼을 앞둔 남녀의 교육 그리고 결혼하였으나 아직 자녀가 없는 부부를 위한 부모준비교육을 함께 묶어서 '탄생 전 성숙의 학교'의 교육과정으로 강조하였다. 그러나 『범교육론』의 원고는 분실되었다가 20세기 초에 발견되었고 출판되었기 때문에 교육학의 역사에서 코메니우스의 시대를 초월한 교육사상은 아직 체계적 이론으로 제시되지 않았다. 따라서 박애주의 교육사상가들의 태아와 영유아를 위한 부모교육 이론은 서양의 학교교육 이론의 역사에서 처음으로, 더욱이 신체의 도야라는 큰 개념 아래서 제시된 것이다. 그 의미는 아무리 강조해도 지나치지 않다.

12) 『재검토』, 제II권, S. 3-296.

4. 의지의 도야

박애주의는 『재검토』에서 의지의 도야를 신체의 도야인 체육과 밀접한 관련 아래서 강조하였다. '정신의 도덕성은 신체의 상태에 근거하고 있다.'[13] 체육의 목적은 신체를 도야하여 도야된 신체가 항상 정신이 지향하는 바를 도와주도록 함에 있지, 방해하는 것에 있지 않다. 그래서 『재검토』는 체육(體育)을 지육(智育)보다 먼저 다루고 있다.

박애주의가 강조하는 의지의 도야의 기본 원칙은 다음과 같다. 첫째, 의지의 도야는 생활에서 이루어진다. 어린이는 모방하는 존재다. 그러므로 부모는 자녀의 표상이 되어야 한다. 둘째, 어린이의 자발성을 억압하지 말고 최대한 키워 주어야 한다. 자발성을 자연에 거슬리는 비합리적 방법으로 제약하고 억제하면 어린이의 정신적 능력은 마비되고 만다. 셋째, 어린이의 자발성과 선생의 말씀을 순종하지 않으려는 고집은 다른 것이다. 그러므로 어린이는 순종하도록 교육해야 한다.[14] 넷째, 상벌은 훈련의 수단이다. 상벌이 학생에게 자연스럽고 당연하게 여기도록 이루어져야 한다. 상벌은 학생의 지복성을 목표로 이루어져야 교육적이다.[15] 다섯째, 도덕교육은 엄격한 처벌보다는 청소년의

13) 빌롬, '체육론', 『재검토』 VIII권, S. 216.

14) 박애주의는 루소의 『에밀』을 『재검토』에 실었으나, 순종을 강조하였다. 루소는 『에밀』 제II권에서 '어린이가 무엇을 할 때에 순종이 무엇인지 몰라야 한다.' 고 강조하였다. 루소의 교육사전에 순종은 없다.

15) 캄페의 '상벌론', 『재검토』 제X권, 445-568쪽 참조.

본능을 적절히 규제하는 활동을 통하여 더 성공적으로 이루어질 수 있다. 인간의 본능은 원래 선하나 정도를 이탈하거나 어느 길이 정도인지 모를 경우에 악해진다. 그러므로 어린이의 가소성을 지배하는 자연적 추동을 잘 일깨워 주고 인도해야 한다.

우리는 박애주의 교육학의 의지 도야론에서 오늘날 학교교육이 놓치고 있는 교육의 본질을 재발견하게 된다. 지적 학습도 생활에서 이루어질 때에 가장 효과적이다. 이는 지극히 단순한 진리이지만 학교교육이 놓치고 있는 가장 본질적이고 큰 부분이다. 국어와 영어 같은 언어나 도덕뿐만 아니라, 수학, 물리, 화학도 일상생활과 연계되어 가르치고 배울 때에 흥미를 유발하고 자발적 학습동기와 의지가 자연스럽게 최대화된다. 이에 관해서는 지성의 도야에서 자세히 다룰 것이다. 박애주의는 의지를 도야하는 교육의 기본 이해를 표상과 모방의 영역과 연계하였다. 그리하여 학습된 바가 곧 삶으로 표현될 수 있는 교실교육을 실현하였다. 이러한 교육의 통로는 자발성이다. 수용성을 강조하고 자발성을 변두리 현상으로 구축해 버린 오늘날의 교실교육이 깊이 반성할 주제다. 자발성은 엄격한 상벌교육과 이를 순종에 이르기까지 자연스럽게 타당한 교육현실이 되도록 뒷받침하는 권위교육의 강조로 이어진다.

박애주의 교육학자들에게 성교육은 의지의 도야에서 중요한 영역으로 인식되었다. 성교육은 이미 계몽기 교육학의 큰 관심사였다. 박애주의의 성교육 계보는 루소, 바제도우, 잘츠만으로 이어진다. 성교육은 외스트(J. S. Öst), 빈터펠트(M. A. von Winterfeld), 빌롬 같은 박애주의 교육학자들이 『재검토』에서 다양하게 강조하였다. 그들은 특히 아동기와 청소년기의 음탕한 행위의 원인과 결과에 관하여 다양한 글을 썼다.[16] 이 시대의 청소년의 대표적인 음탕한 행위는 수음(手淫)이었다. 그들은 수음이 청소년의 신체와 정신을 황폐하게 만든다고 강조하였다. 계몽기 교육학의 성교육은 한마디로 '자연스럽게(in natura)' 이루어지도록 하는 것이었다. 자연스럽게 이루어지는 성교육은 성장과 더불어 스스로 경험하도록 하는 소극적 성교육을 말하는 것이 아니라, 식물과 동물의 세계에서 교배와 번식이 이루어지는 모습을 구체적으로 알게 하고 이를 인간의 세계로 연결시켜 주는 적극적 성교육을 말하는 것이었다.

5. 지성의 도야

박애주의적 전인교육은 신체의 도야, 의지의 도야, 지성의 도야의 세 영역으로 이루어진다. 앞서 신체와 의지의 도야를 밀접한 연관 아래서 이해한 박애주의 교육관을 간략히 살펴보았다. 이제 지성의 도야를 살펴보기로 하자. 지성은 지식의 단순한 전달을 넘어서서 인식이 깊이 있게 이루어지는 과정을 통해 도야된다. 수업은 지성을 도야하는 마당으로, 박애주의자들은 이를

16) 『재검토』에 실은 성교육 또는 박애주의적 표현으로 성적 계몽에 관한 글은 다음과 같다. 빌롬, '어린이의 초기적 나쁜 버릇'. 제II권, 297-616: 외스트(J. S. öst), '패륜과 방탕에서 청소년의 신체와 영혼을 보호하는 방법과 문제 청소년 치료법'. 제VI권, 1-286; 외스트, '청소년 도덕교육'. 제VI권, 287-506; 빈터펠트(M. A. von Winterfeld), '청소년 범죄'. 제VI권, 507-609; 빌롬, '청소년의 성범죄'. 제VII권, 1-308.

수업의 과제와 내용과 방법으로 강조하였다.

바제도우는 수업(Unterricht)과 교육(Erziehung)을 구별하였다. 교육이 없는 수업은 아무 의미도 없다. 그러나 수업이 없는 교육은 그 자체만으로도 많은 의미가 있다. 여기서 우리는 수업에 관한 박애주의적 인식에 주목한다. 수업은, 다시 말하면 지식의 전달에 관한 모든 이론과 방법은 교육의 지극히 적은 부분일 뿐이다. 교육은 생활에서 인간의 일반적 인격 도야를 목적으로 하는 활동이기 때문이며, 지식의 맹목적 전달은 인격의 도야에 거의 영향을 미치지 못하기 때문이다. 그러므로 체계적 지식의 학습은 인격을 도야하는 교육의 큰 계획 아래서 함께 이루어질 때에 비로소 의미있다. 이를 박애주의 수업 이론가로 잘 알려져 있는 트랍은 이렇게 표현하였다. "교육과 혼동해서는 안 되는 수업은 직접적으로 인간의 지성을 다룰 뿐이다. 수업은 간접적으로 의지와 감성에 영향을 준다."[17] 트랍의 수업관에서 우리는 수업의 직접적 과제를 확인하게 된다. 수업은 교사가 학생에게 지식을 전달하는 기능을 수행하는 활동이다. 수업은 학생의 이해 능력을 최대화하여 지식의 의미에 대한 철저한 인식에 이르게 하는 것을 목표로 삼고 있다.

완전을 추구하는 수업은 지식을 수용하고 이해하기, 지식을 통하여 세상을 새롭게 보고 느끼기, 더 나아가서 지식을 응용하기를 포괄하는 수업이다. 지식의 배양은 의지의 도야와 함께 사회인으로 살아가기에 필요하고 요청되는 바른 생활의 덕목을 익

17) 트랍이 사용한 단어들, Geist, Herz, Gesinnung을 현대적으로 지성, 의지, 감성으로 의역하였다. Trapp, Unterrichtslehre, RW, Bd. VIII, S. 10f.

혀 바람직한 시민으로 성장하게 함을 목적하고 있다. 이는 이 시대의 소위 계몽교육학(Aufklärungspädagogik)이 공유하고 있는 교육관이었다. 그래서 박애주의의 수업은 언제나 동시에 감성과 의식의 수업이어야 했다. 단지 지식의 학습에 머물지 않고 선과 미와 진리에 눈뜨게 하고 이러한 가치에 대한 감각을 날카롭게 도야하는 수업이어야 했다. 박애주의 수업 이론은 백과사전적 포괄적 지식의 학습을 통하여 선한 세상과 삶의 행복은 함께 이루어진다는 계몽시대를 지배하고 있었던 세계관을 충실하게 수용하고 있다.

수업의 내용은 유용성(Nützlichkeit)의 원리에 의하여 결정되었다. 사회의 구성원으로 살아가는 인간에게 유용성은 주관적이 아니라 객관적이어야 한다. 객관적 유용성이라고 해서 자명하지 않다. 귀족, 상인, 수공업자, 농부 등 사회계층과 직업에 따라 유용성으로 확인되는 덕목, 지식, 기술이 다를 수 있기 때문이다. 유용성의 개념 자체가 18세기에 계몽의 대상이었다. 여기서 어떤 계층이나 직업에 있든지 모든 인간에게 유용한 '보편적(allgemein)' '공익적(gemeinnützlich)' 유용성의 개념이 나왔다. 보편적이고 공익적인 유용성의 원리에 따라서 박애주의 교육학자들이 제시한 수업의 내용은 대체로 다음과 같은 과목으로 제시되었다. 즉, 읽기, 쓰기, 셈하기, 그리기 같은 문화적 기술, 건강과 섭생에 관한 지식, 종교, 도덕, 역사, 지리, 그리고 법률이다. 이상의 과목들은 인간이 다른 인간과 더불어 합리적이고 행복하게 생활하기 위하여 요청되는 지식이다. 이러한 지식은 라틴어 문법과 성경 중심으로 짜인 전통적 교과목들의 구조를 벗어난 혁신적 내용으로, 국어와 산수와 종교를 중심으로 체육과 미술과 실과를 새롭게 가미하여 짠, 전혀 새로운 교육과정이다. 여기에 박애주의의 지복성과 유용성의 교육이념이 잘 반영되어 있다.

18세기까지 서구의 교육내용은 비판을 불허하는 절대적 교육목적이라 무조건 학습하여야 하는 대상인 라틴어를 중심으로 짜인 규범적이고 연역적인 교육과정의 구조였다. 다시 말하면 고전어의 기초 위에서 그 외의 지식이 규범적 교과의 구조를 이루고 있었다. 박애주의 교육학자들은 공통적으로 이러한 전통적 고전어 교육에서 드러나는, 실생활과 전혀 관계없이 괴리된 탓에 인간의 내면세계를 황폐하게 만드는 맹목적 문법 수업에 대해 거부감이 강했다. 문법적 암기 훈련으로 짜인 고전어 교육은 글자 그대로 라틴어의 학습 이외엔 아무런 교육적 의미가 없다. 다시 말하면 인격을 전인적으로 도야하고 실생활에 필요한 언어능력을 배양하는 수업과는 아무런 관계가 없다. 규범적 고전어 수업은 박애주의적 표현으로 '학생에게 미래의 직업에 필요한 사물에 관한 지식을 제공하는 대신에 언어의 문법적-형이상학적 분석을 통하여 빵 대신에 돌멩이를 제공하여, 학생에게서 수업을 근본적으로 박탈해 버리고 있다.'[18] 그리하여 학생에게 일정한 형식의 언어 기술을 전달할 뿐 학생의 내면세계를 도야하고 살찌워 주는 수업으로부터 먼 고전어 수업이 그때까지 학교교육과정에서 교육의 권위로 군림하고 있었는데, 라틴어를 비롯

18) Alois Klüpfel, Das Revisionswerk Campe's. Ein Grundwerk der deutschen Aufklärungspädagogik. 1934, S. 42. "……gibt man ihm durch die grammatikalisch-metaphysische Zergliederung der Sprache Steine statt Brot".

한 고전어의 권위와 중심 위치가 학교교육에서 박애주의에 의하여 근본적으로 흔들리게 되었다.

박애주의 교육자들도 언어교육의 중요성을 철저히 인식하고 있었다. 그러나 그들이 강조하는 언어교육의 중요성은 모국어와 생활언어의 교육을 의미하였다. 일차적으로 언어는 국민의 의사소통의 도구이며 일상적 생활 세계를 만들어 주고 보존해 주는 통로다. 언어는 세계관이 담겨 있는 원천이다. 언어를 통하여 생각의 능력이 향상된다. 그러므로 국어가 모든 언어교육의 핵심을 이루고 있어야 한다. 다시 말하면 학교에서 독일어 수업이 모든 학교 언어교육의 중심이요 주업이 되어야 한다. 이러한 생각 자체가 당시의 시대정신에 대한 정면 도전이었다. 캄페는 익명으로 출판한 『판소푸스 씨와 발렌틴 구트만의 대화』에서[19] 범지혜자라는 뜻의 이름을 가진 당대의 유명한 교육학 교수인 판소푸스가 평범한 농부인 구트만과 대화하는 형식을 빌려 라틴어를 어린이에게 강제로 주입하는 당시의 교육 관행에 대하여 어린이를 '몸은 파리하고 대갈통만 거대한' 원숭이로 만드는 교육으로 묘사하였다. 선한 사람이란 뜻의 이름을 가진 농부는 여섯 살 된 아들이 글을 쓰지도 읽지도 못하지만, '삶을 살고, 즐기고, 이를 느끼고, 미래의 삶을 위하여 준비'하느라 다른 공부를

19) Joachim H. Campe, Gespräch zwischen Herrn Pansophus und Valentin Gutmann. In: Sammlung einiger Erziehungsschriften, Inhalt 3. Leipzig, 1778, S. 268-308. 교육학 교수의 이름 Pansophus(범지혜자)와 농부의 이름 Gutmann(선한 사람)은 캄페의 시대 비판적 시각이 담겨 있는 의도적 작명이다. 이 작품을 익명으로 출판한 데서 우리는 그 시대에 전승되어 온 교육을 비판하는 일이 얼마나 큰 용기와 희생정신을 각오하지 않으면 안 되는 모험인지를 알 수 있다.

할 시간이 없음을 너무나 당연하고 기특하게 여기며, 튼튼한 몸에 건강한 정신을 가진 그의 아들을 높이 치켜세우고 있다. 트랍도 민족의 교육과 계몽은 오직 민족의 언어문화를 통해서만 가능하다고 역설하였다.[20)]

박애주의 교육자들은 죽은 교육이 아니라 살아 있는 교육을 해야 한다면서 이를 언어교육의 척도로 삼았다. 고전어가 아니라 국어를 가르쳐야 하며, 이와 연계하여 외국어도 죽은 고전어인 라틴어가 아니라 살아 있는 현대어인 이웃나라의 언어를 가르쳐야 한다고 강조하였다. 현대 외국어 교육은 익숙하고 고유한 언어문화에서 낯설고 다양한 언어문화로 나아가며 쉽고 가벼운 교육에서 어렵고 무거운 교육으로 접근하는 자연스러운 과정이다. 외국어 선택의 기준은 민족과 국가의 입장에서 확인하게 되는 유용성이다. 이에 따라서 당시 독일에선 제일외국어가 프랑스어이며, 이를 필두로 영어, 이탈리아어 등의 순으로 확인되고 있다.

박애주의 교육자들은 고전어를 수업에서 전혀 배제하여야 한다고 주장하진 않았다. 다만 교육의 이치에 따라서 고전어 수업은 국어와 외국어의 수업 다음에 이루어져야 한다는 말이다. 그 시대까지 서구의 학교교육에서 지배적 위치에 있었던 고전어 교육은 이제 주변적 위치로 물러나야 한다. 왜냐하면 교육의 중심에 있어야 할 내용은 일반적 유용성으로 확인되고, 학생의 이해 능력으로 충분히 파악 가능해야 하며, 평범한 수준의 학습 능력으로도 충분

20) Trapp, a.a.O., S. 321. [Trapp, C. Chr., Versuch einer Pädagogik, Hrsg, von Theodor Fritzsch. Leipzig 1913]

히 학습 가능해야 하기 때문이다. 이를 종합하면 박애주의 교육학자들의 언어교육 원리는 한마디로 합자연성(Naturgemäßheit)의 원리다.

박애주의 교육자들은 고전어를 이렇게 보았다. 라틴어와 그리스어는 고전 고대의 인간정신이 빚어낸 빛나는 유산을 담고 있는 언어이기에 비록 인식의 원천에 해당하는 언어이지만, 일반적 유용성과는 거리가 멀다. 서구의 학문 세계에서 그렇게나 강조되었던 이성의 도야를 위한 지식으로도 박애주의자들의 눈에는 고전어는 현대어와 비교하여 결코 효과적이지 않다. 뿐만 아니라 미적 감각의 도야에는 고전어의 교육은 전혀 의미가 없다. 고전어 수업은 박애주의 교육학이 교육의 목적으로 강조하고 있는 행복한 삶의 능력을 키워 주는 교육엔 전혀 맞지 않다.

여기서 우리는 박애주의 교육학의 관심이 지적 능력이 뛰어난 재능을 보여 주는 소수의 수재(秀才)에 있지 않고 평범하고 일반적인 능력을 보여 주는 다수의 범재(凡才)에 있음을 알 수 있다. 범재에 해당하는 학생에겐 고전어의 학습이 대단히 어렵고 대학이 요구하는 지적 수준에 도달하기가 벅찬 것이 사실이지만, 성장세대의 다수를 점유하고 있는 이들을 배제하고 학교교육을 생각할 수는 없다. 이러한 단순한 이유만으로도 고전어가 지금까지 차지하고 있었던 학교교육에서의 지배적 위치는 사라져야 한다고 그들은 생각하였다. 그래서 그 시대에 여전히 일반적 현상이었던 고전어 교육으로 학교교육을 시작하였던 현실을 박애주의 교육학은 합자연성의 원리에 따라서 비판하면서 고전어 교육은 아무리 빨라도 열여섯 살이 되어서 시작할 것을 강조하였다.

고전어는 학문과 예술의 원천이요 인간 정신의 원형이 담겨 있는 호수이기에 알아야 하지만, 지적 인식 능력과 생활문화에 대한 이해의 기초가 다져진 후에 학습하는 것이 합리적이다. 언어는 일상생활의 소통기관이요, 문학 세계의 이해 수단이다. 뿐만 아니라 언어 자체가 문화적 형식이요, 표현이다. 따라서 현재의 문화는 오랜 세월을 거쳐서 오늘에 이른 언어 세계로 구성되어 있기 때문에 고전어에 대한 이해 없이 현재의 언어와 문화를 이해할 수 없다. 예를 들면, 고전어에 대한 이해가 없는 사람에겐 괴테와 쉴러는 '미지의 땅(terra incognita)'으로 남아 있을 수밖에 없다.

일상생활을 실제로 도와줄 수 있는 능력을 배양하는 내용으로 수업을 구성하기 위하여 박애주의자들은 전통적 교육과정과는 대단히 다른 새로운 교육과정을 제시하였다. 그리기, 읽기, 쓰기, 셈하기가 학교에 들어가서 처음으로 배우는 기초 과목들이다. 이 과목들은 특히 '낮은 계층의 백성'에게 필요한 과목으로 강조되었다. 이 점에서 우리는 계몽주의 교육학이 소위 국민교육(Volksbildung)을 추구하였음을 확인하게 된다. 국민교육은 생활에 필요한 지식의 풍부한 전달과 건강한 판단 능력의 배양을 과제로 삼아야 한다. 이러한 생각을 바탕으로 그리기 → 읽기 → 쓰기 → 셈하기의 학습 순서가 제시되었다.

『재검토』 제VIII권에서 트랍이 제시한 교과목은 다음과 같다. 인간의 신체에 관한 지식을 중심으로 짜인 '체육', 지역사회의 제도와 법, 계층과 직업에 관한 실용적 지식으로 구성된 '사회', 지역사회의 생산물을 중심으로 한 자연에 관한 지식으로 구성된 '자연', 지역사회의 예술품을 강조한 '미술' '역사' '지리' '수학' 그리고 실용적 '논리'가 그것이다. 이 과목들은 모두 종래의 교과목들에서 배제되었던 합리적이고 행복한 생활에 도움이 되는 지식을 포괄하고 있다. 이상의 과목에 트랍은 '정원 가꾸기(Gartenbau)'를, 캄페는 '수공(手工, Handwerk)'을 추가하였다. 그러나 이러한 교과목의 박애주의적 개혁은 원래의 의도와는 반대로, 박애주의자들이 그렇게나 강조하였던 '잡다하지 않고 풍부하게(non multa, sed multum)', 다시 말하면 많은 과목으로 잡다한 지식을 주입시키는 교육이 아니라, 정선된 지식을 깊이 있게 이해하도록 하는 '풍부한' 교육에 역행하는 결과를 초래하였다. 결과적으로 계몽기의 인문학적 특징인 백과사전적 지식인 양성에 알맞은 교육과정을 만들어 버린 것이다. 계몽시대엔 '아는 것이 힘이다.'라는 슬로건 아래서 박학다식(Polyhistorie)이 강조되었었는데, 박애주의자들은 박학다식에서 드러나는 겉핥기식 지식의 주입에서 실생활에 유용한 지식의 깊이 있는 수업을 모색하였으나, 결과는 교육학적 주지주의(Intellektualismus)가 되고 말았다.

6. 종교 수업

박애주의 교육학자들은 교육학을 이론적으로 정립하였을 뿐만 아니라 박애주의 학교를 설립하고 박애주의적 교육을 실천하여 교육의 역사에서 박애주의가 명실공히 근대적 학교교육의 문을 연 이론임을 확실하게 제시하였다. 박애주의 교육학자들과 교육자들은 계몽시대의 기독교 교육신학으로 철저하게 무장한 사람들이었다. 그들은 종교교육을 학교교육의 중심에 두었다. 캄페, 바르트, 빌롬은 종교가 기초를 이루고 있지 아니한 교육으로는 박애주의 교육학의 교육이념인 지복성과 유용성을 실현할 수 없다고 보았다. 그들은 17세기에 그렇게나 강조되었던 교리 중심의 엄격한 종교교육을 거부하고, 이해의 개방성과 관용성이 결여된 모든 교리와 계율의 엄격성에서 벗어난 자유로운 '자연종교(natürliche Religion)'를 가르칠 것을 강조하였다. 그들은 다음과 같은 내용을 주장하였다. 유일신 하나님의 현존과 섭리, 영혼의 불멸, 선행과 악행의 심판 같은 종래의 규범적 종교 수업에서 중심 개념을 이루고 있었던 개념을 계몽적으로 가르쳐야 한다. 자연스럽고 합리적인 종교에서는 청소년이 양심의 소리에 귀를 기울일 수 있는 능력만 갖도록 만들어도 그들은 무엇을 믿거나 의심해야 할지 알게 된다. 이해할 수 없는 교리를 맹목적으로 암기하게 하고 교회의 계율에 복종하게 하는 것은 교육적으로 바람직하지 않다. 천주교와 개신교의 종파 차이에 관한 교리 수업은 가능한 한 학교교육의 늦은 단계로 미루는 것이 좋다.

종교 수업에 대한 그들의 입장에서 우리는 박애주의 교육학자들이 루소에게서 큰 영향을 받았음을 알 수 있다. 실제로 16권으로 이루어진 『재검토』 중 제XII권에서 제XV권까지 4권이 박애주의 교육학자들이 자세히 각주를 단 루소의 『에밀』이다. 18세기에 종교 수업에서 수업의 내용을 어린이의 이성에 맡겨서 어린이가 그들의 이해 능력으로 이해하고 주관적으로 내면화하도록 열어 놓는 교육을 이론적으로 제시하고 교실의 종교 수업에서 실천하였다. 이는 시대 상황에서 엄청난 용기를 요청하는 행동이었으며 전통적 종교 수업에 대한 저항이요, 혁명적 도전이었다. 새로운 종교 수업의 제시로 박애주의 교육학자들은 학교교육에 교사의 수업과 학생의 학습 자율권에 대한 새로운 이해를 가져다주었으나, 동시에 이로써 종교적 · 정치적 지배계층에 의하여 심한 탄압을 받는 결정적 근거를 제공하였다.

7. 수업방법

박애주의 교육방법은 자연적 · 직관적 · 단계적이다. 18세기는 계몽주의 시대다. 그 시대를 지배한 정신이 합리적 이성에 대한 무한한 신뢰, 바로 이 합리적 이성에 의한 세계의 재구성, 그렇게 하여 구성된 세계의 타당성에 대한 확신이었다. 교육에도 합리적으로 재구성하는 열풍이 불어왔으며, 박애주의 교육학자는 가장 구체적 현상을 교실에서의 수업에서 찾았다. 다시 말하면 학생을 가르치고 기르는 방법과 원리를 자연의 질서에서 찾았다. 자연의 질서를 교육에 옮겨 적용하면 이것이 가장 합리적이다. 자연은 창조주에 의하여 창조되었기 때문에 그 탄생과 성장, 발달과 결실 자체가 또한 합리적이기 때문이다.

자연적 방법을 바탕으로 하여 교육의 원리로 직관적 방법이 강조되었으며 효과적 전달의 합리적 원리로 단계적 방법이 강조되었다. 박애주의는 종래의 인문주의적 교육방법을 어린이의 심리와 정신을 해치는 나쁜 방법으로 규정하고 이를 전면적으로 부정하면서, 이에 대한 새로운 교육방법으로 어린이의 심리상태에 적절하게 대응하는 자연적 교육방법을 강조하였다. 인문주의적 교육방법은 어린이의 '텅 빈' 머리에 선생이 갖고 있는 교육내용을 무조건 집어넣는 강제적 암기방법이었다. 이러한 방법은 씨앗이 토지에 적절한지, 밭의 크기에 비해 너무 많지 않은지,

파종 시기가 맞는지를 살펴보지 않고 수업계획에 따라 무조건 파종하는 방법이었다. 이러한 규범적이고 전통적인 방법은 교육적으로 무의미할 뿐만 아니라 성장하는 어린이의 정신과 정서를 헤친다. 이러한 방법에 대하여 새로운 방법은 어린이의 이성이 합자연적 자율적으로 성장하게 하는 방법이었다. 그래서 박애주의적 관점에서 수업을 온전하고 완전한 경지에 이르게 하는 방법을 한마디로 표현하면, "자연을 따르라."[21]이다.

자연에 따르는 방법의 기본 원리는 직관(Anschauung)을 통한 학습이다.[22] 박애주의 교육학의 수업방법을 표어로 표현하면, '직관을 통하여 개념(Begriff)의, 개념을 통하여 체계(System)의 학습으로'가 될 것이다. 지금까지의 수업은 이러한 직관의 원리에 정면으로 위배되는 방법으로 이루어졌다. 직관은 학습의 대상에 대한 호기심의 원천이요, 자연스러운 이해의 열쇠다. 그러므로 모든 수업은 직접적으로 직관의 바탕에서 진행해야 한다.

박애주의 교육학자들이 제시한 직관 수업의 방법은 대체로 다음과 같다. 먼저 수업의 대상을 보여 준다. 내용이 복잡한 대상은 이해하기 쉽도록 몇 개의 부분으로 나눈다. 자연에서 확인하고 장인이나 예술인의 작업장에서 수행하고 있는 방법으로 대상을 정리한다. 모델과 그림으로 대상을 직관 가능하게 만든다.

---

21) Folge der Natur!, Trapp, In: RW, Bd. XI, S. 342.

22) 직관이란 독일어 Anschauung은 독일의 교육학 전통에서 박애주의자들과 페스탈로치를 비롯하여 숱한 교육사상가들에 의하여 수업의 방법으로 강조되어 왔다. 그러나 이 단어는 대단히 다의미적이다. 그 핵심을 몇 마디로 설명한다면, 직관은 선험적으로 주어진 인식의 조건과 능력으로 사물을 직시하고 인식하는 것이다.

우리는 이러한 직관 수업방법에 코메니우스, 루소, 페스탈로치 등의 교육관이 녹아들어 있음을 보게 된다. 역사 수업도 과거의 역사를 현재 삶의 현실에 이야기로 녹여내어 직관적 인식이 일어나게 한다. 이와 같이 윤리도덕교육도 직관적으로 한다. 이솝우화는 이에 대한 좋은 예다. 가르칠 내용을 충분히 이해하고 있는 교사는 수업에 이야기의 옷을 입혀서 학생들이 직관적으로 이해하도록 만든다.

세 번째 수업의 원리는 단계적 방법이다. 단계적 방법이란 모든 수업을 지식의 구조에서 가장 본질적이고 기초적인 내용에서 점차 전체적이고 복잡한 내용으로 단계적으로 전개하는 방법이다. 다른 말로 표현하면, 쉬운 것에서 어려운 것으로, 단순한 것에서 복잡한 것으로, 구체적 사물에서 추상적 관념으로 점차 나아가는 방법이다. 이러한 방법으로 어린이는 놀이활동을 통하여 지식을 학습하고 배움이 재미있다는 경험을 하게 된다. 종래의 수업은 강제적이어서 학생에게 배움이 즐겁다는 경험을 주는 대신에 언제나 배움은 고통이었다는 경험을 줄 뿐이었다. 흥미와 재미를 통하여 배운 지식은 자신의 지식이 될 뿐만 아니라 지식 획득의 경험과 획득한 지식 자체를 사랑하게 된다. 단계적 수업의 방법을 트랍은 표어의 형식을 빌려서 이렇게 표현하였다. "돌아서라. 어린이처럼 되라. 항상 수업을 놀이의 형식으로 만들어라."[23] 여기서 우리는 단계적 수업이 어린이가 학교에서 놀이하면서 공부하는 생활을 하도록 하여, 이러한 놀이하는 배움의 나날이 생활 습관이 되도록 함을 목적하고 있음을 알 수

23) Trapp, RW, Bd. VIII, S. 126.

있다.

박애주의 교육학자들에게 수업은 사물에 관한 지식을 자연스럽게 직관적으로 놀이하듯이 학습하게 하는 활동이다. 어린이는 이러한 수업을 통하여 사물에 눈뜨고, 사물에 대한 흥미와 통찰력을 갖게 되어 사물을 객관적으로도 이해할 뿐만 아니라 나아가서 관련된 다른 사물로 학습의 관심을 확대 · 심화하게 된다. 그래서 박애주의에서 수업은 지식을 객관적으로 체계화하여 전달하는 활동이 아니라, 배우는 학생이 주관적 학습 관심에 따라 지식을 수집하여 스스로 체계화하도록 열어 놓는다. 과목으로 체계화된 수업이 아니라 과목에서 과목으로 학생의 학습 관심에 따라 생각이 넘나들고 연결되는, 일종의 통합적이고 연관적인 수업을 강조하고 있다. 우리는 박애주의 교육학의 수업이론에서 그 시대를 크게 뛰어넘는, 오늘날 이미 넓게 수용하고 있는 학생 중심과 생활 중심의 수업, 과목 통합적 수업, 연습과 실험 활동 등의 수업이론이 강조되고 있음을 보게 된다.

8. 새로운 학교 이해

박애주의 교육학자들은 학교는 국가의 교육제도임을 분명히 인식하고 강조했다. 그러나 교회의 관심과 영향도 인정하였다. 박애주의 교육학자들이 데사우 박애주의 학교를 시작하였을 때에만 해도 학교는 여전히 교회의 관할 아래 있었다. 교회는 학교의 교육 내용과 방법, 교사의 양성과 교육행정에 폭넓게 관여하고 있었다. 뿐만 아니라 여전히 학교가 교회의 관심에 따라 교육하여야 한다는 생각이 시대를 넓게 지배하고 있었다. 근세로 접어든 지 2세기가 흘렀건만 교사의 가르칠 자유는 아직 주어지지 않았다. 합리적 이성에 따라 학교교육을 개선하는 일을 교회의 교육권에 대한 도전으로 여겨 교회는 이를 단호하게 거부하고 탄압하였다.

서구에서 교회의 교육권은 여전히 살아 있었다. 근세로 접어든 지 300년이 흘렀건만, 중세 천 년 동안 다져진 교회의 교육권은 여전히 어떤 외적 권위와 이념에 의하여 흔들리지 않도록 철저히 단속되었다. 그렇게나 장구한 세월 동안 교육을 지배하여 온 교회였기에 극소수의 지식인만이 이론적으로, 다시 말하면 머리로는 중세적 교육권의 불합리성을 인식하고 있었으나 여전히 생활 세계는 중세 의식과 문화에 젖어 있었다. 그러한 시대의 지배 구조 아래서 학교교육의 개혁이나 개선을 꾀하는 일은 허용된 활동의 선을 넘어서는 일이었기에 모험적이고 위험하였다. 그러한 일을 꾀하는 모든 활동은 교회와 국가의 탄압을 겪지 않고는 불가능하였다. 박애주의 교육학자들은 탄압을 피하여 익명으로 글을 출판하곤 하였다. 그들이 편집하고 출판한 『교육학 논집』[24] 같은 교육학술지도 엄청난 탄압을 받았으며 결국엔 폐간되었다. 자유와 자율의 태양은 아직 떠오르지 않았다.

학교가 교육의 자율권을 확보할 수 있는 길은 학교를 국가의 공적 교육기관으로 만들고 교회도 국가의 종교기관으로 재편성

---

24) Pädagogische Unterhandlungen. Hrsg. von Basedow und Campe. 1777~1784. 1777년엔 4호까지, 1778년엔 5호부터 12호까지를, 합하여 12호까지 발행한 후에 탄압을 받으며 1778년 말부터 계간으로 바꾸었다. 잡지의 표지에 「교육자와 독자를 위한 박애주의 잡지」란 제호를 붙였다.

되게 하는 것이다. 그래서 박애주의 교육학자들은 교육의 주무관청을 교회에서 국가로 옮겨 학제를 국가의 공적 제도로 만들 것과 정치와 종교를 분리하여 교회가 국가 안에 있는 또 하나의 국가가 아니라, 국가의 종교기관으로 기능할 것을 강조하였다. 이러한 두 가지 조건이 실현되어야 계층과 성별을 초월한 보편적 교육이 비로소 가능해지기 때문이다.

교회는 역사적으로 오랫동안 교육의 주무관청이었다. 교회의 이러한 역사적 전통에 대하여 박애주의자들은 이의를 제기하면서 시민을 교육할 수 있는 권리가 우선적으로 국가에 있음을 주장하였다. 트랍은 교회에서 국가로 이관된 학교가 지녀야 할 특성들로 다음과 같은 내용을 강조하였다. 학교는 학제와 교육과정이 단순하고 단일 형태적이어야 한다. 학교는 종교적으로 천주교와 개신교 두 교단 중에서 어느 한 교파에 의하여 지배되어선 안 되고 초교단적이어야 한다. 국가는 학교교육의 전권을 주장해서는 안 되고 학부모의 권리를 어느 정도 인정하여야 한다. 학교는 학생 개개인에게 알맞은 교육을 시도해야 하며, 획일적 교육을 학생에게 강요해선 안 된다. 이러한 주장에는 국가가 학교를 통하여 성장하는 시민을 자유로운 이성의 소유자로서가 아니라 군주의 노예로 교육할 수 있다는, 다시 말하면 국가에 의한 교육의 잘못된 사용 가능성에 대한 트랍의 염려가 전제되어 있다.

학교교육의 본질적이고 우선적인 과제는 시민의 실생활에 도움이 되는 지식과 기술을 가르쳐 생활을 향상시키는 것이다. 읽기, 쓰기, 셈하기 같은 유용한 과목을 기초로 하여 다른 유용한 지식을 초등학교에서 '합자연성(Naturgemäßheit)'의 원리에 따라 가르쳐야 한다. 학생은 인간이요, 시민이기 때문에, 다시 말하면 고유한 인격을 가진 개인이요, 동시에 국가의 시민이기 때문에 보편적 지식에 대한 학습의 필요는 신분, 연령, 성별에 관계없이 동등하게 주어져 있다. 이러한 이유에 근거하여 박애주의 교육학은 일반교육(allgemeine Bildung)의 계몽적 기본 원리를 제시하였다. 트랍은 현대적 표현으로 의무교육에 해당하는 일반교육을 받아야 하는 연령을 15세까지로 제시하였으며, 16세부터 20세까지는 김나지움 교육으로 이어지게 하였다. 이로써 모든 시민을 위한 공통의 기초학교 위에 중등학제와 고등학제가 구축되는 학제가 정립되었다. 이 학제에서 우리는 여성교육에 대한 계몽주의적 관심과 모든 성장세대를 위한 학교교육이라는 학제의 사회적 기본 원리를 확인할 수 있다.

9. 종합적 정리

우리는『재검토』의 내용에서 박애주의 교육의 이념과 목적을 잘 확인할 수 있다. 박애주의의 출발점은 인간 개인이다. 박애주의는 인간을 사회문화적 맥락 안에 있는 역사적 · 윤리적 · 인격적 존재로 본다. 그래서 임신과 출산에서 시작하여 신생아, 영 · 유아, 아동, 청소년이라는, 당시의 학교교육학에선 여전히 새로운, 인간의 발달 시기에 따른 사회심리적 이해와 이에 기초한 교육방법에 관한 지식을 두루 검토하고 새롭게 정립하였다. 이러한 접근은 오늘날엔 전혀 새로울 것이 없으나, 박애주의가 시도하기 전까지 학교교육의 역사에서 시도된 적이 없었던 최초의 시도이며, 이는 학교교육 이론의 새로운 장을 여는 엄청난 사건이었다.

박애주의 교육사상이 개인을 출발점으로 삼고 있다고 해서 어떤 개인주의적 교육이론과는 거리가 멀다. 박애주의는 개인으로부터의 출발이 언제나 동시에 개인이 구성원으로 속하여 있는 사회와 국가에 대한 동등한 관심에 의하여 동반되고 있어야 함을 강조하고 있다. 사회와 국가가 있기 때문에 개인이 그 안으로 태어나고 성장하며 '나 자신의 삶'을 꾸려 갈 수 있다. 나의 주관적 삶의 행복은 사회와 국가의 객관적 삶의 질에 의하여 결정된다. 사회적으로 유용한 시민으로 성장하지 않고 개인적으로 행복한 생활인이 되고자 한다면, 이는 옳지 않은 것이다. 공익성과 지복성의 조화를 꾀하여야 한다. 그래서 박애주의는 개인의 자아실현과 사회적 유용성의 조화를 다룬, 제III권에 있는 빌롬의 논문을 필두로,[25] 인격교육, 도덕교육, 종교교육을 재검토하였다.

중세 후기부터 18세기까지 교육의 주제들은 수업론, 학교론, 상벌론이었다. 『재검토』에서는 이에 관해 많은 지면을 할애하여 다루고 있다. 이와 함께 그 시대의 교육 고전으로 높이 평가받고 있었던 로크의 『교육론』과 루소의 『에밀』을 자세한 각주와 함께 소개하였다. 이러한 작업으로 박애주의는 교육의 이론적 기초를 바르게 놓았다.

『재검토』에서 주목할 점은 박애주의 학교교육의 특징을 이루고 있는 체육론이다. 체육은 박애주의 교육사상가들에게는 사회

25) 빌롬, "개인의 자아실현과 사회적 유용성의 관계". 제III권, 435-616쪽.

에 유용한 시민의 양성이라는 특수한 목적과 행복한 삶을 살 수 있는 능력을 가진 인간의 도야라는 보편적 목적을 성공적으로 성취하기 위하여 요청되는 지극히 본질적이요, 기초적인 수단이다. 인식의 능력도 체육을 통하여 강화된다. 이러한 중요한 영역이 그때까지 학교교육에서 전혀 다루어지지 않고 있었다. 박애주의 학교에서는 이를 직시하고 정규 교과목으로 체육을 설정하였을 뿐만 아니라, 체육론을 의도적으로 시도하여[26)]교육학의 역사에서 체육의 이론적 기초를 최초로 다졌다.

여기서 우리는 계몽주의 교육학의 기본 특징을 개관해 볼 수 있다. 계몽주의 교육학은 모든 전승을 맹목적으로 수용하여 오던 시대적 행태에 대한 열정적 거부, 교육의 가치를 교육받은 후에 실제 생활에서 찾고 일상생활에서 경험하는 생동적 감정을 교육의 기초적 카테고리로 수용하는 접근, 인간의 본성과 인격에 대한 신념, 하나님, 윤리도덕, 영생 등에 대한 자연적 종교관과 행복주의(Eudämonismus), 지성주의(Intellektualismus), 개인주의(Individualismus)의 강조 등이다. 이러한 특징은 계몽주의적 학교교육을 국가와 교회가 만들어 준 종교와 학문, 예술의 울타리 안에서 안주하기를 거부하고 이성의 빛 아래서 전반적으로 새로운 재검토를 통해 획득한 가치를 추구하는 것이다. 추구의 확실성을 결정하는 기관은 이성으로, 이성은 모든 중세기적 제약과 정치적 권력의 속박에서 해방의 길로 안내하는 기관이다.

계몽의 정신으로 학교교육 문화를 새롭게 재구성하려는 시도는

---

26) 스투베, "체육의 일반 원리". 제1권, 382-462쪽; 빌롬, "체육론". 제8권, 211-490쪽.

자연스럽게 교회와 국가, 종교와 정치 그리고 이 두 권력에 의하여 형성되어 온 비판을 불허하는 중세 학문과 예술에 대한 거부로 나타났다. 계몽의 길을 안내하는 이성의 빛으로 인간은 모든 중세기적 제약과 속박에서 자유로워졌다. 그 결과로 박애주의 학교교육에서 현세적 삶의 즐거움에 대한 적극적 긍정과 삶의 긍정적 감정으로 동반된 인간의 본래적 선함에 대한 본질적 신뢰의 분위기가 넘쳐흘렀다. 그리하여 미래에 대한 낙관적 정조, 계시 종교에 대한 이성 종교의 강조, 주체성과 자발성의 교육, 인격 도야와 실생활에 유용한 지식 수업의 조화 등이 강조되었다.

교육은 인간을 지복성의 삶을 살 수 있는 능력으로 도야시키는 활동이다. 다시 말하면 교육을 통해 성장하는 인간 개개인이 잠재 능력을 계발하고, 이를 통하여 경제적으로 독립된 삶을 누리며, 정치적으로 사회에 유익한 시민으로 생활하되, 그러한 삶이 동시에 자신의 삶의 행복을 충일한 수준으로 향유하게 하는 활동이다. 인간은 사회적 존재다. 그래서 함께 사는 공동체 안에서 국가와 사회에 유익하고 성숙한 시민으로 살아가며 조화로운 상호 관계를 만들고 유지할 수 있는 능력이 중요하다. 참된 지복성은 함께 사는 이웃과 평화로운 삶의 행복을 함께 만들어 갈 수 있는 능력을 통하여 확인된다. 지복성을 추구하는 사람은 이웃사랑이라는 가치와 만난다. 공동사회에서 물질적으로 이웃을 도와주는 실천적 생활은 참된 지복성의 불가결한 조건(conditio sine qua non)이기 때문이다. 여기에 직업교육의 중요성이 근거한다. 인간은 사회라고 하는 거대한 조직의 한 부분이다. 수레바퀴는 너무 커도, 너무 작아도 안 되고 수레의 기능과 크기에 적절해야 한다.[27] 그래서 박애주의 교육은 인간의 완전성이 유용성에 비추어 확인되어야 한다고 보고 있다. 다시 말하면 인간 개개인의 완전한 자아실현은 그 자체의 잠재 가능성의 수월에 이르는 실현으로만 확인되어선 안 되고, 그러한 실현이 언제나 동시에 함께 사는 이웃과 공동체 전체에 유용한 삶으로 드러남을 통하여 확인되어야 한다. 이러한 이해는 당시 신분사회에서 인식의 한계로 드러나기도 했다. 즉, 교사는 학생을 신분이 허락하는 한도 안에서 완전성으로 교육하여야 한다는 것이다.[28] 그러나 이와 같은 인식한 내용을 표현하는 언어의 시대적 한계에도 박애주의 교육사상은 이성의 빛 아래서 개인으로서의 인간을 중심으로 합리적이고 전체적인 학교교육의 그림을 그리고자 시도하였으며, 이로써 근대 독일의 학교교육제도의 이론적 토대를 닦았다.

27) 빌롬, "개인의 자아실현과 사회적 유용성의 관계". 『재구성』 제III권, 525쪽.
28) 위의 글, 526쪽.

3 바제도우의『기본 교재』

1.『기본 교재』저술의 배경

18세기는 교육의 역사에서 교수이론에 기초한 교수학습 교재가 숱하게 쏟아져 나왔던 시기다. 다양한 교재의 출현은 교수학습 이론과 방법의 쇄신을 가져왔을 뿐만 아니라, 교육학적 사유의 전환을 가져왔다. 교수학적 이론의 정립 시도와 이에 따른 교재의 집필 시도는 이미 17세기에 시작되었다. 그래서 적지 않은 교육사가들이 17세기를 교수학(Didaktik)의 세기라고 규정하고 있다. 코메니우스가 17세기에 펴낸『세계도해(世界圖解, Orbis sensualium pictus)』(1653, 개정판: 1659)[1]는 교수학 이론과 교재 편

1) 한국의 교육학계에서 이 책은 일반적으로 '세계도회(世界圖繪)'로 번역 표기하고 있다. 그러나 이 책의 내용 구성과 제목에서 보듯이 이 책은 국어와 라틴어를, 다시 말하면 언어를 그림을 통하여 알기 쉽게 가르치되, 교재 전체가 사회생활에 필요한 규범적이고 기초적인 지식을 구체적-체계적으

JOH. AMOS COMENII
ORBIS SENSUALIUM PICTUS.
Hoc est:
Omnium fundamentalium in mundo rerum, & in vitâ actionum,
Pictura & Nomenclatura.
Editio auctior & emendatior, cum Titulorum juxtà atq; Vocabulorum Indice.
Die sichtbare Welt.
Das ist:
Aller vornehmsten Welt-Dinge / und Lebens-Verrichtungen /
Vorbildung und Benamung.
Aufs neue aufgelegt / und an vielen Orten verbessert ; neben
Titel- und Wörter-Register.

Cum Gratia & Privil. Sacr. Cæs. Majestatis, & Serenis.
Regis Polon. atq; Electoris Saxon.
NORIBERGÆ,
Sumtibus MICHAELIS & JOANNIS FRIDERICI ENDTERI,
Anno Salutis cIↄ Iↄc XCVIII.

[그림 3-1] 코메니우스의 『세계도해』 표지

찬의 역사에서 찬란히 빛나는 금자탑이다. 바제도우가 18세기에 펴낸 『기본 교재(Elementarwerk)』(1774)[2]는 18세기 교육학의 금자탑이라 할 수 있다. 그러나 코메니우스의 『세계도해』가 오늘에 이르기까지 교육의 역사에서 끊임없이 높이 평가되고 있음에 반해 바제도우의 『기본 교재』는 학자들의 관심에서 멀어져 갔으며 오늘날 거의 잊혔다.[3] 『세계도해』는 17세기의 범지혜적 세계관을 범교육적으로 재구성한 교재인

로 전달하고 있다. 여기서 세계(orbis)는 코메니우스의 범지혜적 관점에서 교재, 즉 책이며, sensualium은 '세계'라는 범서(凡書, Panbiblia)를 합리적으로 가르치는 real한 설명 방법이고, pictus는 이에 동원되는 그림이다. 따라서 책의 제목에 이미 책의 교수학적 설명방법과 교수원리와 범교육적 수업 내용이 담겨 있다. 그래서 나는 이 책의 명칭을 '세계도해(世界圖解)'로 표기하였다. 저자의 의도에 따라 세계를 그림과 언어로 설명한 책이기 때문이다. 일본학계의 표기어 '세계도회'는 저자의 의도에 비추어 볼 때 잘못되고 충분치 않은 번역이다. 나는 이미 1980년에 '코메니우스의 범교육(Pampaedia) 이론' [『신학사상』 29(1980 여름), 312-350쪽]에서 이를 설명하고 세계도해로 표기한 바 있다. 그러나 학계는 여전히 무반성적으로 일본학계의 번역어를 사용하고 있다. 이젠 이를 냉정히 성찰하고 수정할 때가 되었다.

2) 『기초서』라고 일반적으로 번역되어 왔다. 그러나 바제도우가 이 책을 통하여 시도하였던 교재의 기능과 성격에 비추어 보아서 『기본 교재』로 번역하였다. Das Elementarwerk, Erster, zweiter, dritter und vierter Band. Ein geordneter Vorrath aller nöthigen Erkenntniss. Zum Unterrichte der Jugend, von Anfang, bis ins academische Alter. Zur Belehrung der

데 비하여 『기본 교재』는 18세기의 백과사전적 계몽정신을 박애주의적 학교교육 교재로 재구성한 것이다. 그리하여 『세계도해』는 시대를 뛰어넘어 교육의 개념과 교재의 이론을 심화하고 확대하는 차원을 제시하고 있으나, 『기본 교재』는 시대정신의 한계 안에 머물러 있으면서 그 시대에 가장 합리적이고 진일보한 교재의 내용과 형식을 보여 주고 있다. 여기에는 수월성과 한계성이 함께 자리한다.

바제도우가 50세가 된 1774년은 그의 교육사상도 원숙해진 해다. 그는 『기본 교재』의 집필을 마무리하면서 데사우 박애주의 학교를 설립하고 있었다.[4] 바제도우에게 『기본 교재』의 출판과 데사우 박애학교의 설립은 필연적으로 서로 연관되어 있다. 이를 우리는 바제도우의 글에서 읽을 수 있다.

> "아, 김나지움과 학교가…… 마땅히 그래야 할 학교가 되어야 하는데! 이것이 불가능하다! 그러나 다시금 우리의 소망을 붙잡지 않으면 안 된다! 아, 인간의 벗들이 원하는 그런 교육자들과 교수들을 몇 개의 세미나에서라도 만나 보았으면! 이 또한 불가능하다! 우리는 먼저 합리적 수업을 위한 학교교육문고를 만들지 않으면 안 된다. 그런 연후

Eltern, Schullehrer und Hofmeister. Zum Nutzen eines jeden Lehrers, die Erkenntniss zu vervollkommnen. In Verbindung mit einer Sammlung von Kupferstichen, und mit französischer und lateinischer Übersetzung dieses Werkes. Dessau 1774.

3) 코메니우스의 범교육(Pampaedia) 이론에 관한 권위 있는 연구서 두 권을 소개한다. 오춘희, 「요한 아모스 코메니우스에 관한 전기적 연구」, 연세대학교 대학원 박사학위논문 1998. 이숙종, 『코메니우스의 교육사상』, 교육과학사, 1996.

4) 데사우 박애학교는 1774년 12월 27일에 개교하였다.

에 단계적으로 우리 스스로 또는 우리의 후배들이 우리에겐 여전히 너무 높은 단계로 차츰차츰 올라갈 수 있어야겠다."[5]

이상의 인용구에서는 바제도우의 다음과 같은 생각을 읽어 낼 수 있다. 학교의 교육문화를 새롭게 개혁하기 위해서는, 다시 말하면 새로운 학교교육 문화의 도입과 수업의 쇄신은 교수학습의 이론과 실천이 교재의 편찬과 교안의 개발로 드러나도록 전반적으로 모색될 때에야 비로소 성공적으로 실현될 수 있다. 따라서 바제도우에겐 『기본 교재』의 편찬과 데사우 박애주의 학교의 개교는 함께 이루어지지 않으면 안 되는 과제였다.

바제도우는 대부분의 박애주의 교육학자들과 마찬가지로 신학을 전공한 목사다. 따라서 그의 교육사상은 신학적이고 철학적인 뿌리를 갖고 있다. 그러나 석사학위를 받은 1752년부터 이미 그는 글 도처에서 박애주의의 싹을 보여 주고 있다. 그가 다양한 글에서 강조한 개념인 '진리애(眞理愛, Philalethie)'[6]는 모든 신분을 위한 실천철학일 뿐만 아니라, 청소년에게 기독교 신앙과 윤리도덕을 가르치기 위한 중심 개념이었다. 진리를 사랑하는 마음이 바른 생활을 가능하게 하는 철학이요, 청소년에게 성숙한 신앙생활을 할 수 있는 능력을 부여한다는 말이다. 그의 박애주의 교육사상은 1768년에 출판된 논문「인간의 친구들과

---

5) Johann B. Basedow. Vorstellung an Menschenfreunde und vermögende Männer über Schulen, Studien und ihren Einfluß in die öffentliche Wohlfahrt. Mit einem Plane eines Elementarbuches der menschlichen Erkenntniß. Hamburg 1768. Hrsg. von Th. Fritzsch. Leipzig o.J., S. 104.

6) Basedow, Philalethie. Altona 1764.

Kupfersammlung
zu
J. B. Basedows
Elementarwerke
für die Jugend und ihre Freunde.
Erste Lieferung in 53 Tafeln.
Zweyte Lieferung in 47 Tafeln von L bis XCVI.

RECUEIL D'ESTAMPES
relatives au
MANUEL ELEMENTAIRE
D'EDUCATION
par
JEAN BERNARD BASEDOW
destiné
A L'USAGE DES JEUNES GENS ET DE LEURS AMIS.

TABULARUM AENEARUM
COLLECTIO
AD
JOANNIS BERNHARDI BASEDOVII
OPUS ELEMENTARE
IN USUM
JUVENTUTIS ET ILLIUS AMICORUM.

Berlin und Dessau 1774.

[그림 3-2] 바제도우의 『기본 교재』(1774)

[그림 3-3] 『동판화 모음집』의 동판화

능력 있는 인간에 대한 생각」[7]에서 잘 드러난다. 그는 이 글에서 참된 인식을 위한 사실적이고 언어적인 기본 도서의 필요성

7) Vorstellung an Menschenfreunde und vermögende Männer. Hamburg 1768.

을 역설하였다.

바제도우는 『가정과 민족의 부모를 위한 방법서』(1770)와 『신분계층의 청소년과 선생과 친구를 위한 기본서』(1770), 이렇게 두 권의 기본 도서를 펴냈다.[8] 『방법서』는 『기본서』에 대한 교수방법을 다룬 책이다. 이 두 도서는 상호 연관되어 있다. 동시에 『방법서』는 학교의 교사들과 박애적 교육에 관심을 갖고 있는 시민을 위한 별개의 도서로 펴냈다. 바제도우는 사회생활에 유익한 모든 지식을 혼돈에서 갈라내어 체계적으로 정리하여 이해할 수 있도록 제공하는 일이 대단히 어렵다는 사실을 잘 알고 있었다. 그러나 이러한 작업은 반드시 필요하다. 이러한 작업이 기초가 되어 시민들에게 모든 진리와 인식의 기초를 이해 가능하도록 전달할 수 있기 때문이다.

바제도우는 또한 『모든 신분계층의 부모와 교사를 위한 작은 책』(1771)을 펴냈다.[9] 이 시대의 저명한 계몽주의자였던 라바터(Lavater)는 바제도우의 『기본 교재』를 통하여 그의 자녀들이 교육받게 된 것을 큰 행복이요, 축복이라고 하였다.[10] 바제도우는 직관적 인식을 도야할 수 있는 교수학습 도구를 개발하는 구상

---

8) Das Methodenbuch für Väter und Mütter der Familien und Völker. Altona/Bremen 1770; Das Elementarbuch für die Jugend und ihre Freunde in den gesitteten Ständen. Mit dem Zubehör des Methodenbuchs und der Kupfersammlung. Altona/Bremen 1770.

9) Kleines Buch für Eltern und Lehrer aller Stände. Erstes Stück. Zur elementarischen Bibliothek gehörig. In Commission bei Fritzsch in Leipzig 1771.

10) Isaak Iselin und Joh. Casp. Lavater: Einige Briefe über das Basedowsche Elementarwerk. Zürich 1771, S. 6f.

을 하였다. 그래서 당대의 심리학 지식을 바탕으로 하여 그림과 범례가 있는 교재를 개발하였다. 자연은 박애주의적 교재의 바탕이었다. 바제도우는 자연의 질서를 교육의 내용으로 편찬하고 방법을 개발하는 기본 바탕으로 삼았다. 이는 17세기 이후에 서구의 교육사상가들이 줄기차게 수행하여 왔던 전통이기도 했다. 바제도우는 이러한 전통을 그의 신앙과 신학, 그리고 동시대적 계몽주의적 통찰을 통하여 박애주의적 교재로 발전시켰다. 그에겐 지식의 전달과 도덕의 교육은 하나였다. 동시에 그에겐 교육은 비전에 의하여 동반되는 일종의 소명받은 활동이었다. 그는 『기본 교재』도 이러한 의식을 가지고 집필하였다. "주님, 우리의 하나님, 안식과 평안이 넘치게 하소서! 악의 힘을 파괴하시고, 더럽혀진 세상을 깨끗하게 하소서!".[11]

2. 『기본 교재』의 구성

바제도우가 구상한 『기본 교재』를 포함해 그가 집필한 박애주의 교재는 세 가지 내용으로 구성되어 있다.

첫째, 『가정과 민족의 아버지와 어머니를 위한 방법서』
둘째, 『기본 교재』
셋째, 『동판화 모음집』

11) Basedow, Elementarwerk. Bd. I, 표지 다음 쪽에 나오는 말.

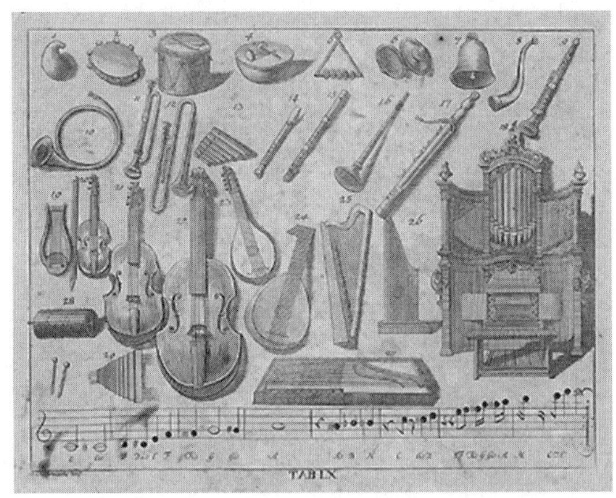

[그림 3-4] 『동판화 모음집』의 동판화

『기본 교재』는 모두 10책으로 구성되어 있으며, 이를 4권으로 묶었다.

1. 어린이의 친구인 어른만을 위한 책
2. 만물, 특히 인간과 영혼에 관하여
3. 모두에게 유익한 논리학
4. 종교에 관하여
5. 윤리도덕론
6. 직업과 인간의 신분에 관하여
7. 역사학의 기초 지식
8. 자연학 전편
9. 자연학 후편
10. 문법과 수사학의 기초

『동판화 모음집』은 청소년과 청소년의 친구들을 위하여 바제도우가 『기본 교재』의 내용을 그린 동판화를 모은 책으로, 동판화 53개로 이루어진 첫째 부분과 47개로 이루어진 둘째 부분으로 구성되어 있다.

[그림 3-5] 『동판화 모음집』의 동판화

『기본 교재』는 『방법서』를 보완한다. 바제도우가 『방법서』에서 제시한 개혁 프로그램을 교실에서 실제로 가르치기 위한 교재가 『기본 교재』다. 『기본 교재』는 인문주의가 추구해 온 백과사전적 지식의 전달을 계몽주의적 교육의 과제로 인식하고 이에 따라서 교재의 개발과 교육의 실천을 모색한 결과라 하여, 헤르바르트학파에게 비판을 받았다. 『기본 교재』의 출판은 그 후에 1785년, 1847년, 1909년, 이렇게 간헐적으로 이루어졌다. 특히 프리츠(Fritzsch)의 비판판이 유명하다.[12] 『기본 교재』는 코메니

12) Basedows Elementarwerk, Mit Einleitungen, Anmerkungen und Anhängen. Hrsg. von Th. Fritzsch 1909-1913.

우스의 『세계도해』에 비견할 만한 업적이다. 『세계도해』가 범교육적 관점에서 하나님 중심의 세계 이해를 합리적으로 재구성한 교재라면 『기본 교재』는 계몽의 정신으로 체계적 세계 이해를 목적한 교재라는 점이 다르다. 우리는 바제도우의 『기본 교재』에서 유용한 지식의 합리적 백과사전적 재구성에만 주목하기보다는 직관적 수업을 교수학습의 기본 방법으로 삼았음을 함께 주목할 필요가 있다.

『기본 교재』의 첫 권은 수업의 내용 전체에 관한 설명과 수업 방법을 다룬 방법서다. 바제도우가 강조한, 어린이 교육에서 아주 좋은 방법은 '놀이'다. 놀이는 박애주의에서 일정한 교육 목적을 달성하기 위하여 교수학적으로 개발된 절대적인 학습형식이 되었다. 놀이는 신체의 일정한 능력을 훈련하고, 정신의 일정한 이해 능력을 배양하며, 성인이 되어 갖추어야 할 일정한 덕목을 쉽게 내면화하도록 도와주는 대단히 유용한 교구다.[13] 그래서 바제도우는 놀이 하나하나를 교육적 의미와 연결하여 세심하게 설명하고 있다. 놀이는 어린이에게 학습효과뿐만 아니라, 학습의 즐거움을 가져다준다. 여기서 '즐거움이 교육을 의미 있게 한다.'는 관점을 바제도우가 이미 갖고 있었음을 알 수 있다. 그는 놀이의 이론을 이렇게 마무리하고 있다. "누구나 신나고 순수할 뿐만 아니라 유용한 놀이를 발명할 수 있다. 놀이가 어린이를 웃게 만들수록 그만큼 놀이는 더 합목적적이다."[14]

13) Basedow, Elementarwerk. Bd. I, S. 35f 참조.
14) Ibid., S. 52.

학습은 즐거움을 동반하여야 한다. 웃음은 신체와 정신을 강하게 단련하는 자연스러운 인간적 활동이다. 20세기의 교육인간학이 강조하는 즐거움과 웃음이 이미 바제도우에서 놀이가 노작(勞作)과 마찬가지로 효과적인 학습방법이라는 이해로 강조되고 있다. 놀이는 즐거움이다. 즐거움이 없는 인간의 성장과 생활을 우리는 생각할 수 없다. 이러한 관점에서 볼 때에 바제도우는 이미 그때까지 교육에서 강조되지 않았던 놀이의 교수학적이고 인간학적인 학습방법의 이론을 제시하였다고 하겠다.[15)]

놀이하는 학습은 일반적으로 10세부터 16세까지 효과적이다. 나이가 들면서 놀이학습의 효과는 점점 더 줄어들며 이에 비례하여 일하는 학습이, 다시 말하면 정신과 신체의 노동현상으로 확인되는 학습이 일반적이 된다. 이러한 일로서의 학습은 직업관련적이고 생활실천적인 교육을 통하여 더욱 강조된다. 바제도우는 "청소년은 성인이 되어 필수불가결한 생활 형식으로 자리잡을 노동에 학습을 통하여 점차 익숙해져야 한다.[16)]"라고 강조하였다. 교육은 미래의 성공적인 삶의 형식을 선취하게 하는 활동이다. 이러한 활동은 그러한 삶의 형식으로 학생을 효과적으로 인도하여 들임으로써 가능하다.

『기본 교재』는 이상과 같은 '놀이하는 학습'과 '일하는 학습'의 교육관에 기초하여 크게 자연(Natur), 문화(Kultur), 신앙(Glauben)의 세 중심 개념으로 구성되어 있다. 사회, 정치, 윤리

15) 놀이의 교육학은 오늘날에는 너무나 일반화된, 그러나 그때에는 박애주의에 의하여 강조된 대단히 혁신적인 교육관이었다. Hans Scheuerl(Hrsg.), Beiträge zur Theorie des Spiels. Weinheim 1955 참조.

16) Basedow, Elementarwerk. Bd. I, S. 57.

등에 관한 지식은 직업을 준비하는 교육내용으로가 아니라 삶 직접적인 지식과 기술로 제공되어야 하는 것이다. 박애주의 교육자에겐 단순한 유용성으로 확인되는 지식과 기술 같은 것들과는 구별되는, 보편적 인간 도야의 내용이 되는 지식과 기술이 중요할 뿐이다. 박애주의를 포함하여 18세기 계몽사상의 중심을 이루고 있었던 유용성 개념은 물질적 생활을 넘어서서 평생의 삶 전체에서 유용한 가치를 의미한다. 『기본 교재』의 교육내용 편성도 이러한 고찰에 기초하여 종교, 윤리, 자연과학, 기술공학, 경제 같은 유용성의 큰 카테고리로 구성되어 있다.

『기본 교재』의 편성을 다시 개관하면, 제1권 방법론의 기초 위에 제2권에서 제5권에 이르는 박애주의의 철학적 · 신학적 교육관에 기초한 수업교재론이 구성되어 있다. 수업교재론은 다시 생물학적 · 인종학적 인간학으로 접근한 사유론(思惟論)과 영혼론(靈魂論), 그리고 박애주의적으로 접근한 공익론(公益論)으로 편성되어 있다. 교재의 내용은 다양한 동판화를 통하여 수업이 용이하고 철저하게 진행될 수 있도록 뒷받침되어 있다.

3. 『기본 교재』 편찬의 의미

교수학적으로 『기본 교재』의 내용은 18세기 계몽시대의 시대정신에 부합하는 철학적 · 신학적 · 정치적 · 역사적 · 지리적 지식이 백과사전적 체계로 구성되어 있다. 그러나 이러한 지식 체계는 백과사전적 종합에 머물러 있는 것이 아니라, 학생이 학교교육을 받은 이후에 가정과 사회에서 삶을 의미 있고 유익하게

[그림 3-6] 『동판화 모음집』의 동판화

이루어갈 수 있는 능력을 갖추는 내용으로 짜여 있다. 자연 과목(Naturkunde)을 예로 들어 살펴보면, '동물 첫걸음' '식물 첫걸음' '흥미 있는 도구들' '집짓기' '더위와 추위' 등의 과목으로 생물, 물리, 화학, 자연의 역사 등에 관한 이해를 종합적으로 심화해 가도록 되어 있다.

단순한 지식의 단편적 전달이 아니라 지식의 내용을 종교적 의미에서 깊이 이해하고 이를 인생관과 세계관으로 삼고 살아가도록 교육하기 위해선 적어도 두 가지 사실을 강조하지 않을 수 없다. 첫째, 종교 수업은 아무리 일찍 시작해도 충분하지가 않다. 둘째, 의미와 가치 및 신념은 아날로그적 사유의 통로를 통하여 가르쳐야지 디지털적 통로로 교육하여선 안 된다. 디지털 테크노미디어 시대를 살고 있는 오늘날 심각하게 문제시되는 이러한 문제가 이미 바제도우의 『기본 교재』에서 수업의 방법론과 연관하여 숙고되었으며 교재에 반영되어 있다. 그래서 『기본 교재』가 계몽시대의 백과사전적 교재라는 비판을 받고 있지만 수업의 방법은 전체적(holistic)이고 구성적(constructive)이다.

이 시대는 종말론적 신앙과 영지론적 가르침이 넓게 펴져 있는 때였다. 그래서 교육에서는 신앙도 이성의 보편타당한 과제로 보고, 이를 합리적으로 교실에서 가르치는 일이 교육의 핵심 과제라고 강조되었다. 이러한 신앙교육은 필연적으로 선악에 대한 윤리교육으로부터, 다시 말하면 '악한 세상 안에서 살면서 어떻게 선한 것을 찾아내고 실천할 수 있는가'라는 문제에서 시작된다. 바제도우는 하나님이 창조하신 자연 세계와 인간이 이룩한 문화 세계에 하나님의 현존하심에 관한 헤아릴 수 없이 많은 증거가 이미 담겨 있다고 보았다. 종교교육의 주목적은 '하나님의 뜻에 따른 도덕' 생활[17]이다. 신앙은 청소년의 일상생활 세계에서 늘 의심과 더불어 동반되는 현상이다. 의심하는 신앙은 그러나 하나님의 뜻에 따른 삶의 세계로 인도되면서 신실하고 도덕적인 생활로 변형된다.

바제도우는 알레티니엔(Alethinien)이라는 유토피아를 종교 수업의 이상적 사회 모델로 제시하였다.[18] 알레티니엔은 평화의 섬으로, 여기서 가장은 단지 한 가족의 아버지일 뿐만 아니라 종교적 과제를 수행하는 사제요, 지식을 가르치는 교사요, 삶을 모범으로 보여 주는 도덕군자다. 그는 하나님의 계명을 도덕적 가르침의 핵심으로 받아들이고 따르도록 교육한다. 여기서 모든 도그마적 주장과 가르침은 거부된다. 가장은 종교적 가르침을 삶으로 보여 주는 자다. 그리하여 어린이는 자연스럽게 가르침

17) Elementarwerk. Bd. II, S. 95.

18) Elementarwerk. Bd. II, S. 113.

의 내용과 삶의 현실의 상관 관계적 얽힘을 이해하고 수용하게 된다. 이러한 종교 수업은 당시의 도그마적이고 규범적인 수업의 내용과 형식을 혁신한 것으로, 바제도우는 이를 '코페르니쿠스적 시스템'이라 칭하였다.[19] 여기서 우리는 바제도우가 구약에 나오는, 그리고 유대 민족이 오늘에 이르기까지 수용하고 있는 가정 중심의 종교교육에 대한 깊은 이해와 확신을 갖고 있었음을 알 수 있다.

바제도우가 시도한 수업의 방법은 원근(遠近)의 원리다. 다시 말하면 먼 것, 추상적인 것, 난해한 것을, 가까운 것, 구체적인 것, 쉬운 것으로부터 깨우치게 하는 방법이다. 가까운 것은 삶 직접적인 것, 일상생활에서 항상 경험하고 있는 것이기 때문에 언제나 이해된 것이다. 가까운 것에서 먼 것을 유추하여 알게 하는 방법은 비유의 방법에서 보듯이 '아하!'의 체험으로 앎이 체득되도록 하는 방법이다. 이는 자연과 사회에 관한 기본 지식을 획득하는 과정을 나선형적 사고와 이해의 구조로 점차 확대, 심화해 감으로써 세계에 관한 기본 이해에 도달하도록 하는 방법이다. 이는 일종의 '교육학적 심포니(eine pädagogische Symponie)'[20]로, 오늘날의 전체적(holistic) 수업 이론이 이미 여기에 잠재되어 있다.

예나 지금이나 사회생활을 이루고 있는 기초는 자연과 문화다. 문화는 인간의 자연적 본성이 삶을 이룩한 결과이고, 자연은

19) Elementarwerk. Bd. II, S. 121, "ein Copernicanisch System".

20) Reinhard Stach, Das Besedowsche Elementarwerk. Seine Geschichte, Eigenart und Pädagogische Bewertung zum 200. Jahre seines Erscheinens. In: Pädagogica Historica, XIV, 2(1974), S. 458-496. 여기선 S. 480.

문화적 삶을 이룩할 수 있고 하여야 하는 조건이요, 한계다. 『기본 교재』는 18세기 산업혁명과 계몽정신에 동반되어 자연과 기술과 경제의 문화적 기초를 학생들에게 성공적으로 매개할 수 있도록 편찬되어 있다. 그래서 쇨러(Schöler)는 『기본 교재』가 교육학의 역사에서 최초로 자연과학을 학교교육이 결코 배제해서는 안 되는 필수 내용으로 모든 과목에서 다루었다고 진단하였다.[21] 『기본 교재』가 교육계에 끼친 영향은 엄청났다. 그 이후에 『기본 교재』를 모델로 삼은 교재가 다양하게 출판되었다는 것이 이를 증명한다.[22]

바제도우의 『기본 교재』가 독일의 근세교육사에 끼친 영향은 대단히 크다. 『기본 교재』만큼 하나의 교재가 그렇게 분명하게 찬반의 큰 논쟁을 불러온 교재도 없을 것이다. 『기본 교재』는 학교백과사전의 원형이다. 캄페의 말로 표현하면 『기본 교재』는 대학에 들어가서 연학하여 국가와 사회의 지도자로 살아갈 교양 있는 시민이 갖추어야 할 모든 유용한 지식을 빠짐없이 체계 있게 망라한 교과서다. 뿐만 아니라 근대적 교수학의 이론과 방법을 제시한 원형이다. 『기본 교재』에서 우리는 교육과 수업의 주요 원리, 상이한 연령에 따른 수업의 방법, 말하기와 쓰기와 셈하기의 소위 3R의 강조, 신체의 단련과 건강 생활의 강조, 생활 경험을 바탕으로 한 수업의 강조 같은 근대 수업 이론의 기초가

---

21) Walter Schöler, Geschichte des naturwissenschaftlichen Unterrichts im 17. bis 19. Jahrhundert. Berlin 1970, S. 65.

22) 예를 들면 Christian Gottfried Schütz, Neues Elementarwerk. 14 Bände. Halle 1780-87; Johann Sigmund Stoy, Bilder-Akademie für die Jugend. 54 Kupfertafeln und 2 Textbände. Nürnberg 1784.

전체적으로 잘 정리되어 담겨 있음을 확인할 수 있다. 뿐만 아니라 신체와 영혼, 감성과 의지와 이성, 종교와 윤리와 직업, 사회와 자연을 전체적으로 연관하여 다루고 있으며, 성(sex)과 여성까지 교재의 내용으로 포괄하고 있음을 본다. 이러한 의미에서 『기본 교재』는 17세기에 전개된 수업의 이론 정립과 교재의 개발이 계몽 정신에 동반되어 합리적으로 종합된 열매라 하겠다.

박애주의 교육사상가

1. 요한 베른하르트 바제도우

요한 베른하르트 바제도우(Johann Bernhard Basedow, 1724~1790)는 볼프학파[1)]의 철학적 계몽운동을 학교교육의 현장 안으로 끌어 들여 교육학적 계몽운동으로 확대시킨 교육사상가로, 박애주의 학교교육운동의 핵심인물이다. 바제도우는 캄페를 비롯한 여러 박애주의 교육사상가에게 큰 영향을 주었으며, 그들과 함께 최초의, 그리고 대표적인 박애주의 학교를 데사우에 설립하였다. 바제도우는 박애주의 교육사상을 정립하고 전파한 대

1) 볼프(Christian Wolff, 1679~1754)는 계몽시대의 독일 철학을 이끌며 독일의 합리주의를 정립한 학자였다. 그의 제자들이 독일의 대부분의 대학에서 철학교수로 재직하였으며 시대적 철학을 정립해 갔다. 그래서 그들을 'Wolffianer'라 칭했으며, 묶어서 '볼프학파'라 한다. 칸트는 볼프를 합리주의적 교조주의의 폭군이라고 평했다.

표적 사상가다. 그러나 천재적이면서도 일방적인 사상과 모난 성격 탓에 교육학계는 그를 박애주의 교육사상의 주필(主筆)로 보진 않는다. 오히려 16권으로 된, 줄여서 『재검토』라고 부르는 방대한 박애주의 교육이론의 전집을 펴낸 캄페를 주필로 본다. 그럼에도 바제도우는 저술과 교육에서 가장 큰 역할을 수행한 박애주의 교육사상가 중 한 사람이다.

바제도우는 1724년 9월 11일에 함부르크에서 침울하고 신중한 성격의 아버지와 때로는 광기스러울 정도로 멜랑콜리한 성격의 어머니 사이에서 태어났다.[2)] 이러한 유전적 특징은 어린 바제도우에게 그대로 각인되었다. 그는 1741년에서 1744년까지 오늘날에도 여전히 인문교육의 요람으로 우뚝 서 있는 함부르크의 요한니스 김나지움을 다녔다. 그는 라이프치히에서 신학과 철학을 공부하였다. 그러고는 당시 대다수가 그러했듯이 그도 1749년까지 철학과 신학을 독학하면서, 글도 쓰고 시간제로 가르치기도 하면서 생활하였다. 그러다가 1749년에 홀스타인의 쿠발렌 가문에서 가정교사 자리를 얻었다. 그는 1952년까지 가정교사로 있으면서 직관 수업에 근거한, 편안하고 놀이하듯 하는 새로운 수업의 방법을 창안하고 실험하였다. 1752년에는 가정교사 경험을 토대로 하여 새로운 수업방법에 관한 논문을 써서 키일 대학교에서 석사학위를 받았다. 1753년에 바제도우는 유명한 계몽주의자 클롭스톡(Klopstock)의 추천으로 소뢰에의 덴마크 기사 아카데미에 웅변과 도덕철학을 담당하는 교수로 부임하였다. 그러

2) Willy Moog, Geschichte der Pädagogik. Band 3: Die Pädagogik der Neuzeit vom 18. Jahrhundert bis zur Gegenwart. Ratingen: Henn 1967, S. 86.

나 계몽적이고 자유로운 정신으로 가득 찬 그의 신학과 철학은 그를 소뢰에에서 떠나게 하였다. 1761년 그는 베른스도르프 장관의 배려로 가르치지는 않고 월급을 지급받는 조건으로 알토나 김나지움으로 자리를 옮겼다. 알토나에서도 신학적 · 철학적 · 교육학적 글을 숱하게 썼으며, 이로 인하여 논쟁에 휘말렸다. 함부르크에서 그의 저술은 몰수당하였으며, 뤼베크에서는 판금 조치되었고, 결국에는 알토나에서 출판 금지되었다. 교회는 바제도우를 성찬식에 참여하지 못하게 하였다.[3] 그는 이러한 악조건에서도 그의 교육개혁 이론에 공감하는 많은 사람에게 재정 지원을 받아서 저술활동을 계속할 수 있었다.

[그림 4-1] 요한 베른하르트 바제도우

바제도우는 동시대인에게 18세기 후반의 지배적 정신이었던 관용과 자유의 투사로 각인되었다. 18세기는 사회구조적으로 여전히 중세기의 봉건적 계층구조를 이루고 있었다. 따라서 계층의 벽을 넘어서는 행위, 태도, 가치의 주장은 받아들여지지 않았을 뿐만 아니라 강한 저항에 부닥치곤 하였다. 그러한 시대에 관용과 자유를 강조하는 글쓰기는 계몽의 지식인들에게 회피할 수 없는 내적 요구로 다가오는 것이었다. 바제도우는 교육의 영역에서 이를 다만 글쓰기로

3) Ulrich Herrmann, Die Pädagogik der Philanthropen. In: Hand Scheuerl, Klassiker der Pädagogik. Band I, S. 142.

서가 아니라 박애주의적 학교교육 문화를 새롭게 이루어 내는 행동으로 전개하였다. 그는 관용과 자유의 투사요, 계몽가요, 개혁가로서의 자신의 명성을 신학적 · 철학적 · 교육학적 저술을 통해 쟁취하였다. 교육의 영역에서 그를 투사로 널리 알린 대표적인 글은 「학교와 공부에 관한 재력가들과 인간의 벗들에 대한, 그리고 그들이 사회복지에 끼치는 영향력에 대한 생각」[4]과 「교육과 공부의 도덕적인, 그럼에도 무비판적인 개선에 관한 인간의 벗들과의 분기별 대담」[5] 같은 글이다.

1771년에 바제도우는 안할트-데사우의 젊은 영주 프란츠(Leopold Friedrich Franz)의 부름으로 데사우로 갔다. 데사우에서 그는 자신의 교육학적이고 학교개혁적인 이념과 구상을 실험할 수 있었다. 바제도우는 '인간의 벗의 학교'라는 뜻을 가진 필란트로피눔(Philanthropinum)을 구상하였다. 필란트로피눔은 부유한 귀족 자녀들의 기숙학교 교육, 미래의 가정교사와 학교 교사의 양성, 교육받은 후에 교사가 되거나 괜찮은 직장에 근무하기 위한 가난한 가정 출신 자녀의 교육과 수업 등을 과제로 내걸었다.

1774년 12월 27일에 숱한 역경을 헤치고 드디어 '데사우 박애주의 학교(Philanthropinum Dessau)'가 개교하였다. 이렇게 하여 교육학의 역사에서 '박애주의 학교'라는 새로운 개념과 단어가 만들어졌다. 이 관용과 자유의 정신을 학교교육의 영역에서 구

---

4) Vorstellung an Menschenfreunde und vermögende Männer über Schulen und Studien und ihren Einfluß auf die öffentliche Wohlfahrt. Hamburg 1768.

5) Vierteljährige Unterhandlungen mit Menschenfreunden über moralische und dennoch unkritische Verbesserungen der Erziehung und Studien. Altona/Bremen 1768/69.

현한 시도를 공감한 수많은 시민이 기부한 기금이 쏟아져 들어왔다. 학생 수도 급속하게 증가하였다. 박애주의 학교는 "학습자와 젊은 교사, 가난한 자와 부자를 위한 좋은 지식과 인류애의 학교이며, 기초서의 계획에 따라서 모든 곳에 교육제도의 완전화를 꾀하는 시민의 재단"[6]이다. 이러한 학교정신에 공감한 교육개혁의 의지를 가진 교육자와 교육학자들이 모여 들었다. 그들 가운데엔 박애주의 학교개혁운동의 대표적인 인물들인 캄페, 트랍, 잘츠만이 있었다. 바제도우는 또한 『박애적 아키브』라는 학교의 기관지를 1776년에 발행하였으며, 1777년부터는 캄페와 함께 『교육학적 논의』라는 잡지를 발행하여[7] 교육학적 개혁작업의 목적, 내용, 전개 과정 등을 사회에 알렸다.

칸트는 「공공적 제도에 관하여」[8]라는 글을 써서 바제도우의 개혁사상을 적극적으로 지지하여 큰 힘이 되어 주었다. 칸트는 다음과 같은 말로 박애주의를 강조하였다.[9] 서구의 문화 선진국들은 겉으로 보기에는 충분한 교육기관과 열심 있는 교사로 잘 정돈되어 있다. 그러나 안으로 들어가 보면 사정은 다르다. 교사들은 타성에 젖어 있고, 인간으로부터 선한 본성을 이끌어 낼 수 있는 자연의 법칙을 역행하는 교육을 하고 있다. 우리 인간

---

6) Willy Moog, a.a.O., S. 87.

7) Philanrhropisches Archiv. Dessau 1776; Pädagogische Unterhandlungen. Dessau 1777-1784.

8) Immanuel Kant, An das gemeine Wesen. 1777. In: Akademieausgabe von Immanuel Kants Gesammelten Werken. Band II: Vorkritische Schriften 1757-1777. Berlin 1912, S. 449-452.

9) Traugott Weisskopf, Immanuel Kant und Pädagogik. Beiträge zu einer Monographie. Editio Academica 1970. 특히 S. 55-75, 'Kant und das Philanthropinum in Dessau' 참조.

은 오직 교육을 통해서만 인간이 될 수 있는 동물적 피조물이다. 잘못된 교육방법은 짧은 시간 안에 인간을 전혀 다른 인간으로 변질시킬 수 있다. 따라서 우리는 거칠고 경험 없는 시대의 오랜 관습에 의하여 노예처럼 인간을 훈련하지 말고 자연의 질서에 따라 인간으로 교육하여야 한다. 그러나 점진적으로 학교를 개선하여 인간을 잘 교육할 수 있는 구원의 가능성은 어디에서도 엿볼 수 없다. 학교교육은 달라져야 한다. 학교는 교회의 간섭을 받지 않고 민족을 위한 교육을 베풀어야 한다. 교사는 유용성을 제일원칙으로 삼은 새로운 도야를 시도하지 않으면 안 된다. '느린 개혁이 아니라 빠른 혁명만이 이를 가능하게 할 수 있다.'[10] 이를 위해서는 직관적이고 놀이적인 참된 방법에 따라서 근본적으로 새롭게 교육되고, 계몽된 사람들이 운영하는 학교, 월급을 위해서가 아니라 고상한 열정을 가지고 일하는 학교, 이런 학교가 있어야 한다. 학교의 발전이 모든 지방의 지식인들의 세심한 눈으로 관찰되고 평가되며, 인간의 벗들의 모든 기여가 강력한 경제적 · 정신적 지원을 받아야 한다.

이러한 칸트의 생각과 지원을 바제도우는 데사우 박애주의 학교에서 충실하게 살렸다. 이를 우리는 『가족과 민족의 아버지와 어머니를 위한 방법서』(이하 『방법서』)[11]와 『교양 있는 신분의 청소년과 그들의 친구들을 위한 기초서』[12] 같은 저술에서 확인할

10) Ulrich Herrmann, a.a.O., S. 143.

11) Das Methodenbuch für Väter und Mütter der Familien und Völker. Altona/Bremen 1770.

12) Das Elementarbuch für die Jugend und ihre Freunde in den gesitteten Ständen. Altona/Bremen 1770.

수 있다. 이 책들은 바제도우의 주저인 『기본 교재』의 상하를 이루고 있다. 『방법서』는 "『방법서』보다 더 비방법적인 책은 없다."[13]라는 평을 들을 정도로 교육 일반에 관한, 공교육에 관한, 귀족의 자녀교육에 관한, 여성의 교육에 관한, 심지어는 왕자의 교육에 관한 바제도우의 생각이 전체적인 계획이나 질서 없이 나열되어 있다. 바제도우는 국민의 교육을 전혀 다루지 않았다. 그는 교육개혁이 지배계층의 교육개혁으로 시작되어야 한다고 확신하고 있었다. 『방법서』 제3장에서 그는 지배계층의 학교 교사 중에 자연 중심 교육관을 가지고 자연적이고 기초적인 방법으로 수업하는 교사가 한 사람도 없다고 하였다. 따라서 이 혼돈(Chaos)에서 벗어나서 박애주의 교육학의 교육 조직 개념으로 무장하는 일이 급선무다.

바제도우는 학습학교와 폭력학교를 비판하면서, 기초 수업에서의 유희적 요소들, 자연을 체험하며 정원이나 농장에서 실습하는 직관과 자발성을 통한 학습, 수공업적 작업, 생동적인 외국어 학습, 모국어 교재를 통한 교육 등을 강조하였다. 교사들과 학생들의 긴밀한 공동생활을 통한 학생들의 전인적 인격 도야를 모색하였다. "교육의 중심 목표는 어린이를 공익적이고 애국적이며 지복적인 생활로 인도하는 것이어야 한다."[14] 수업은 직접적으로 유용한 내용을 담고 있어야 한다. 공동의 수업, 조용한 학습, 실제 작업, 신체 단련, 소풍과 축제 등이 하나의 교육 형

---

13) H. Pinloche, Geschichte des Philanthropinismus. Leipzig 1914, S. 165.

14) Methodenbuch, Band IV, S. 1. Karl Schrader, Die Erziehungstheorie des Philanthropismus. Langensalza 1928, S. 10에서 재인용.

식에 의하여 각인되어야 한다. 동료 간의 우애와 유쾌한 기분이 학교를 지배하고, 장려와 칭찬으로 학습과 성취의 즐거움이 배가 되게 할 것이다. 여기서 우리는 바제도우의 이러한 기본 원리가 루소의 생각에 대단히 근접해 있는 것을 확인할 수 있다. 바제도우는 『기초서』와 『방법서』 같은 책에서 루소의 『에밀』을 사실상 자세히 인용하고 있다.

바제도우의 명성을 역사에 길이 남게 만든 『방법서』와 『기초서』를 그는 1774년에 박애주의적 개혁학교의 기초와 새로운 수업의 기초가 담겨 있는, '학교교육의 시작부터 대학 입학 연령까지의 청소년의 수업에 대한, 학부모와 학교 교사와 가정교사의 훈련에 대한, 모든 교사가 유용하게 사용할 수 있는 지식을 온전하게 만들기 위하여 필요한 모든 지식의 정리된 저장 목록'이라는 긴 부제를 달고 있는, 『기본 교재』[15)]라는 이름으로 새로 펴냈다.

스타하(R. Stach)는 『기본 교재』 출판 200주년을 기념하는 논문에서 이렇게 시작한다.[16)] "교수-학습방법과 교재의 역사에는 나름의 고유한 절정이 있다. 이 절정은 교육학적 사고의 변천과 밀접하게 관련되어 있다. 우리는 17세기에 코메니우스의 『세계

---

15) Elementarwerk, Ein geordneter Vorrath aller nöthigen Erkenntniß zum Unterrichte der Jugend von Anfang bis in's akademische Alter, zur Belehrung der Eltern, Schullehrer und Hofmeister, zum nutzen eines jeden Lehrers, die Erkenntniß zu vervollkommnen. Dessau 1774. 『기본 교재』에 관하여선 독립된 장으로 자세히 따로 다루었다.

16) R. Stach, Das Basedowsche Elementarwerk. Seine Geschichte, Eigenart und Pädagogische Bewertung zum 200. Jahre seines Erscheinens, In: Pädagogica Historica, XIV. 2(1974), S. 458-496. 인용은 458쪽.

도해(Orbis sensualium pictus)』에서 그 절정과 만나며, 18세기에 바제도우의 『기본 교재』에서 다시 그 절정과 만난다. 코메니우스의 『세계도해』에는 17세기를 지배하였던 범지적 물결이 가득하다. 바제도우의 『기본 교재』에는 계몽시대의 백과사전주의가 흠씬 배어 있다. 이렇게 세기적 교재들에는 그 시대의 정신적 흐름이 범례적으로 각인되어 있다. 코메니우스의 『세계도해』는 교육과 교육학의 역사에서 지금까지 엄청난 영향이 지속되는 반면, 바제도우의 『기본 교재』는 데사우의 박애주의 학교의 폐교와 더불어 역사에서 완전히 잊혔다."

바제도우가 『기본 교재』에 쏟아 부은 노력과 정열은 그가 책 제1권 표지에 기록하여 인쇄한 기원만큼이나 컸다. "우리의 하나님, 주님이시여, 지식과 평안이 넓게 펴져 나가게 하소서! 악의 권세를 소멸하소서, 그리하여 이 부패한 시대를 개선하소서!" 『기본 교재』의 구성은 다음과 같다. 제I권: 방법서, 제II권과 제III권: 기초서, 제IV권: 청소년과 청소년의 친구를 위한 바제도우의 『기본 교재』, 부록 『동판화 모음집』. 『동판화 모음집』에는 당대 최고의 동판화가 초도비키(Daniel Chodowiecki, 1726~1801)의 동판화 100개를 담고 있다. 바제도우는 『기본 교재』 초판이 나온 지 10년 후인 1785년에 내용을 보완하여 제2판을 출판하였다. 그 후 1847년에서 1849년에 걸쳐 독일의 교사 연맹은 옛 독일어 활자체를 현대적인 알파벳 글자로 바꾸고 낡은 내용을 수정, 보완하여 『기본 교재』를 새롭게 출판하였고, 백과사전적 정경으로서의 교재의 모습으로 다시 부활하였다. 그러나 이 새로운 출판은 헤르바르트학파에게 학교교육을 보다 많은 지식의 주입으로 끌고 가려 한다는 강한 비판을 받았다. 그 후에 프

리츠(Th. Fritzsch)는 『기본 교재』의 초판을 비판적으로 편집한 비판판을 펴냈다.[17)]

『기본 교재』는 새로운 박애주의적 교수방법의 이론서요, 방법서다. 교수방법의 특징을 몇 가지 들어 보면, 바제도우는 유아교육에서 가장 적절한 방법으로 놀이(Spiel)를 강조한다. 놀이는 교수학적으로 절대적인 학습놀이로 고안되어, "신체의 일정한 능력을, 이해의 일정한 개념을, 예절의 습득을 조장하는 데 유용한"[18)] 방법으로 소개되고 있다. 바제도우는 놀이를 인간학적 · 교수학적으로 이해하였다. 그래서 그는 웃음을 자극하면 할수록 놀이는 그만큼 더 합목적적이라고 하였다. 놀이는 학습에 기쁨을 준다. 웃음은 인간의 신체와 영혼을 단련하는 행동이다.[19)] 이러한 인간학적 근거로 그는 놀이가 공부에 못지않은 인간의 기능에 속한다고 보았다. 인간의 생활과 형성은 즐거움 없이는 생각할 수 없다. 이와 마찬가지로 놀이가 없는 인간의 삶도 생각할 수 없다.

『기본 교재』의 교수학적 개념과 구상은 학생이 학교에서 전달받지 않으면 안 되는 지식을 동시대의 지식인이 공유하고 있는 백과사전적 지식으로 체계적으로 조직한 구조다. 그럼에도 『기본 교재』가 오늘날에도 여전히 의미 있게 평가받고 있는 이유는 철학적 · 신학적 · 정치적 · 역사적 · 지리적 내용에서 교육받는

17) Elementarwerk. Hrsg. von Th, Fritzsch. Leipzig 1909~1913.

18) Basedow, Elementarwerk. Band I, S. 35f.

19) Basedow, Elementarwerk. Band I, S. 52. R. Stach, a.a.O., S. 472에서 재인용. J. Drechsler, Der Pädagogische Ort der Freude, In: Pädagogische Rundschau, 20(1966) 참조.

자(Edukandus)가 삶을 의미 있게 형성하고 성취하기 위하여 필요로 하는 지식과 가치를 모두 담고 있으며, 학생들을 그러한 삶으로 인도하도록 하는 교육적 의도 아래서 전체를 조직하고 있기 때문이다.[20)]

바제도우는 『기본 교재』의 제8권과 제9권에서 교육의 정경에 해당하는 자연과학적 내용인 자연사적 · 생물학적 · 물리학적 · 형태학적 · 화학적 지식을 '자연(Naturkunde)'이라는 과목의 이름으로 하나의 종합적 내용으로 재구성하였다. 이 부분은 동물의 기초, 식물의 기초, 광물의 기초, 자연의 경작, 도구와 건축, 기후와 신체, 천체와 시간 등과 같은 제목들로 구성되었다. 교재는 자연사 영역을 우주론과 철학에 기초한 단순하고 교훈적인 내용으로 담고 있다.

바제도우의 『기본 교재』는 후에 캄페가 18세기의 교육학적 지식을 종합하고 재검토하여 당대의 교육계를 사로잡았던 주요 문제에 대답하는 형식으로 집대성한 『재검토』를 계획하고 편집하도록 자극을 주었다. 『재검토』는 어떤 의미에서 『기본 교재』의 확대였다. 교재는 학교교육의 모든 단계를 위한 교육과정과 정경화된 교과목의 교수내용을 포괄적으로 담고 있어야 한다. 『기본교재』는 그때까지 교재 편찬의 역사에서 전승되어 내려온 이와 같은 일반적 교재 이해와 교재 제작의 의도를 마지막으로 실현하고 종지부를 찍은 사건이었다. 바제도우 이후에 그러한 교재를 제작하려는 시도는 있었으나, 교재에 대한 이해의 변화와 더불어 더는 그러한 교재가 필요하지 않게 되었다. 물론 당대에

20) R. Stach, a.a.O., S. 479.

『기본 교재』의 이념에 따라서 시도된 교재들이 있다.[21)]

바제도우의 『기본 교재』는 하나의 완결된 교수학적 설계도다. 이 설계도 안에 바제도우는 당시에 교육개혁에 뜻을 둔 사람들을 사로잡았던 교육목적, 교육과정, 교수방법의 문제를 해결할 방안을 범례적으로 제시하였다. 그리하여 이 책은 교육의 상이한 영역에서 폭넓게 토론되었으며, 크고 작은 교육문제를 해결하는 기초로 작용하였다. 학교의 개혁에는 교사(校舍)와 시설 같은 외적 · 재정적 전제 조건뿐만 아니라, 교사(教師)와 교재(教材) 같은 내적 학교개혁을 위한 전제 조건까지 고려하지 않으면 안 된다. 코메니우스가 『세계도해』를 출판한 이후에 바제도우는 처음으로 어린이와 청소년의 자연스러운 발달 법칙과 직관적 인식의 원리를 자연과 인간의 생활 세계에 도입하고자 시도하였다. 텍스트를 그림과 연결하고 사물에 관한 지식을 변증법적으로 설명하여 바제도우는 교재의 근대적 형태를 만들어 냈고, 교재는 학생에게나 교사에게 모두 쉽게 이해할 수 있도록 구성되었다.

이렇게 하여 학교교육을 개혁하기 위한 큰 학교 건물, 근대적인 수업의 교재와 이론 도서, 우수한 교사집단 같은 결정적 전제 조건이 갖추어졌다. 박애주의 학교는 지방 유지들의 전폭적인 지지를 받고 재정적 안정을 누렸다. 그러나 바제도우의 개혁적 저작들은 바랐던 것처럼 빠른 성공가도를 계속하여 달리지는 못 하였다. 여기에는 불안정하고 변화가 심한 그의 성격으로 인

21) Ch. G. Salzmann, Moralisches Elementarbuch. 2 Teile. Leipzig 1782f; G. Ch. Raff, Naturgeschichte für Kinder, Mit 14 Kupfertafeln. Göttigen 1778.

한 리더십의 문제도 한몫을 하였다. 괴테는 『시와 진리』 14권에서 이 점을 묘사하였다.

바제도우는 실험하고 공격하였으며 모든 비판에 민감하게 반응하였다. 그는 동료들과 끊임없이 다투었다. 이러한 와중에 그는 학교 자체의 존폐를 가지고 위협하기를 서슴지 않았다. 처음에는 공동 대표였으며 1777년부터 바제도우를 대신하여 교장 일을 수행하였던 캄페도 결국에는 화를 내고 바제도우와 결별하고, 영주의 권고에도 불구하고 바제도우를 떠났다. 트랍도 너무나 상심한 나머지 베를린에 있는 니콜라이(Friedrich Nicolai)에게 "차라리 데사우에서 일하는 것보다는 집에서 책상받이가 되는 것이 더 좋겠다."라는 편지를 썼다. "나는 호구지책을 찾는 즉시 학교개혁에는 더 관계하고 싶지 않다." 이렇게 하나둘 바제도우를 떠났다. 그리하여 1778년 바제도우는 드디어 학교 경영에서 손을 들었다. 그러고는 그 자신도 2년 뒤에 학교를 떠났다. 그러나 바제도우의 데사우 박애주의 학교는 1793년까지 존속하였다.

바제도우는 1790년에 마그데부르크에서 사망할 때까지 저술에만 매달렸다. 그러나 이미 당대에 그는 18세기의 학교개혁의 '거인'으로 평가받았다.[22] 바제도우는 국가와 제후들에게 교육의 개선이 얼마나 중차대한 문제인지 알게 하고 학교의 개혁을 주도한 위대한 인물이었다. 그는 이 일을 위하여 생애를 바쳤다. 그는 모든 힘을 다 쏟았으며, 그가 할 수 있는 최대의 인내와 끈

---

22) Samuel Baur, Charakteristik der Erziehungsschriftsteller Deutschlands, Leipzig 1790.

기와 저력을 발휘하였다. 인간의 내적 정신력에 대한 깊은 신뢰, 풍부한 경험, 뜨거운 열정, 헌신적 몰두와 함께 그는 잠들어 있는 사람들을 깨우고 교육의 개선으로 인도하여 박애주의 학교라는 거대한 집을 완성하였다. 그의 폭발하는 정신은 독일의 머리와 가슴에 불을 질렀다. 그러나 그는 적도 많았다. 교육학계뿐만 아니라 신학계에서도 그를 자유신앙가(Ketzer)라고 몰아세웠다. 19세기의 신인본주의자들도 그를 인문학적 학교교육의 적으로 몰았다. 박애주의 학교는 라틴어 같은 고전어 교육에 전념하기를 거부하고 모국어 교육을 강조하였으며, 교양교육보다는 학교를 졸업한 후에 가정과 사회에서 실제로 써먹을 수 있는 직업교육을 강조하였기 때문이다. 그래서 그의 이름은 최근까지 독일의 교육학 고전 목록에서 빠져 있었다.

바제도우는 비상한 시대를 살다간 비상한 지식인이었다. 7년 전쟁이 끝난 후부터 프랑스 혁명이 시작될 때까지의 시기(1763~1789)는 독일이 기나긴 잠에서 깨어나 문화적 발전의 꽃을 활짝 피우기 시작한 시기였다. 이 시기에 바제도우는 교육의 영역에서 이상주의적 날개를 펼쳤으며 동시에 실용주의적 관심을 펼쳤다. 그러나 프러시아의 개혁시대와 칸트의 비판철학, 헤르바르트와 슐라이에르막허의 교육학, 신인본주의 도야의 철학이 그 이후 시대를 주름잡으면서 바제도우는 급속히 잊혀 갔다.

2. 요아킴 하인리히 캄페

1) 박애주의 교육사상의 주필

요아킴 하인리히 캄페(Joachim Heinrich Campe, 1746~1818)[23)]가 없었다면 박애주의 학교의 새로운 교육문화운동의 역사적 의미는 전혀 달라졌을 것이다. 박애주의적 교육개혁운동의 특징은 교육개혁의 뜻에 불타는 교사들과 학자들이 함께 사회적으로 집단을 이루어 새로운 학교를 세우고 개혁을 추진하면서 대중을 계몽하고 여론을 선도하였다는 사실이다. 활발한 개혁운동으로 인하여 새로운 교육학 이론과 방법이 교양 있는 시민계층의 교육 일상으로 파고들었다. 이렇게 박애주의가 교육자와 교사의 집단 운동으로 시작되고 지속될 수 있었던, 그리하여 당시의 사회를

[그림 4-2] 요아킴 하인리히 캄페

23) 캄페에 관한 모든 서지는 다음의 연구보고서에 근거하고 있다. Oh, Intahk, Joachim Heinrich Campe Bibliographie. Tübingen 1976, 346S. Nicht veröffentlichte Manuskript. 이 문서는 저자가 학위 후에 1976년 3월부터 5년간 튀빙겐 대학교와 연구전임강사 계약을 맺고 "Quellenkunde der Philanthropischen Erziehung im 18. Jhdt Deutschlands" 연구의 일환으로 약 1년 6개월에 걸쳐서 특히 Wolfenbüttel 도서관과 브라운슈바이크 시청 문서보관소에서 박애주의 학교교육에 관한 문헌을 집중적으로 조사하여 만든 보고서다.

선도하던 칸트와 슐레겔 같은 지성인들의 주목과 지지를 받을 수 있었던 것은 전적으로 캄페의 공헌이었다. 캄페는 출판인, 편집인, 번역가, 언어학자, 교육자로 교육개혁의 의미를 널리 알리고 운동을 확산하는 데 결정적으로 기여하였다. 캄페는 교육의 역사에서 박애주의 학교개혁운동을 통하여 청소년 문학의 길을 연 사람이 되었다.

캄페는 1746년에 브라운슈바이크의 작은 시골 마을 데엔젠에서 태어나서 1818년에 브라운슈바이크에서 죽었다. 그는 서구의 역사에서 인간이 이성의 능력에 대하여 한없는 신뢰를 부여하였던 계몽기에 살았다. 그와 동시대를 살았던, 인류의 정신사에서 길이 남는 작품들을 남긴 기라성 같은 문인과 사상가들로 헤르더, 괴테, 쉴러, 잘츠만, 페스탈로치, 미라보, 루소, 칸트 같은 인물들이 있다. 그는 이러한 시대정신에 동반되어 살았을 뿐만 아니라 그 자신이 시대정신이 되었다. 그는 당시의 중산층이 누렸던 전형적인 교육을 받았다. 그는 데엔젠에서 가정교사와 마을학교의 교사에게서 평범한 교육을 받은 후에 홀츠민덴의 수도원학교를 다녔다. 그리고 1765년에 헬름스테트와 할레에서 신학을 공부하였다. 헬름스테트 대학교에서 그는 유명한 계몽가요, 베를린 계몽주의 그룹의 지도자였던 텔러(Wilhelm Abraham Teller)에게 큰 영향을 받았다.

대학을 마친 후 캄페는 당대의 유명한 귀족인 훔볼트 가문의 가정교사로 들어가서 훗날 자연과학과 인문과학의 대가가 된 알렉산더와 빌헬름 형제를 가르쳤다.[24] 1773년에서 1775년까지 캄

---

24) Alexander von Humboldt(1769~1859), Wilhelm von Humboldt(1767~1835).

페는 포츠담의 목사로 일하였다. 그 후에 훔볼트 가문의 가정교사로 복귀하였다. 그는 자신이 가르친 알렉산더 훔볼트와 빌헬름 훔볼트 두 형제와 평생 좋은 교분을 나누었다. 1790년 캄페는 알렉산더가 자연과학자로서 연구 여행 후 펴낸 첫 저술을 자신의 출판사에서 출판하였으며, 1789년에는 빌헬름을 데리고 파리로 여행하여 프랑스 혁명을 현장에서 체험하였다. 그는 혁명을 직접 체험한 내용을 '파리로부터의 편지'라는 제목으로 『브라운슈바이크 저널』에 연재하였다.[25] 1776년에 캄페는 포츠담의 성령교회 목사가 되었다. 같은 해에 그는 안할트-데사우의 영주 프란츠의 부름을 받아서 교육자문관 겸 바제도우가 세운 데사우의 박애주의 학교 공동관리자로 일하였다. 그러나 그는 끊임없이 계속되는 논쟁과 갈등에 지쳐서 1777년 가을에 갑작스럽게 함부르크로 가 버렸다. 그곳에서 비교적 안정된 환경에서 어린이들을 교육하고 교육학적 글을 집필하는 일에 집중할 수 있었다.

캄페는 평생 수많은 책을 썼다. 그는 함부르크에서 클롭스톡, 클라우디우스, 렛씽, 라이마루스 같은 당대의 지도적 계몽주의자들과 교분을 나누면서 여러 저술로 수확이 풍성한 세월을 보냈다. 이때부터 이미 캄페의 다작의 생애는 시작되었다. 1774년에 그는 황태자의 명을 받아서 『프러시아 황태자의 명에 따른 그의 아들을 위한 교육계획』[26]을 썼다. 이후 1776년에는 『감각

25) Briefe aus Paris, während der Revolution geschrieben, In: Br. Journal. Jg. 1789, Bd. 3, St. 10, S. 227-254; St.11, S. 257-319; St. 12, S. 385-461; Jg. 1790, Bd. 1, St. 1, S. 1-71; St. 2, S. 129-259. Nachricht zu obigen Briefe aus Paris. Jg. 1789, St. 12, S. 502-504.

26) Erziehungsplan für das auf Befehl Sr. Königl. Hoheit des Kronprinzen von Preußen zu erziehende Kind, o.O., 1774.

과 지각 능력의 발달 단계와 법칙』[27]을 썼다. 내용은 감각과 지각 능력의 발달 단계와 법칙, 감각 능력과 인식 능력의 구조 탐구, 감각 능력과 인식 능력의 상호 의존 관계 및 상호 교호 작용의 탐구, 지성과 인성의 상호 관계 연구로 구성되었다. 1777년에는 『교양 있는 신분의 자녀들을 위한 예절 독본』[28]을 썼다. 이 책은 나 자신에 대한 의무에 관하여, 다른 사람들에 대한 의무에 관하여, 사회와 가정과 가난한 자들과 동물에 대한 의무에 관하여, 그리고 양심과 종교에 관하여 4회에 걸쳐 자녀들과 함께 저녁에 나누는 대화로 구성되어 있다. 이 책은 호응이 대단하여 당시 영어, 불어, 이탈리아어, 폴란드어, 라틴어, 체코어, 스웨덴어, 덴마크어, 헝가리어, 보헤미아어 등으로 번역되었다.

1778년에 캄페는 교육학적 · 심리학적 · 인간학적 글을 모아서 『교육논문집』[29]을 펴냈다. 이 책은 테오프론이라는 아버지가 생애 처음으로 이제 막 자신의 생업을 시작하려는 아들에게 주는 교훈으로 되어 있으며, 내용은 다음과 같다. 어린이에게 읽기를 가르치는 용이하고 재미있는 방법, 어린이를 어린이이며 어린이로써 대하여야만 할 이유에 대하여, 첫 종교 수업, 여섯 개의 대화 마당으로 구성된 어머니와 딸 사이의 종교와 신앙의 발달에 관한 담론, 소위 천재라는 소문이 자자한 바라티어(F. Baratier)라는 사람의 아들에 관한 비판, 외국어 수업과 어린이의 감성과

27) Die Empfindungs- und Erkenntnißkraft der menschlichen Seele. Leipzig 1776.

28) Sittenbüchlein für Kinder aus gesitteten Ständen. Dessau u. Leipzig 1777, 1813(9판).

29) Sammlung einiger Erziehungsschriften. In zwei Teilen, Leipzig 1778.

영성 능력을 용이하게 가르치고 훈련하기 위한 새로운 교육학적 어린이 연극들: 맹인극, 메아리극, 영혼극, 재치문답극, 재판극, 야시장극, 기억극 등, 이솝 우화를 사용한 수업, 교사의 명예욕에 관하여, 시기, 질투, 경멸, 형제자매 간의 사랑을 금가게 만드는 행동, 거짓말, 분노와 증오, 타인의 손상을 즐기는 심보, 하나님에 대한 공포심의 조장, 어린이를 약하게, 무섭게, 불안하게, 떨게 만들고 기를 죽이는 행동, 비난하는 행위 등 좋은 교육을 그르치는, 그리고 일상적으로 빈번히 일어나는 오류, 어린이의 조기교육과 많은 지식을 주입하는 교육의 해악에 관하여, 클롭스톡(Klopstock)의 독일어 표준 맞춤법 등이다. 우리는 이 책에서 그 당시에 교육계에서 논쟁의 쟁점을 이루었던 문제들이 총망라되어 박애주의적 교육관으로 검토되고 재정립되었음을 알 수 있다.

2) 어린이와 청소년 문학의 개척자

1778년에 캄페는 『어린이에게 쉽고 재미있게 읽기를 가르치는 새로운 방법』[30]을 썼다. 이 책의 제목이 말하고 있듯 캄페는 어린이가 글을 깨우치는 일을 인본주의의 권위적이고 규범적인 틀을 극복하는 전인적 인성교육의 차원으로 파악하였다. 그리하여 그는 평생 줄기차게 어린이와 청소년을 위한 소설, 여행기, 교재, 부교재 그리고 교육이론을 썼으며, 이를 출판하였다. 캄페가 다양한 어린이 책을 쓰기 전까지 독일을 비롯한 서구에서 어린이를 독자로 한 책은, 다시 말하면 오늘날의 동화 같은 어린이

30) Neue Methode, Kinder auf eine leichte und angenehme Weise lesen zu lehren. Altona 1778.

문학 서적은 없었다. 캄페는 어린이 문학이라는 장르를 새로 열었다고도 할 수 있다. 이는 그때까지만 해도 어린이에게 규범적으로 강요되었던 고전어 교육의 비교육성을 밝히고 국어 교육으로 어린이 언어 교육의 방향을 전환하였을 뿐만 아니라, 언어 교육 자체가 어린이에게 즐거운 놀이가 되고 정신적 유희가 되어 어린이의 삶을 살찌우는 결과로 나타나도록 한 획기적인 사건이었다.

그가 쓴 가장 유명한 소설이 1779~1780년에 펴낸, '어린이를 위한 적당하고 용이한 읽을거리'라는 부제가 달려 있는 『소년 로빈슨』[31]이다. 이 책은 1833년에 25판, 1856년에 50판, 1869년에 75판, 1880년에 100판이 나왔다. 이 책으로 인하여 청소년 문학이라는 장르가 탄생하였다고 해도 과언이 아닐 정도로 이 책이 몰고 온 충격과 반응은 엄청난 것이었다. 이 책은 당시 서구가 문화 교류를 하였던 모든 나라의 언어로 번역되었다. 이 책의 인기와 더불어 숱한 아류와 해적판, 모방판이 쏟아져 나왔다. 특별한 번역판 몇 가지를 언급하면, 1792년에 고대 그리스어, 1860년에 현대 그리스어, 1824년에 히브리어, 1853년에 터키어, 1879년

Robinson der Jüngere,
zur angenehmen
und
nüzlichen Unterhaltung für Kinder.
Erster Theil.
von
J. H. Campe.
Mit Churfächsischer Freiheit.
Hamburg 1779,
beim Verfasser und in Commission bei
Carl Ernst Bohn.

[그림 4-3] 『소년 로빈슨』 초판 표지

31) Robinson der Jüngere, zur angenehmen und nützlichen Unterhaltung für Kinder. 2 Teile. Hamburg 1779/80.

에 타가로그어, 1928년에 에스페란토어 번역판이 나왔다. 『소년 로빈슨』에 대한 비판적 대응판도 익명으로 출판되었다. 예컨대 다음과 같은 책이다. 『어느 인간의 벗이 부모와 교사에게 주는 호소와 경고. 지극히 이상야릇한 사태 아래서 썼음』.[32] 『소년 로빈슨』에 관한 연구도 많았다. 대표적인 예를 들면, 브뤼게만의 「유토피아와 소설 로빈슨. 슈나벨의 섬 펠젠부르크 연구」, 마이어의 「왜 로빈슨이 가장 애독되는 청소년 소설인가? 이 책의 탄생 200주년에 붙여서」와 쾰른 대학교의 철학박사 학위논문인 스타하의 「박애주의 교육사상의 교육학적-교수학적 모델인 소년 로빈손」 등을 들 수 있다.[33] 캄페의 『소년 로빈슨』은 오늘날에도 계속하여 출판되고 있으며, 연구되고 있다.

캄페는 1780년에 『어린이 심리학 독본』을, 1781~82년에 '어린이를 위한 재미있고 유익한 이야기책'이라는 부제가 붙은 『아메리카의 발견』을, 1783년에 '양자와 모든 젊은이에게 주는 교훈'이라는 부제가 붙은 『테오프론 또는 미숙한 젊은이를 위한 노련한 어른의 충고』를 썼다.[34] 『어린이 심리학 독본』 역시 영어,

---

32) Anonym(Georg Karl Claudius 저자 보완), Bitte und Warnung eines Menschenfreundes an Eltern und Erzieher, Bey einem hoechst merkwuerdigen Vorfalle niedergeschrieben. Leipzig 1789.

33) Fritz Brüggemann, Utopie und Robinsonade. Untersuchungen zu Schnabels Insel Felsenburg. Weimar 1914; Johannes Meyer, Warum ist der Robinson die beliebteste Jugendschrift? Zur Erinnerung in den 200. Geburtstag dieses Buches. In: Eltern und Kind. Jg. 2(1919), H. 1, S. 9-13; Reinhard Stach, Robinson der Jüngere als pädagogisch-didaktisches Modell des philanthropistischen Erziehungsdenkens, Studie zu einem klassischen Kinderbuch. Ratingen 1970. Diss., Köln 1970.

34) Kleine Seelenlehre für Kinder. Hamburg 1780; Die Entdeckung von Amerika. 3 Theile. Hamburg 1781/82. 1882(25판); Theophron, oder der

불어, 그리스어, 러시아어, 덴마크어 등의 언어로 번역되었다. 『아메리카의 발견』은 3부작으로, 콜럼버스(Christoph Kolumbus), 크로테스(Ferdinand Krotes), 피자로(Franz Pizarro) 같은 유명한 탐험가의 아메리카 항해와 정복 이야기가 담겨 있다. 이 책은 1882년에 25판을 인쇄하였고, 여러 모방서가 나왔으며 역시 다양한 언어로 번역되었다. 특히 1820년에 그리스어로, 1823년에 히브리어로 번역되었다. 『테오프론』은 캄페가 자신의 양자를 염두에 두고 썼다. 내용은 창업을 합리적으로 준비하고 행복한 생활을 시작하려는 젊은이에게 주는 유익한 경험과 지침으로, 유익하고 행복한 직업 생활의 준비, 직업의 선택, 직업의 운영, 인간 관찰, 교제 방법 등의 내용을 담았다. 캄페는 이 책에서 젊은이에게 세상에서 선망의 대상이 되는 빛나는 직업보다는 삶을 행복하게 하고 사회에 유용한 직업을 선택하라고 충고한다. 이 책 역시 그리스어, 히브리어, 폴란드어, 프랑스어 등의 언어로 번역되었다.

캄페는 루소의 『에밀』에서 많은 영감을 얻었다. 루소는 『에밀』 제3권에서 인간의 자연스러운 욕구를 어린이가 이해할 수 있도록 단순화시켜서 보여 주면 어린이는 자신의 욕구를 자연스럽고 쉽게 해소하는 방법을 알게 되고, 우리는 이러한 방법으로 어린이의 잠재 능력을 자연스럽게 계발할 수 있다고 하였다. 그래서 루소는 그의 교육소설 『에밀』에서 에밀이 스무 살의 청년

---

erfahrne Rathgeber für die unerfahrne Jugend. 2 Teile. Hamburg 1783. 테오프론은 중판을 거듭하면서 많이 읽혔다. 초판이 출판된 뒤 100년 후에 리히터에 의하여 나온 판은 다음과 같다: Campe, Theophron, Bearb, von Karl Richter. Leipzig 1875.

이 될 때까지 『로빈슨 크루소』 외에는 어떤 책도 읽히지 않았다. 캄페는 루소의 이러한 생각에 공감하고, 어른을 독자로 삼아서 쓴 소설 『로빈슨 크루소』를 어린이가 쉽고 재미있게 읽을 수 있도록 『소년 로빈슨』으로 개작하였다. 그의 『소년 로빈슨』은 매일 저녁 아버지가 자녀들에게 둘러싸여 이야기 한 토막씩을 들려주며, 자녀들은 이야기를 듣다가 가슴을 조이고 경탄하며 환성을 지르고, 모르는 용어나 사물이 나오면 즉시 아버지에게 묻고 대답하는 대화 형식으로 구성되어 있다.

캄페가 이어서 펴낸 『아메리카의 발견』도 어린이와 청소년용으로 개작한 책이다. 이러한 책들은 단번에 아동과 청소년 문학의 고전이 되었다. 이렇게 하여 캄페는 그때까지 존재하지 않았던 아동문학과 청소년 문학이라는 새로운 장르를 만들어 냈다. 캄페는 그 후에도 계속하여 어린이와 청소년을 위한 여행 기록, 모험 이야기, 소설을 펴냈다. 그리고 이러한 책들을 묶어서 '어린이 문고(Kinderblibliothek)'라는 이름의 시리즈를 만들었다.

캄페는 1784년에 『지리적 카드놀이』[35]를 썼다. 이 책은 어린이와 청소년이 독일 지도를 포함하여 300개의 지리 지식을 담은 카드로 놀이를 할 수 있는, 당시엔 독특하고 새로운 놀이 책으로 성탄절 선물용으로 만들었다. 1786년에는 『산업, 인구, 공공복지를 조장하는 잘못 알려져 있으며 사용하지 않고 있는 몇 가지 수단에 관하여』[36]라는 긴 제목의 책을 썼다. 이 책은 국민학

35) Geographisches Kartenspiel. Hamburg 1784.
36) Über einige verkannte, wenigstens ungenützte Mittel zur Beförderung der Industrie, der Bevölkerung und des öffentlichen Wohlstandes. 2 Fragmente. Wolfenbüttel 1786.

교에서 산업학교(Industrieschule)로의 학교의 변화, 철학과 관찰을 통한 인간의 심리 인식과 합리적 활용 방법, 애국단체의 설립, 여성교육에 관한 고찰, 모든 신분계층을 위한 공립 여학교 설립의 필요성 등을 다루었다. 1788년에는 『교육학적 관점에서 본 상벌에 관하여』[37]를 썼다. 상을 주고 체벌을 하는 오랜 교육의 관행을 이론적으로 천착한 책으로, 이 주제를 다룬 책으로서는 교육학의 역사에서 가장 먼저 나온 책 가운데 하나다. 그러고는 1789년에 『딸을 위한 아버지의 충고』[38]를 『테오프론』의 후편으로 썼다. 이 책은 당시에 다 큰 딸을 둔 부모에게 자녀교육의 길잡이가 된 책으로, 덴마크어, 프랑스어, 폴란드어, 러시아어, 네덜란드어 등으로 번역되었다.

캄페는 프랑스 혁명이 일어나자 1789년에 제자 훔볼트를 대동하고 혁명의 현장인 파리로 갔다. 거기서 그는 육 개월 정도 머물면서 혁명의 경과를 체험하고 편지를 썼다. 이 편지를 묶어 펴낸 책이 『1789년 7월에 브라운슈바이크에서 파리로의 여행』[39]이다. 캄페는 열렬한 프랑스 혁명 지지자였다. 그래서 그는 혁명시민의회로부터 명예시민증을 수여받았다. 외국인으로서 프랑스의 혁명의회에서 명예시민증을 수여받은 사람은 미국의 초대 대통령 조지 워싱턴을 비롯하여 스위스의 국민 스승 페스탈로치, 독일의 위대한 문호 쉴러, 괴테가 그 영혼 안에 하나님의 평화가 깃들어 있는 고결한 지성이라고 극찬한 클롭스톡, 계몽시대의

---

37) Über Behlohnungen und Strafen in pädagogischer Hinsicht. Braunschweig 1788.

38) Väterlicher Rath meiner Tochter. Braunschweig 1789.

39) Reise von Braunschweig nach Paris im Heumonat 1789. Braunschweig 1790.

유명한 시인 마티손(Matthisson) 등 8명에 불과하였다.

1790년에 캄페는 『착한 국민이 선한 영주에게 보내는 사랑의 기념비』[40]를 썼다. 이 책에서 그는 황태자와 공주가 브라운슈바이크를 방문한 것을 계기로 당시의 국민축제를 묘사하였다. 다음 해에 캄페는 『잘 도야된 청년을 위한 기독교적 종교 수업 개론』[41]을 썼다.

캄페는 앞에서 언급하였던 대로 『소년 로빈슨』으로 아동문학가로서의 능력을 과시하였으며, 이름을 날렸다. 1796년에는 『새로운 개구리 생쥐』,[42] 1801년에는 『작은 역사 그림책 또는 그림과 글로 된 일반 세계사』[43]라는 책을 썼다. 이 책은 18매의 동판화를 담고 있다. 1803년에 캄페는 『청소년의 보호에 대하여: 오늘날의 자녀방임 비판』[44]이라는 책을 썼다. 이 책은 3장으로 구성되었으며, 자녀를 엄격하게 양육하지 않은 죄와 청소년 보호의 중요성, 일탈한 청소년의 지도와 치료, 순결의 강조와 이를 범한 죄 등을 다루고 있다. 캄페는 여행기도 여러 권 썼다. 『영국과 프랑스 여행』과 『파리에서 브라운슈바이크로의 귀로』라는 상·하로 되어 있는 두 권의 여행기를 비롯하여, 『브라운슈바이

40) Denkmal der Liebe eines guten Volks zu seinen guten Fürsten, Braunschweig 1790.

41) Versuch eines Leitfadens beim christlichen Religionsunterrichte für die sorgfältiger gebildete Jugend. Braunschweig 1791.

42) Der neue Froschmäusler, Ein Heldengedicht in drei Büchern, Erstes Buch. Köln 1796.

43) Historisches Bilderbüchlein oder die allgemeine Weltgeschichte in Bildern und Versen, Mit 18 Kupfern. Braunschweig 1801.

44) Von Verwahrung der Jugend, wider die Unzuchtsünden für die jetzige Zeiten eingerichtet. Wirzburg 1803.

크에서 칼스바드로 그리고 뵈멘 지방으로의 여행』을 썼다.[45)]

3) 독일어의 순수화와 독일어화 및 그림 아베체

캄페는 독일어의 순수화에도 관심이 많았다. 그는 1791년에 「독일어의 어휘 증가에 대한 몇 가지 시도」[46)]라는 논문을 썼다. 캄페는 이 글을 증보하여 다음 해에 '독일어의 어휘 증가에 대한 두 번째 시도 또는 첫 판의 최신 확대 증보판'[47)]을 썼다. 캄페의 국어에 대한 관심은 계속되었다. 그리하여 그는 1794년에 『독일어의 순수화와 어휘 증가에 관하여』[48)]라는 책을 저술하였다. 그는 세 번째로 시도한 이 국어 연구서로 베를린의 프러시아왕립지식인협회에서 학술상을 받았다. 이 책은 262쪽의 이론 부분과 352쪽의 연습 부분으로 구성되어 있다. 같은 해에 그는 이 책의 보완판으로 『독일어의 순수화와 어휘 증가로 수상한 책의 연습 부분에 대한 보완과 수정』[49)]이라는 232쪽의 책을 저술

45) Reise durch England und Frankreich in Briefen an einen jungen Freund in Deutschland. Braunschweig 1803; Rückreise von Paris nach Braunschweig, Ein Nachtrag zu der Reise durch England und Frankreich. Braunschweig 1804; Reise von Braunschweig nach Karlsbad und durch Böhmen, in briefen von Eduard und Karl. Braunschweig 1806.

46) Proben einiger Versuche von teutscher Sprachbereicherung. Braunschweig 1791.

47) Zweiter Versuch deutscher Sprachbereicherungen oder neue starkvermehrte Ausgabe des ersten. Braunschweig 1792. 1791년도의 첫 판은 40쪽에 불과하였으나, 둘째 판은 119쪽으로 증가하였다.

48) Über die Reinigung und Bereicherung der Deutschen Sprache. Braunschweig 1794.

49) Nachtrag und Berichtigungen zum ausübenden Teile der Preisschrift über die Reinigung und Bereicherung der deutschen Sprache. Braunschweig 1794.

하였다. 또한 1804년에는 『우리의 언어 교습에 속하는 조어의 정확한 규정과 독일어화의 시도』[50]를 저술하였다.

캄페는 어휘 증가에 관심이 많았다. 당시의 독일어 가운데서 약 30%의 어휘가 외래어였는데, 캄페는 외래어를 골라내고 독일어로 새로운 단어를 만들어 대치하는 작업을 오랜 세월 진행하였다. 요즘 세계적으로 널리 알려진 배낭이라는 독일어 뤽삭(Rücksack)도 캄페가 만든 조어다. 1801년에 캄페는 오랜 작업의 첫 작품을 『우리의 언어에 스며든 외래어 표현의 설명과 독일어화 사전』[51]이라는 긴 제목으로 펴냈다. 캄페는 이 사전을 『독일어 사전』[52]이라는 이름으로 1807년에 다시 펴내기 시작하여 1811년에 5권으로 완성하였다.

캄페가 쓴 숱한 저술 가운데서 오늘날까지 주목받고 있으며, 출판이 계속되는 책 가운데 초등학교 일학년 학생을 위한 국어 교재가 있다. 캄페는 1807년에 『새로운 아베체와 읽기 독본』[53]

---

50) Versuch einer genauern Bestimmung und Verdeutschung der für unsere Sprachlehre gehörigen Kunstwörter. Braunschweig 1804.

51) Wörterbuch zur Erklärung und Verdeutschung der unsrer Sprache aufgedrungenen fremden Ausdrücke. Ein Ergänzungsband zu Adelung's Wörterbüchern, In Zwei Bänden, Braunschweig 1801. Neue, stark verm. und durchgängig verb. Ausgabe, Braunschweig 1813. 이 사전의 제1권에는 70쪽에 달하는 캄페의 「독일어화의 원리, 규칙, 한계」라는 글이 실려 있다. 이 글은 베를린 왕립학술원의 학술상을 받았다.

52) Wörterbuch der deutschen Sprache, Veranstalter und hrsg, von Campe, 5 Theile. Braunschweig 1807-1811. 1.T.: A-E. 1807. 1023 S.; 2.T.: F-K. 1808. 1118 S.; 3. T.: L-R. 1809. 908 S.; 4.T.: S-T. 1810. 944 S.; 5.T.: U-Z. 1811. 977 S.

53) Neues Abeze- und Lesebuch, Mit vielen schönen Bildern. Braunschweig 1807. 독일의 국어 교재 역사에서 기념비적인 교재 중 하나인 이 책은

을 썼다. 이 책은 독일어의 아베체(ABC)를 교훈적인 짧은 대화와 그림을 통하여 어린이가 재미있게 배울 수 있도록 구성되었으며, 국어의 기초적 수업을 위한 다양한 이론을 함께 다루었다. 이 책은 쉽고 재미있게 읽기를 배우기 위한 일반 원리와 법칙, 읽기 수업의 경험, 할아버지와 카알의 대화, 23개 우화로 짜인 그림 아베체와 초보적 읽기 연습, 철자 연습을 위한 철자 표, 라틴어 문자로 된 읽기 연습, 초보적 읽기 연습을 끝낸 어린이를 위한 중급 읽기 연습과 이를 위한 철자 표, 고급 읽기 연습, 구별 기호, 하나님, 영혼, 관습, 도덕 같은 개념을 단순하고 재미있게 알게 하는 어머니와 여섯 살 난 딸 사이의 대화, 그리고 책 말미에 덧붙인 서평, 풍케(C. Ph. Funke)의 「자연사와 기술공학에 대하여」 등의 내용을 담고 있다. 학교에 입학한 일 학년생에게 국어의 철자와 기초적 읽기를 가르치기 위한 교재인 『그림 아베체』의 예를 들어 보면, 독일어의 첫 철자인 '아(A)'를 다루는 쪽에는 농부와 원숭이(Affe)의 그림이 철자 '아(A)'의 그림과 함께 실려 있고, 그 옆쪽에 다음과 같은 재미있고 유익한 대화가 실려 있다.

농부와 원숭이(단원의 제목)

농 부: 원숭아, 왜 그렇게 나를 째려보니?
원숭이: 그렇지 친구야, 너는 농부지?

1975년에 인젤 출판사에서 다시 출판되었다. J. H. Campe, Bilder ABEZE, Mit 23 Fabeln und illuminierten Kupfern. Hrsg. von Dietrich Leube, Frankfurt: Insel 1975.

농　부: 그래. 그런데 너는 누구냐?
원숭이: 나는 원숭이고 달콤한 신사야.
농　부: 말만 잘하네, 읍내에서 잔치가 있었니?
원숭이: 원숭이와 멋진 사람들에겐 매일매일이 잔칫날이지!
농　부: 좋아, 좋아, 나는 내가 농부인 걸 감사해.

캄페는 당대에 꽤 알려진 시인이기도 하였다. 그의 시는 계몽기의 물결을 타고 시대를 주름잡았던 숱한 잡지에 실렸다.[54)] '어느 브라운슈바이크 시민의 느낌' '추수' '근심, 베르테르가 롯테에게' '롯테가 베르테르의 무덤에서' '어느 고독한 인간의 벗의 저녁 노래' '어느 고독한 인간의 벗의 아침 노래' '보라매와 수탉' '유사성과 상이성' '렛씽의 죽음에 붙여서' '칼렌더의 홍수' '보나파르트가 자신의 초상을 동전에 각인하려 할 때에' '보나파르트가 프랑스 왕조의 보석들로 화려하게 꾸밀 때에' '루소에게' '바제도우의 그늘에서' '새해 첫날에' '농부를 찬양한다' '술주정뱅이의 저녁 노래' '히벡의 새 집 준공에 붙여서' '에다의 결혼식에' '나의 초상 뒤에서' '모세 멘델스존은 유대인이기 때문에 베를린 학술원의 회원이 될 수 없다?' 등이 그가 쓴 시들로, 우리는 시 제목에서 그가 시대를 비판적으로 직시하며 시작(詩作)한 것을 알 수 있다.

---

54) 캄페의 시가 실렸던 잡지들은 다음과 같다. 「Der Teutsche Merkur」, 「Musen Almanach」, 「Deutsches Museum」, 「Hamburgische Adresse-Comtoir-Nachrichten」, 「Beiträge zur weitern Ausbildung der deutschen Sprache」.

4) 잡지의 발행과 도서의 출판

캄페는 당시에 계몽정신을 주도한 지식인들의 기관지 역할을 한 잡지, 『철학적 · 어문학적 · 교육학적 내용의 브라운슈바이크 저널』[55]이라는 긴 제목을 가진(짧게는 『브라운슈바이크 저널』) 잡지를 박애주의 사상의 동지들과 함께 창간하고 편집하였다. 1788년에 창간된 이 잡지는 정치적 탄압으로 1791년에 슐레스비히로 옮겨서 발행되다가 1793년에 폐간되었다. 캄페는 이 잡지에 한두 쪽짜리 작은 글을 제외하고 논문만 61편이나 기고하였다.[56] 그가 이 잡지에 실은 글은 정치적 논쟁, 서평, 인물평, 경쟁 잡지 비판, 어린이 교육 · 청소년 견신례 교육 · 테오프론, 학교 백과사전의 계획 · 구상 · 내용 · 원리 · 출판에 관한 글, 학제 개혁, 신앙의 자유 · 필연성 · 의무, 라틴어 교육에 관한 라이프니츠, 로크, 몽테뉴 등의 주장에 맞선 글, 프랑스 혁명에 관하여 5회에 걸쳐 기고한 파리로부터의 편지, 독일어의 조어와 순수화에 관한 글 등이었다.

캄페는 바제도우와 함께 『교육학 논의』[57]도 발행하였다. 이 잡지는 '교사와 독자를 위한 박애주의 저널'이라는 부제가 말해주듯 교사와 교육에 관심을 갖고 있는 시민에게 박애주의 교육

---

55) Braunschweigisches Journal philosophischen, philologischen und pädagogischen Inhalts. Hrsg. von E. Chr. Trapp, Joh. Stuve, Conr. Heusinger und J. H. Campe, 1788~1793.

56) 저자가 1976년에 볼펜뷔텔 도서관 Archiv에서 두 달간 머물면서 조사한 내용임.

57) Pädagogische Unterhandlungen, Philanthropisches Journal für die Erzieher und das Publikum. Hrsg. von Basedow und Campe, Dessau. 1777~1784.

의 사상, 이론, 실천을 계몽하기 위하여 발행되었다. 캄페는 이 잡지에도 많은 글을 기고하였는데, 주요 내용은 박애주의 학교의 목적, 데사우 박애주의 학교의 형편, 어린이 도덕교육, 어린이 철학의 시도, 어린이 신문, 조기교육과 지식주입교육이 어린이에게 미치는 악영향, 신생아와 유아 시기의 교육, 명예심과 경쟁심을 교육수단으로 사용하는 문제, 청소년 문학 전집 발행 계획, 어느 아버지가 세 살짜리 자녀와 나눈 대화의 사실적 기록 등이었다. 이 내용을 개관하면 캄페가 당시에 일반적인 교육관을 초월하는 대단히 앞선 교육관의 소유자였다는 사실을 확인할 수 있다. 특히 어린이 신문과 청소년 문학 전집의 발행이라든가, 어린이 철학이라는 새로운 개념을 시도한 것, 조기교육과 주입교육에 대한 비판, 탄생 후 2년 동안의 유아교육 등은 박애주의 교육사상의 정립과 학교 설립에 버금가는 교육사적 의미가 있는 시도다.

캄페는 14권으로 된 『작은 어린이 문고』[58]를 1779년부터

58) Kleine Kinderbibliothek, 14 Bändchen. Hamburg 1779~1790. 첫해인 1779년도에 『Hamburgischer Kinderalmanach auf das Jahr 1779, oder Weynachtsgeschenk fuer Kinder, in angenehmen und lehrreichen Unterhaltungen, die ihrer Faehigkeit angemessen sind』란 긴 이름으로 함부르크에서 발행되었다. 같은 이름으로 1780년엔 3권으로, 1781년엔 5권으로, 1782년엔 7권으로, 1783년엔 9권으로, 1785년엔 12권으로 발행되었다. 어린이문고에 캄페를 비롯하여 Gottfried August Buerger(1747~1794), Gottlob Wilhelm Burmann(1737~1805), Matthias Claudius(1740~1815), Christian Fuerchtegott Gellert(1715~1769), Johann W. L. Gleim(1719~1803), Leopold F. G. von Goeckingk(1748~ 1828), Friedrich Hagedorn(1708~1754), Lurwig Hoelty(1748~1776), Anna Luise Karschin(1772~1791), Ewald von Kleist(1715~1759), Heinrich M.

1790년까지 발행하였다. 이 책은 일 년에 서너 권씩 '어린이 연감'이라는 이름으로 발행하였는데, 문고는 시, 우화, 이야기, 연극 등으로 구성되었다. 캄페는 문고의 많은 내용을 직접 썼다. 문고의 필자들은 대단히 다양하였는데, 페스탈로치, 루돌피(Karoline Rudolphi), 클라우디우스(Matthias Claudius) 같은 당대의 저명한 지성인들도 참여했다. 어린이 문고는 프랑스어, 폴란드어, 러시아어, 덴마크어 등으로 번역되었고, 특히 프랑스어 번역은 여러 번 중판되었으며, 당시에 가장 많이 읽히는 어린이 도서로 자리 잡았다.

캄페는 이렇게 어린이와 청소년을 독자로 한 다양한 책을 발행하여 그들에게 문학을 매개해 주고 모험심과 꿈을 심어 주었다. 또한 12권으로 구성된 『청소년을 위한 흥미 있고 간결한 여행 기록의 모음』[59)]을 1785년부터 시작하여 1793년까지 발행하

Muehlpfort(1639~1681), Karoline Rudolphi(1750~1811), Karl Schall(1780~1833) 같은 시인들, August Ludwig Schloezer(1735~1809) 같은 사학자, Christian Adolf Overbeck(1755~1821) 같은 서정시인, 그리고 Johann Heinrich Pestalozzi(1746~1827) 같은 교육자가 저자로 참여하였다. 이를 통하여 우리는 동시대의 대표적 시인, 교육자, 작가들이 어린이를 독자로 한 책의 발행에 앞장섰음을 알 수 있다.

59) Sammlung interessanter und durchgängig zweckmäßig abgefaßter Reisebeschreibungen für die Jugend. 12 Teile. Hamburg 1785~1793. 이 전집은 'Erste Sammlung merkwuerdiger Reisebeschreibungen fuer die Jugend'라는 제목으로도 발행되었다. 후에 Kleine Kinderbibliothek의 13권에서 24권으로 편집되었다. 문고의 내용은 다음과 같다. 1, Jakob Heemskerk's und Wilhelm Barens' noerdliche Entdeckungsreise und merkwuerdige Schicksale. 2, Merkwuerdige Abenteuer vier Russischer Bootsmaenner auf Spitzbergen. 3, Vosko de Gama's Reise nach Ostindier. 4, Traurige Schicksale der Frau Godin Desodonais. 5, Bonteku's Abenteuer auf einer Reise von Holland nach Ostindien. 이상의 5권이 제

였다. 이 모음집에는 북극 탐험, 바스코 다 가마의 동인도 여행, 고딘 여사의 비극적 아마존 탐험, 캄페의 스위스 여행과 파리로부터의 프랑스 혁명 관찰기, 영국인 선장 사무엘 왈리의 세계일주 여행, 카버의 북아메리카 내륙 탐험, 쿡 선장의 세계일주 여행, 브라이돈의 시칠리아와 몰타 여행, 아프리카 내륙 여행, 레세프스의 캄보디아와 시베리아 여행 등이 담겨 있다. 이 여행전집은 대단한 관심을 불러일으켜서 홀랜드어, 영어, 프랑스어, 이탈리아어, 스웨덴어, 스페인어 등으로 번역되었다.

캄페의 동지 트랍은 캄페의 후광을 안고 일종의 캄페 여행전집의 속편 형식으로 『청소년을 위한 캄페 여행기 속편』이라는 제목으로 1794년에서 1801년까지 6권의 여행기를 펴냈다.[60] 이

1부를 구성하고 있다. 제2부, Reise des Campes von Hamburg bis in die Schweiz im Jahr 1785. 제3부, 1, Beschreibung einer Reise um die Erdkugel, angestellt von dem Engliscchen Commodore Byron im Jahr 1764, und vollendet im Jahr 1766. 2, Beschreibungen einer Reise um die Erdkugel, von dem Britischen Schiffsfuehrer Samuel Walli, i.d.J. 1766 und vollendet i.J. 1768. 3, Beschreibungen einer Reise um die Erdkugel, von dem Britischen Schiffshauptmann Philipp Carteret i.J. 1766 und vollendet i.J. 1769. 제4부, Das Anziehendste und Merkwuerdigste aus Johann Carver's Reisen durch die inneren Gegenden von Nordamerika. 제5부와 제6부, Beschreibung einer Reise um die Erdkugel, angestellt von dem Englischen Schiffshauptmann Cook und den beiden Gelehrten Banks und Solander in den Jahren 1768~1771. 제7부, P. Brydone's Reise durch Sicilien und Malta, I. J. 1770. 제8부, Campes Reise von Braunschweig nach Paris, im Heumonat 1789. 제9부, Kapitaen Wilson's Schiffbruch bei den Pelju-Inseln. 제10부와 11부, Le Vaillant's Reise in das Innere von Afrika, vom Vorgebirge der guten Hoffnung aus, in den jahren 1780~1785. 제12부, Herrn von Lesseps Reise durch Kamtschatka und Sibirien, im J. 1788.

책들은 영국과 프랑스의 탐험가들이 북아메리카와 아프리카 내륙을 탐험한 기록을 담고 있다. 캄페도 여행기를 계속하여 발행하였다. 그는 1802년에서 1806년까지 7권으로 된 『청소년을 위한 재미있는 여행 기록의 새로운 모음』[61]을 발행하였다. 1832년

---

60) Fortsetzung der Campischen Reisebeschreibungen für die Jugend, Von E. C. Trapp. 6 Teile. Braunschweig 1794~1801. 1권과 2권, Reise des Grafen von Benjowsky aus dem Englischen von neuem frei uebersetzt und abgekuerzt. 3권과 4권, Neue Reise in die vereinten Staaten von Nordamerika, gemacht im Jahr 1788 von der franzoesischen Buerger J. P. Brissot de Warville. 5권과 6권, François Vaillants zweite Reise ins Innere von Afrika, A. d. Franzoesischen von neuem frei uebersetzt und abgekuerzt.

61) Neue Sammlung merkwürdiger Reisebeschreibungen für die Jugend. 7 Teile. Braunschweig 1802~1806. 1권, 1, Geschichte eines Schiffbruchs an der Kueste von Urrakan in Ostindien, nach dem Bericht eines jungen Englaenders, des Schiffslieutenants W. Mackay. 2, Geschichte des Schiffsbruchs und der ungluecklichen Gefangenschaft einer jungen Graefinn von Burke, im Jahre 1719. 3, Schreiben aus Algier, von einem der ehemaligen pflegesoehne des Herausgebers (Anton Gottlieb Boehl, 저자의 보완), nebst einer kurzen Karakterschilderrung desselben. 4, Samuel Turner's Gefangenschaftsreise an den Hof des Teschu Rama in Tibet. 2권, 1, Fortsetzung und Beschluss von Samuel Turner's Gefangenschaftsreise. 2, Reise eines Deutschen nach dem See Oneida in Nordamerika. 3권, 1, Geschichte eines Schiffbruchs, welchen der Englische Faehnrich Prentjes in dem Nordamerikanischen Meerbusen St. Laurenz im jahre 1780 litt. 2, Hugh Boyd's Gesandschaftsreise nach Kandi auf Zeilon. 3, Reise in das Land der Kaffern. Ein Kurzer Auszug aus J. Barrow's Reisen durch das Innere des suedlichen Afrika. 4권과 5권, Reise durch England und Frankreich, in Briefen an einen jungen Freund in Deutschaland, vom Herausgeber. 6권, 1, Rueckreise von Paris nach Braunschweig (von Campe). 2, Reise in das Land der Buschmaenner. Ein Auszug aus J. Barrow's Reisen durch das Innere des suedlichen Afrika. 7권, Reise von Braunschweig nach Karlsbad und durch

에서 1847년까지 발행된 제6판에 실려 있는 내용을 보면, 이 여행 전집에는 젊은 영국 선원 맥케이의 동인도 해안 표류기, 뵐의 알제리 여행기, 티베트의 테슈 라마에서의 사무엘 터너의 포로 생활기, 성 로렌츠의 북아메리카 해안 표류기, 남아프리카 여행기 등 주로 당시의 눈으로 볼 때에 새로운 세계에 속하는 지역에서의 탐험 · 표류 · 모험 등을 담고 있다. 이 시대는 세계를 발견하고 탐험하며 정복하는 시대였다. 우리는 이러한 여행기가 청소년에게 세계를 모험하는 꿈을 얼마나 강하게 심어 주었는지 충분히 짐작할 수 있다. 캄페는 여행기를 계속하여 펴냈다. 1794년에서 1797년까지 그는 『청소년을 위하여 재미있고 합목적적으로 요약한 여행 기록의 새로운 모음』[62]을 새롭게 펴냈다. 앞에서 언급한 캄페의 세 종류 여행기는 동질적인 여행기록의 모음들로, 연속선상에 있다. 캄페는 이 세 종류의 여행기 모음들과는 다른 여행기를 '재미있고 합목적으로 요약한'이라는 수식어를 달아서 따로 펴냈다. 이 책은 아프리카와 아시아와 일본의 여행을 담고 있다. 특히 일본 여행기를 따로 묶어 제2권으로 펴냈다.

1809년 캄페는 그동안 쓰고 발행한 어린이와 청소년을 위한

Boehmen, in Briefen von Eduard und Karl.

62) Neue Sammlung interessanter und zweckmäßig abgefaßter Reisebeschreibungen für die Jugend. In 5 Theilen. Tübingen 1794~1797. 1권, Thunbergs bekannte Reise durch einen Theil von Europa, Afrika und Asien, hauptsaechlich in Japan. 2권, Die Fortsetzung der Thunbergischen Reise nach Japan. 4권, Ansons Reise um die Welt, gedraengt ausgezogen, und da, wo es noethig war, mit Erleuterungen aus der neuern Geographie und Statistik vermerkt.

[그림 4-4] 함부르크의 함머 공원에 있는 캄페 기념비

책들을 모두 묶어 30권으로 된 『어린이와 청소년 문학전집』[63]으

63) Sämtliche Kinder und Jugendschriften, 30 Bände, Braunschweig, 1807-1809. 37 Bände. Braunschweig 1829~1830. 제4판, 39 Bände. Braunschweig 1831~36. 각 권의 내용은 다음과 같다. 1, Neues Abeze- und Lesebuch 2~7, Kleine Kinderbibliothek. 8, Seelenlehre fuer Kinder. 9, Sittenbuechlein fuer Kinder. 10~11, Robinson der Juengere. 12~14, Entdeckung von Amerika. 15, Geschichtliches Bilderbuechlein oder die aelteste Weltgeschichte in Bildern und Versen. 16, Klugheitslehren fuer Juenlinge. 17~28, Erste Sammlung merkwuerdiger Reisebeschreibungen. 29~35, Neue Sammlung merkwuerdiger Reisebeschreibungen. 36, Vaeterlicher Rath fuer meine Tochter. 37, Theophron oder der erfahrne Rathgeber fuer die unerfahrne Jugend. 38~39, Neueste Sammlung merkwuerdiger Reisebeschreibungen, fortgesetzt von Dr. K. H. Hermes.

로 펴냈다. 이 전집은 중판을 거듭하였으며, 1831년에서 1836년까지 펴낸 제4판은 39권으로 늘어났다. 전집의 구성은 다음과 같다.

1권 『새로운 아베체와 읽기 독본』, 2권에서 7권까지 『작은 어린이 문고』, 8권 『어린이를 위한 심리학』, 9권 『어린이를 위한 풍속』, 10권과 11권 『소년 로빈슨』, 12권에서 14권까지 『아메리카의 발견』, 15권 『그림과 글로 된 가장 오래된 세계사』, 16권 『젊은이를 위한 지혜의 글』, 17권에서 28권까지 『재미있는 여행 기록의 첫 모음』, 29권에서 35권까지 『재미있는 여행 기록의 새로운 모음』, 36권 『내 딸을 위한 아버지의 충고』, 37권 『테오프론』, 38권과 39권 『재미있는 여행 기록의 최신 모음』. 마지막 두 권은 캄페 사후에 헤르메스(K. H. Hermes)에 의하여 1836년에 추가된 것이다.

5) 『학교와 교육제도의 전반적 재검토』

캄페는 박애주의 교육사상으로 당시의 학교교육을 개혁하는 운동을 벌이면서 그때까지 교육계를 지배해 온 교육에 관한 일반적인 이론과 방법을 전부 다시 검토하고 새롭게 개념 정립을 시도한 『학교와 교육제도의 전반적 재검토』(이하 『재검토』)[64]를 펴냈다. 이 전집은 16권으로 구성된, 세계에서 최초로 출판된 교육백과사전이다. 어떤 국가도 이러한 전집을 그때까지 시도하지 못하였다. 이 전집은 독일 민족의 교육학 전통에 새로운 왕

64) Allgemeine Revision des gesammten Schul- und Erziehungswesens von einer Gesellschaft praktischer Erzieher. 16 Teile. Hamburg 1785~1792.

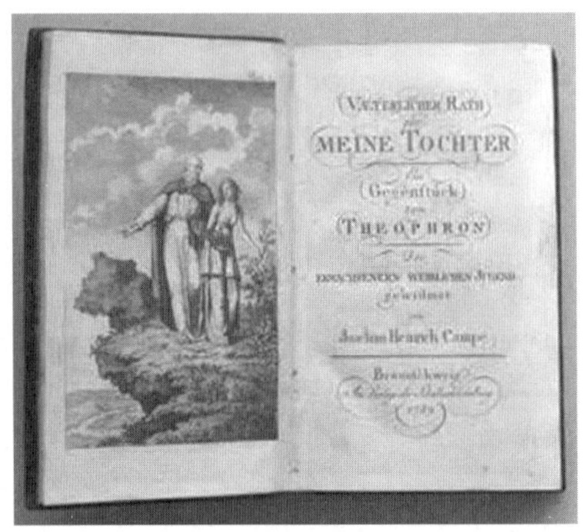

[그림 4-5] 캄페의 『내 딸을 위한 아버지의 충고』

관을 씌워 준 책이었다.[65] 『재검토』를 통해 우리는 교육학 이해의 수준과 관심 영역을 알 수 있다.

우리는 『재검토』에서 박애주의 교육의 이념과 목적을 잘 확인할 수 있다. 박애주의는 사회문화적 맥락 안에 있는 역사적이요, 윤리적인 존재로서의 인간 개인에서 출발한다. 그래서 임신과 출산에서 시작하여 신생아, 영·유아, 아동·청소년의 발달 시기에 따른 심리이해와 교육방법에 관한 지식을 두루 다시 검토하고 새롭게 제시하였다. 그러나 이러한 박애주의는 개인으로부터의 출발이 언제나 동시에 개인이 구성원으로 속하여 있는 사회와 국가에 대한 동등한 관심에 의하여 동반되고 있어야 함을

65) Ulrich Herrmann, Die Pädagogik der Philathrophen. In: Hans Scheuerl(Hg.), Klassiker der Pädagogik I. München 1979, S. 135-158, hier S. 147.

강조하고 있다. 사회와 국가가 있기 때문에 개인이 그 안으로 태어나고 성장하며 '나 자신의 삶'을 꾸려 갈 수 있다. 나의 주관적 삶의 행복은 사회와 국가의 객관적 삶의 질에 의하여 결정된다. 그러므로 사회적으로 유용한 시민으로 성장하지 않고 개인적으로 행복한 생활인이 되고자 한다면, 이는 옳지 않은 것이다. 공익성과 지복성의 균형과 조화를 꾀하여야 한다. 그래서 박애주의는 개인의 자아실현이 곧 사회의 공익성으로 조화롭게 확인될 수 있는 교육의 길을 다룬, 제3권에 있는 빌롬의 논문을 필두로, 인격교육, 도덕교육, 종교교육을 '재검토'하였다.

중세 후기부터 18세기까지 교육의 주제들은 수업론, 학교론, 상벌론이었다. 박애주의는 『재검토』에서 이에 관해 많은 지면을 할애한다. 이와 함께 그 시대의 교육고전으로 높이 평가받고 있었던 로크의 『교육론』과 루소의 『에밀』을 자세한 각주를 달아서 소개하였다. 이러한 작업을 통해 박애주의는 교육의 이론적 기초를 바르게 다지는 일을 하였다.

『재검토』는 박애주의 학교교육의 특징을 이루고 있는 체육을 다루었다. 체육은 박애주의 교육사상가들에게는 사회에 유용한 시민의 양성이라는 특수한 목적과 행복한 삶을 사는 인간의 도야라는 보편적 목적을 성공적으로 성취하기 위하여 요청되는 지극히 본질적이요, 기초적인 수단이다. 인식의 능력도 체육을 통하여 강화된다. 이렇게 중요한 영역을 학교교육에서는 전혀 다루지 않고 있었다. 박애주의 교육사상가들은 이를 직시하고 정규 교과목으로 체육을 설정하였을 뿐만 아니라, 체육론을 의도적으로 시도하여 체육의 이론적 기초를 다졌다.

6) 나무를 심는 사람

캄페는 노년에도 젊은이들의 도움을 받아 서적을 편찬하고 출판하기를 멈추지 않았다. 76세의 고령이었던 1812년에도 그는 『학교교육용 고대 지구 지리 지도책』[66]이라는 새로운 교재를 펴냈다. 1809년 캄페는 헬름스테트 대학교에서 명예신학박사 학위를 받았다.

캄페는 바제도우가 데사우에서 실패한 후에 자타가 공인하는 박애주의 학교교육운동의 대표 인물이 되었다. 브라운슈바이크-뤼네부르크의 영주인 페르디난드 공작(Herzog Carl Wilhelm Ferdinand)은 캄페에게 자신의 영토에서 박애주의 학교교육이론에 기초하여 교육제도를 전반적으로 개혁하라는 주문을 하였다. 그는 이 작업을 수행하기 위하여 1786년에 볼펜뷔텔로 이사하였다. 거기서 캄페는 호이징거(Konrad Heusinger), 스투베(Johann Stuve), 트랍(Ernst Christian Trapp) 같은 박애주의 교육학자들과 함께 '학교지도위원회(Schuldirektorium)'를 구성하고 의장이 되었다. 그러나 개혁은 언제나 그 시대의 보수세력의 집중적인 도전을 받게 마련이다. 영주의 주문을 받들어 주도한 개혁임에도 캄페의 개혁 시도는 교회의 지도층과 사회의 신분계층의 강력한 저항에 부딪혀서 좌초되고 말았다. 다만, 영주가 직접 관장하는 홀츠민덴의 수도원 학교만이 예외적으로 개혁 프로그램에 따라서 재구성될 수 있었다. 그리고 학교지도위원회는 해체되었다. 스투베와 호이징거는 다른 학교의 교사가 되었으며, 트랍은 한

---

66) Schul-Atlas für die alte Erdbeschreibung, Zur allgemeinen Schul-encyclopädie gehörig. Braunschweig 1812.

교육기관의 장이면서 동시에 자유로운 교육집필가로 독립하였다. 캄페는 볼펜뷔텔에서 1786년에 설립한 학교 서점을 브라운슈바이크 고아원의 인쇄소와 합쳐서 '브라운슈바이크 학교서점'으로 개명하고, 주인이 되었다. 그러나 곧 캄페는 서점을 사위 휘이벡(Hans Friedrich Vieweg)에게 넘겨 주었다. 이 휘이벡은 후에 캄페의 학교 서점을 휘이벡 출판사로 개명하고 권위 있는 출판사로 발전시켰으며 많은 책을 출판하였다. 캄페는 지치지 않고 정치적 글을 썼으며, 월간지 『브라운슈바이크 저널』을 편집하였다. 캄페는 1818년에 브라운슈바이크에서 완전히 세인에게 잊힌 가운데 사망하였다.

캄페는 죽기 전에 그는 스스로 묘비명을 만들었다.

'여기에 노동과 노력으로 가득 찬 생애를 마친, 처음부터 나무를 심는 사람(植木者) 요아킴 하인리히 캄페가 누워 있다. 그는 언제나 한결같은 통찰과 행복으로, 언제나 한결같은 열정과 신념으로 숲과 뜰에 나무를, 언어에 단어를, 젊은이의 마음에 덕을 심었다. 방랑하는 이여, 그대는 그의 나무 아래서 쉬고 있다. 그러므로 가라. 그리고 같은 일을 하라.'[67]

캄페는 '자유, 평등, 국어의 순화를 위하여 투쟁한 전사(戰士)'[68]였다. 그러나 시대는 그를 알아주지 않았다. 그의 묘비에 각인된 글이 오늘날에도 그를 기억하는 사람들의 마음을 안타깝게 하고 있다. '운명은 자연이 창조한 위대한 정신의 이 드문 역사(役事)를 거부하였다.'[69]

---

67) Wilhelm Rauls, Deensen, Ein Dorf vor dem Solling im Wandel der Zeiten. Holzminden: Weserland 1967, S. 134.

68) a.a.O., S. 127.

캄페는 루소에게 주로 영향을 받았다. 그의 교육사상에서도 이는 잘 드러난다. “어린이가 자신의 능력과 관심을 계발할 수 있도록 어린이에게 시간을 주어라. 결코 인위적으로 조작하거나 지나치게 강조하거나 일방적으로 치우치거나 비뚤어진 그림을 제시하지 마라. 그럴 경우에 어린이의 체험과 행동은 이에 대단히 민감하게 영향을 받는다. 그리하여 잘못된 교육의 결과를 초래하기는 대단히 쉽다.”

캄페는 『재검토』 제3권에 수록한 글, ‘인간의 능력을 균형 있게 개발하기 위하여 필요한 배려’[70]에서 이렇게 강조하였다. 우리는 우리가 알고 있는 수천 가지 교육학적 기예를 가지고 저 놀라운 피조물인 어린이들을 훈련시키고, 그들이 배운 바를 재연하는 것을 어른들이 보고 박수갈채를 보낼 때까지 이리저리 끌고 다닌다. 어린이는 고유한 내적 탐구심에 따라서 학습하고 환경을 탐구할 수 있어야 한다. 어린이는 자발적이고 자행적으로 자신의 내적 · 정신적 · 영적 잠재 능력을 다면적으로 개발할 수 있어야 한다. “여러분, 교육에 너무나 중요한 이 진리에 귀를 기울이시오. 자발성만이 어린이의 정신적이고 신체적인 잠재 능력을 시험하고, 강화하며, 계발합니다.”[71] 여기서 캄페는 건강한 이성(理性)과 자연스러운 이해 능력을 교육의 본질 바탕으로 강조하고 있다.

캄페는 어린이는 자신의 힘으로 생활에 필요한 지식과 기술을

---

69) a.a.O., S. 139.

70) Von der nöthigen Sorge für die Erhaltung des Gleichgewichts unter den menschlichen Kräften. 1785.

71) U. Herrmann, ibid., S. 148.

습득하고 있다는 사실에 주목한다. 어린이는 감각적 욕구충족 능력과 감각적 인식 능력의 균형을 스스로 유지하고 있다. 어린이는 그가 알지 못하는 것을 원하지 않는다. 그가 자신의 힘으로 도달할 수 없는 것을 원하지 않는다. 어린이는 자신의 능력에 따라서 무엇인가 원하고 꾀하며, 실제로 사용할 수 있는 대상을 소유하려고 한다. 이러한 어린이는 자연의 작품이다. 그래서 근대교육학을 연구하는 학자들은 캄페를 독일의 루소라고 평가하고 있다.[72]

교육의 최고 원리는 아동의 발달 단계적 특성에 따르는 교육, 캄페의 표현을 빌리면, 합아동성(Kindgemäßheit)의 원리다. 이 원리는 성장하는 어린이를 자신의 고유한 개성으로서의 자아정체성을 이루어 내도록 도와주는 교육, 자신의 실존의 한가운데서 삶을 살아갈 수 있는 능력을 갖도록 도와주는 교육을 의미한다. 오직 자기 자신과 일치하는 삶을 사는 어린이만이 성장하여 행복하고 유용한 시민이 될 수 있다. 따라서 청소년기의 중핵 과제는 성장한 후에 시민의식과 비판 능력을 겸비한 개성으로 그들을 도야하는 일이다. 캄페는 루소와 마찬가지로 사춘기를 인생기의 특별한 발달 단계로 파악하고, 이 단계를 어린이로서의 생활과 어른으로서의 생활의 중간 단계요, 책임 있는 생활로 들어가는 단계인 모라토리움(Moratorium)의 단계라고 하였다. 이러한 문제를 캄페는 남녀 청소년에게 주는 성숙한 어른의 충고 형식으로 쓴 두 권의 저서에서 다루었다.[73] 이 글에서 캄페는 가정의 행복과 지역사회의 복지를 위한 전제조건으로, 부지런하

72) U. Herrmann, ibid., S. 149.

73) Theophron. 1783; Väterlicher Rath für meine Tochter. 1789.

고 준법정신이 투철하며 성공적인 사업가, 솜씨 있고 합리적으로 가사를 꾸려 가는 이해성 있는 부인이요 자애로운 어머니, 함께 세심하게 가꾸어 가는 가정의 단란한 분위기, 바른 어린이 교육을 꼽았다. 그래서 사람들은 캄페를 독일의 신분계층을 위한 시민교육의 고전적 모델을 정리하고 대변한 사람으로 평가하고 있다.

신분계층의 시민이라는 사실은 그러나 당시 근대화와 개혁에 참여하며 시민의 자유와 평등에 공감하는 사람이라는 말이었다. 캄페도 예외가 아니었다. 뿐만 아니라 그는 그러한 시민상을 말과 글과 행동으로 강조하였다. 신앙 문제에 대한 관용, 사상과 언론의 자유 등은 성취하여야 할 시민사회의 절대 조건이었다. 캄페는 트랍, 스투베, 호이징거와 함께 1788년에 『철학적 · 어문학적 · 교육학적 내용의 브라운슈바이크 저널』[74]이라는 월간지를 발행하여, 이러한 시민사회 실현을 위한 사상적 기관지로 키웠다. 이 잡지에 트랍은 캄페가 제자 훔볼트와 함께 파리로 가서 프랑스 혁명의 과정을 현장에서 지켜보면서 그에게 써 보낸 편지를 '파리에서의 편지'라는 제목으로 실었다. 이 편지를 묶어 캄페는 1790년에 단행본으로 출판하였다. 당대에 교육개혁을 선도하였던 이론지인 『브라운슈바이크 저널』(이하 『브라운슈바이크』)은 박애주의자들과 신인본주의자들의 논쟁 같은 교육학적 기본 문제들과 쟁점만을 다루었을 뿐만 아니라, 고전어와 국어 사이의 관계와 기능을 다루었으며, 교육과 학교의 여러 문제와 관련하여 국가의 기능을 다룸으로써 점차 정치적 소용돌이 속으

74) Braunschweigische Journal philosophischen, philologischen und pädagogischen Inhalts. Braunschweig 1788∼1791. Altona 1792∼1793.

로 휘말려 들어갔다.

1788년에 공포한 검열령(檢閱令)으로 악명 높은 프러시아의 뵐르너(Johann Christoph Wöllner) 장관은 프리드리히 대왕의 귀족화 제안을 거절한 괴짜 '수도승'으로, 『브라운슈바이크』를 독일 혁명의 화덕(foyer)이라고 규정하였다. 브라운슈바이크는 프러시아 왕궁과 오스트리아 왕궁의 압력에 굴복하여 자유로운 사상으로 무장한 영내의 지식인들의 언론 활동을 억압하였다. 그리하여 『브라운슈바이크 저널』도 탄압을 받고 덴마크 영내의 슐레스비히로 옮겨가서 『슐레스비히 저널』로 개명하였다. 비록 덴마크의 언론 자유가 저널의 출판을 허용해 주었지만, 프러시아 정부가 계속하여 잡지의 유통을 금지하였기 때문에 이 잡지는 1793년에 정간되고 말았다.

『재검토』의 출판도 『브라운슈바이크 저널』과 유사하게 전개되었다. 이미 이 전집 제1권은 1785년에 함부르크에서 출판되었다. 바르트, 캄페, 트랍, 빌롬, 스투베 등이 이 전집의 주요 집필자들이었다. 그들은 이 전집에서 한결같이 박애주의 교육사상을 강조하였다. 그리하여 전집은 박애주의 교육학의 핸드북(Kompendium) 역할을 하였다. 『재검토』에는 예외적으로 존 로크의 『교육에 관한 몇 가지 생각』(1693)과 루소의 『에밀』이 새롭게 번역되어 자세한 각주와 함께 실려 있다. 『재검토』의 마지막 권인 제16권의 『학교론』은 트랍이 저술하였는데, 박애주의 학교개혁 이론의 전체적 결론을 이루고 있다.

박애주의 교육사상가들은 프러시아의 프리드리히 II세의 계몽된 절대주의가 학교와 교육의 문제를 교회의 통제에서 해방시키며 학제와 교육학의 자유로운 발전을 보장해 줄 확실한 권위로 보았다. 그러나 프리드리히 대왕이 서거한 후에 프러시아 내의 정치 상황은 많이 달라졌다. 프랑스 혁명의 목적과 의도에 기대가 컸던 독일의 지도적 지식인들은 혁명이 1792년에 테러 조직으로 변질되어 가는 것을 보고, 혁명에서 등을 돌렸다. 국가는 학교를 마치 1794년에 공포한 프러시아의 토지권처럼 국가의 고유한 관심이요, 정치권(politicum)이라고 선포하였으며, 교회의 협조를 얻어 통치의 안전을 위한 도구로, 다시 말하면 충성스러운 신민을 양성하는 기관으로 간주하였다.

트랍은 제16권에서 학교가 무엇을 어떻게 가르쳐야 할지에 관하여 국가가 통제하기를 중지하지 않는 한 학교의 발전은 없다고 주장하였다. 당시의 생활신조 제1조는 권력자에게 무조건 순종하라는 것이었다. 이에 따라서 다른 내용도 짜였다. 학교는 이성을 보존하고 배양하는 대신에 이성의 싹이 틀 때에 이 싹을 질식시키고, 새롭게 성장하는 세대를 전승되어 온 낡은 노예제도 안으로 편입시키는 역할밖에 할 수 있는 일이 없는 곳이 되었다. 백성들이 지나치게 똑똑해지지 않게 하는 것, 이것이 대중이 하나님과 교회와 국가에 대한 인간의 관계에 대하여 계몽될 경우에 상실할 수 있는 모든 것을 미연에 방지할 수 있는 방안에 대한 해답이다. 노예 매매의 지속과 노예제도에 대한 맹목성이 학교개혁에도 치명적 장애가 되고 있다. 트랍의 이러한 주장은 이미 트랍보다 200년 전에 익명으로 쓰이고 인쇄된 적이 있다. 트랍의 주장은 시민사회의 질서를 새롭게 재편하려는 생각과 운동의 역사적 연장선에 있다. 따라서 이 운동을 이끌어 가는 교육적-정치적 사상의 비판적 요소를 말살하려는 기도가 끊이지 않았다. 개혁의 소리는 정치적 폭력에 의하여 억압되고 말

것이라는 숙명적 결과는 이미 예견되고 있었다. 캄페는 이러한 시대의 대표적 범례다. 그러나 억압받았으나 소멸되지 않고, 그 뿌리가 살아남아서 독일의 근대 학교교육의 이론적·문화적 원천으로 기능하였음을 우리는 독일의 학교교육의 역사에서 확인할 수 있다.

7) 캄페가 남긴 것들

캄페는 질풍노도의 세대였다. 그 시대에 태어나서 젊은 시절에 시대적 정신의 비등을, 베를린의 계몽그룹에 속한 삶을 온몸으로 살면서 체험하고 자신의 고유한 정신으로 만들어갔다. 그리하여 박애주의 교육사상의 주필, 『학교와 교육 제도의 전반적 재검토』 편집, 어린이와 청소년 문학의 개척, 외국어의 독일어화와 독일어의 순수화 운동 및 독일어 사전 편찬, 계몽잡지와 박애주의 문헌의 발행, 교재의 편찬과 인쇄를 위한 출판사의 설립 등, 그가 스스로 만든 자신의 묘비처럼 숲과 들에 나무를, 언어에 단어를, 젊은이의 마음에 꿈을 심는 사람으로 살았다.

캄페가 보여 준 박애주의 학교교육을 위한 노력은 일종의 교육개혁을 위한 완벽한 세트 메뉴였다. 이 메뉴에서 우리는 어린이, 자연, 생활, 국어, 그리고 자발성과 놀이 등에 새로운 이해의 지평을 여는 여러 저술과 활동들을 보면서 규범과 가치의 전환을 본다. 이를 통해서 박애주의 학교교육이 전승되어 내려온 인문주의 학교교육과는 전혀 다른 새로운 교육문화라는 사실이 저절로 드러나고 있다.

캄페는 어린이와 청소년을 독자로 삼은 소설, 시, 수필, 그리고 세계 탐험과 모험의 기록들을 집대성하고 또 새롭게 저술하여 어린이와 청소년 문학이라는 새로운 문학의 장르로 제시하였을 뿐만 아니라, 어린이와 청소년 문학 자체가 교육의 확대요 심화 현상으로 드러나게 하였다. 그리하여 어린이와 청소년이 꿈을 꾸고 낯설고 넓은 세계를 향한 모험심을 갖게 만들었다. 뿐만 아니라 이를 통하여 캄페는 부모가 자녀교육에 대하여 적극적인 관심을 갖도록 만들었다. 특히 부모는 가정에서 자녀들의 종교적 도덕적 성장발달에 대한 책임을 갖고 있음을 강조하였다. 이는 교회에 무조건적으로 맡겨져 있던 청소년의 교육을 학교와 가정을 함께 연관하여 부모의 자녀교육과 교사의 학생교육을 학교교육의 넓은 의미로 확대하고 심화시킨 종교교육관이요 시민교육관이었다. 이러한 캄페적 가정교육관은 계몽의 정신이 만들어 낸 새로운 교육관이다. 캄페는 이로써 근대적 시민교육 이해의 시대를 열었다. 그러한 의미에서 캄페는 '범례'다. 이미 그 시대에 오늘날 교육개혁이 거론되는 곳에서 확인하게 되는 교육의 모든 문제, 부조리, 비교육이 있었으며, 이에 대한 개혁의 내용들이 범례적으로 확인되고 있다.

3. 에른스트 크리스티안 트랍

에른스트 크리스티안 트랍(Ernst Christian Trapp, 1745~1818)은 1745년에 홀스타인에서 태어났다. 트랍은 제게베르크 김나지움에서 당시에 교육개혁가로 이름이 높았던 엘러(Martin Ehler)의 수업을 들으며 큰 영향을 받고 교육에 눈떴다. 엘러는 재능 있는 트랍에게 장학금을 마련해 주어 트랍이 1765년부터 1768년까지 괴팅겐 대학교에서 신학과 문학을 공부할 수 있도록 배려해 주었다. 트랍은 대학을 마친 후에 엘러의 후임으로 모교인 제게베르크 김나지움 교사로 취임하였다. 1772년에 그는 이체호에서 교장이 되었고, 교장으로 취임하면서 행한 연설을 보완하여 『청소년 수업을 시대의 필요와 요구에 따라 수행하여야 할 학교 교사의 의무』라는 제목의 책으로 펴냈다.[75] 1775년에는 『청소년과의 담화』[76]를 썼다. 그는 1776년에는 알토나에 있는 유명한 김나지움 크리스티아네움에서 교감이 되었다. 여기서 그는 1777년에 캄페로부터 데사우의 박애주의 학교에서 함께 일하자는 제의를 받았으며, 이에 응하였다.

[그림 4-6] 에른스트 크리스티안 트랍

트랍이 데사우로 왔을 때엔 데사우 박애주의 학교가 개혁학교로서 위기를 맞고 있을 때였다. 새로운 학교교육 문화의 요람에서 신념을 힘차게 펼치겠다는 꿈을 안고 부임한 트랍에겐 모든 것이 불만스러웠다. 무엇 하나 제대로 돌아가는 것이 없었다. 특히 바제도우의 개혁 프로그램과 교육적 실천 사이에는 엄청난

75) Rede von der Pflicht der Schullehrer, den Unterricht der Jugend nach dem Bedürfnissen und Forderungen der Zeit einzurichten, bey seiner Einführung zum Rectorate in Itzehoe gehalten. Altona 1773.

76) Unterredungen mit der Jugend. Hamburg/Kiel 1775.

차이가 있었다. 그래서 그는 1778년 12월에 친구 스투베에게 이렇게 썼다. "이곳엔 계획도, 업무의 일정한 분담도 없네. 도대체 전체를 개관하는 자체가 불가능하네. 개체적 부분, 부분의 부분, 교사와 학생의 수, 가르쳐야 할 내용의 수와 수준과 비중, 어디에서 어디까지의 한계, 이러한 모든 것이 전혀 개관할 수 없게 되어 있네."[77] 이러한 어려운 상황에서도 그는 열심히 가르치며 1778년에 『효과적 학습의 증진 방안에 관하여』[78]를 썼다.

이러한 와중에 트랍은 베를린에 있는 니콜라이를 통해 다른 학교에 자리를 알아보았다. 니콜라이는 트랍을 프러시아의 문화성 장관 체들리츠(K. A. von Zedlitz)에게 소개하였으며, 체들리츠는 트랍을 1778년에 할레 대학교가 새로 도입한 '교육학 교수 자리'[79]의 교수로 초빙하였다. 이 자리는 교사 양성만을 과제로 삼은 교육연구소의 소장 역할과 연결되어 있었다. 따라서 이 자리는 대학의 역사에서 교육학을 이론과 실천의 양면에서 함께 연구하고 교수하는 최초의 교육학 교수 자리(Professur)였다. 트랍은 할레 대학교 교수로 취임하는 역사적인 자리에서 '철학의, 특히 교육학의 정교수에 취임하면서, 교육과 수업을 하나의 고유한 학문으로 연구하지 않으면 안 되는 필연성에 관하여'[80]라는 제목으로 교수 취임 강연을 하였으며, 이를 출판하였다. 그는

77) Ulrich Herrmann, a.a.O., S. 152.

78) Von der Beföderung der wirksamen Erkenntniß. Itzehoe 1778.

79) eine Professur für Pädagogik, Schmid, a.a.O., S. 411.

80) Beim Antritt des ihm Allergnädigst anvertrauten ordentlichen Lehramts der Philosophie und besonders der Pädagogik schrieb von der Nothwendigkeit, Erziehen und Unterrichten als eine eigene Kunst zu studieren. Halle 1779.

이러한 역사적 의미가 있는 교육학 전담 교수가 되어 열심히 일하였다. 그는 스투베에게 이렇게 썼다. "나를 제일 기쁘게 했던 것은 지금까지의 나의 실천에서 이론을 추론해 내거나 이미 정립한 이론을 다듬어야 하는 이유와 시간을 함께 갖게 되었다는 사실이다."

그는 1780년에 『교육학의 시도』[81]를 출판하였다. 이 책은 교육과 수업에 관한 그의 조직 이론이며, 박애주의 교육학의 핸드북이었다. 동시대인들은 트랍이 저술한 『교육학의 시도』를 최초의 현대적 조직교육학이라고 칭송하였다. 트랍은 이 책에서 교육학을 심리학 내지 인간학의 기초와 교육의 사회적 조건과 목적으로부터 정립하는 시도를 하였다. 그는 방법론적으로 경험의 논리에 눈뜨면서 인간과 사회에 관한 경험과학으로 교육학의 성격을 규정하였다. '감각적 지각은 젊은 인간에게나 거친 어른에게 모두 정신적 · 도덕적 지각의 수레(Vehikel)다. 후자의 척도를 전자에 둠으로써 인간이 감각적이기보다는 더 정신적이 되도록 계속하여 일하는 것, 이것이 좋은 교육의 과업이다.'[82] 그리하여 관찰 기록과 같은 수업의 참관이나 어린이의 놀이의 관찰이 중요해졌다.

트랍은 과학으로서의 교육학의 '조직론'은 신학적이거나 철학적인 상위 명제들로부터 연역되어선 안 되고, 조직적으로 종결

---

81) Versuch einer Pädagogik. Berlin: Nicolai 1780.

82) Versuch einer Pädagogik. S. 40f; Ulrich Herrmann (Hrsg.), Ernst Christian Trapp Versuch einer Pädagogik, Unveränderter Nachdruck der 1. Aufgabe Berlin, 1780. Mit Trapps hallischer Antrittsvorlesung Von der Nothwendigkeit, Erziehen und Unterrichten als eine eigne Kunst zu studieren, Halle, 1779, Paderborn. 1977, S. 44f.

지어질 수 없는 이야기, 관찰, 개별적 경과의 인과 분석 같은 내용으로 묘사되는 교육학적 지식으로 정립되어야 한다고 주장하였다. 모든 새로운 부모 세대와 자녀 세대는 상호 간 경험의 교환을 통하여, 그리고 변화하는 시대 상황을 통하여 새로운 교육의 형식과 목표를 새롭게 찾아내고 새로운 문제와 직면하지 않으면 안 된다.

트랍은 그의 책 제26장에서 우리가 바르게 시도된 교육학적 관찰과 신뢰할 수 있는 경험의 사례를 일정한 수로 가지고 있다면, 우리는 교육학의 옳고 온전한 조직론을 서술할 수 있다고 하였다. 그러나 그러한 시도는 지금까지 이루어진 적이 없다. 시도된 관찰과 경험의 바르고 충분한 사례 수가 얼마인지 모르기 때문이다. 우리는 완전 수를 알 수 없다. 세계가 존속하는 한 의사와 교육자는 무엇인가 관찰할 대상이 있을 것이다. 경험의 보고는 서로 유비(類比, analogy)의 관계에 있는 교육학과 의학의 두 과학에서 무한한 성장을 계속할 것이다. 따라서 교육학적 규칙과 기본 명제나 학교 개선의 준칙 같은 것은 있을 수 없다. 왜냐하면 이것들은 경우와 사례에 따라서 달라지며 상황에 따라서 다르게 적용되고 수정되지 않으면 안 되기 때문이다.

트랍은 최초의 대학교 교육학 교수로 수업(Unterricht)의 개념을 중심으로 교육의 학문적 기초를 정립하기 위하여 최선의 노력을 다하였으나 동료 교수들에게 인정을 받지 못하였다. 트랍은 수업의 목표를 학생이 인간이요, 동시에 사회의 구성원으로서 필요로 하는 지식과 이해 능력을 온전하게 매개해 주는 것이라고 보았다.[83] 할레에서 대학의 구조와 직제에 따라 교육연구

83) Ibid, S. 414.

소는 신학부에 속해 있었다. 트랍은 교육연구소 소장으로 연구소를 관리하는 문제를 둘러싸고 신학부의 교수들에게 끊임없이 무능하다는 압박을 받고 있었다. 트랍은 1783년 드디어 사표를 내고 할레를 떠났다. 그리하여 교육학 이론을 정립하고 교사 양성과정을 대학의 학제 안으로 끌어올리려던 시도는 실망과 실패로 끝났다.

트랍의 후계자는 유명한 볼프(Friedrich August Wolf)였다. 볼프는 고전고대의 인문학자로서 고전적 인문교육을 교사 양성의 중심으로 삼았다. 볼프는 '김나지움 교수(Gymnasialprofessor)'라는 개념을 도입하고 정착시켰다. 볼프는 고등학교 교사란 교사이기 전에 학자이어야 한다는 자아 이해의 소유자여야 한다고 주장했다. 따라서 교사 양성의 핵심은 교직과정에 있지 않고 인문학의 전공에 있다고 보았으며, 그 결과가 '김나지움 교수'라는 칭호다. 다시 말하면 김나지움 교사는 교직상 교사이나 자아 이해는 학자이어야 한다는 말이다. 학자로 교직에 서야 교사는 훌륭할 수 있다는 말이다. 그리하여 오늘에 이르기까지 독일어 문화권에서 일정한 수준을 쌓은 고등학교 교사는 이러한 교수 칭호를 사용하고 있으며, 김나지움의 교사는 일반대학교의 교직교육과정에서 양성하고 있다. 다시 말하면 초등학교 교사는 교육대학에서 양성하고 있으나, 중·고등학교 교사를 양성하는 사범대학은 아예 없고 일반대학교에서 이중 전공과 교사 양성 과정을 통하여 양성하고 있다. 트랍이 시도한 계몽적 국민교육의 프로그램에 기초한 박애주의적 교사 양성의 개념은 제도로 정착하지 못하였으며 실패하였다. 이 실패의 경험을 기초로 다시금 고전고대의 언어와 문화로 옷 입은 신인문주의적 어문학의 개념이 자리를 잡았으며, 볼프의 교사 양성 구상이 제도로 정착되었다.

트랍은 1780년에 '할레의 교육연구소용으로 제한된 어린이 노래 모음집'이라는 부제가 붙은 『청소년을 위한 노래책』[84]을 펴냈다. 1782년에는 「할레 교육연구소에 관하여」[85]라는 일종의 홍보 책자를 펴냈다. 그 후에 트랍은 캄페의 함부르크 학교를 물려받았다. 이 학교에는 학생이 많지 않았다. 그는 1784년에 일종의 학생용 학교 요람인 「청소년을 위한 일상 핸드북」[86]을 펴냈다. 1786년에는 『그리스도의 신성에 관하여, 브리텐의 왕에게』[87]라는 책을 썼다. 그는 1788년에는 『신앙의 문제에서 개신교 군주들의 폭력에 관하여』[88]를 썼다. 여기서 우리는 말년에 트랍의 관심이 교육에서 신앙으로 옮겨 갔음을 볼 수 있다.

트랍은 1786년에 캄페의 요청에 따라서 볼펜뷔텔로 가서 그곳의 박애주의 학교의 교장이 되었다. 그러나 이미 개혁의 열정이 남아 있지 않았던 트랍은 호구지책으로 이 자리를 수용하였고, 남은 열정을 『재검토』와 『브라운슈바이크 저널』의 집필에 쏟다가 1818년에 볼펜뷔텔에서 어떤 사회적 주목도 받지 못하고 잊힌 채 쓸쓸하게 사망하였다.

트랍은 바제도우나 캄페가 보여 준 신학자, 가정교사, 목사, 교육학자, 교육자라는 박애주의 교육학자의 전형적 모습과는 달

84) Gesangbuch für die Jugend, Eine Sammlung von Kinderliedern zum Gebrauche im Erziehungs-Institute zu Halle bestimmt. Leipzig 1780.
85) Über das Hallische Erziehungsinstitut. Halle 1782.
86) Tägliches Handbuch für die Jugend. Hamburg 1784.
87) An den König der Briten über die Gottheit Christi. Berlin 1786.
88) Über die Gewalt protestantischer Regenten in Glaubenssachen. Braunschweig 1788.

리, 비록 신학을 공부하였으나 목사나 신학자가 아니라 전형적인 교사요, 교육학자의 모습을 보여 주었다. 트랍은 앞에서 언급한 대로 대학 역사상 교육학을 연구하고 교수하는 일만을 과제로 삼게 만들어진 교수 자리에 초빙된 최초의 교육학 교수였다. 트랍 자신도 교사직과 교수직을 소명의 직업(vocatio)으로 인식하고 이에 전념하였다. 그는 자신을 스스로 직업적 교사요, 교수로 고백한(professio) 전문적(professionell) 교육학자였다.

브라운슈바이크의 법조인이요 고관이었던 스트롬벡(K. F. von Strombeck)은 1833년에 쓴 회고록에서 트랍에 대하여 이렇게 말하고 있다. 트랍은 1800년경을 살았던 볼펜뷔텔의 지식인들 가운데서 특별히 언급할 만한 가치가 있다. 그보다 더 헌신적이고 인본성으로 충일한 사람은 없었다. 그는 자유로운 정신의 소유자였으며, 모든 종류의 자유 신앙을 박해하는 종교 세력의 적이었다. 정치적 측면에서 그는 전체의 복지를 강조하는 온건한 공화주의자였다. 그는 열정적으로 칸트의 철학을 연구하였다. 몇 시간 동안이나 명쾌한 언어로 칸트의 난해한 철학을 설명하고도 전혀 지칠 줄 몰랐으며, 다섯 살짜리 소녀에게 칸트를 읽히는 정열을 쏟기도 한 천부적 교사였다. 그의 집은 볼펜뷔텔의 인문학적 젊은이들의 집회소가 되었다. 이 집에서 트랍은 캄페를 비롯하여 동시대의 대표적 계몽지였던 『Allgemeine Deutsche Bibliothek』의 발행인인 니콜라이, 할버스타트에 사는 시인 글라임, 일리제 폰 렉케 같은 당대의 저명한 계몽주의자들과 수시로 교분을 나누었다.

트랍은 자기만족적 성격의 소유자였다. 그래서 생각이 다른 동료들과 다툼이 잦았다. 그의 주저 『교육학의 시도』에서도 확인되듯이 트랍에게서 논리 정연한 교육학 이론의 전개를 기대하기는 어렵다. 그의 글에는 이론적 체계가 결여되어 있었다. 박애주의 교육관이 간단없이 강조되고 있을 뿐이었다. 『재검토』에서도 이를 확인할 수 있다. 제VII권 309–553쪽에 실린 그의 글 '교육학적 관점에서 본 고전고대의 저자와 언어 공부론'과 이 글에 대한 동료들의 논평, 제VIII권 1–210쪽에 실린 '수업론', 제XI권 1–524쪽에 실린 '언어교수론', 제XVI권 전체를 차지하고 있는 「학교론」에서 전개한 공립학교의 필요성과 국가와 교회에 대한 학교의 관계 등에서 우리는 트랍의 박애주의 교육관을 거듭 확인할 수 있다. 트랍에게 교육의 목적은 지복성으로의 인간 도야다. 그러므로 교육의 수단은 덕과 온전성이다. 그러한 교육이 성공적이려면 학생의 자연적 바탕을 철저히 알아야 한다. 따라서 심리학적 지식이 필요했으나, 그 시대에는 실험물리학은 있어도 실험심리학은 아직 없었다. 여기에 트랍의 한계와 문제가 있었다.

4. 크리스티안 고트힐프 잘츠만

크리스티안 고트힐프 잘츠만(Christian Gotthilf Salzmann, 1744~1811)은 1744년에 튀링겐에서 태어났다. 랑겐잘차에서 김나지움을 다녔으며, 예나 대학교에서 신학을 전공하였다. 1772년에 에어프르트에서 목사가 되었으며, 1781년에 종교 과목 교사로 데사우의 박애주의 학교에 부임하였다. 그는 1782년에 『도덕의 기초』[89)]를 기본 교재로 펴냈다. 그는 바제도우의 『기본 교재』에 자극을 받아서 데사우의 박애주의 학교에서 교재로 사용하기 위하여 이 책을 펴냈다.

잘츠만은 데사우에서 자신의 교육학적 이상을 펼칠 수 없다고 보고, 1784년에 자신이 소유하고 있는 튀링겐의 숲 속에 있는 슈네펜탈에 학교를 설립하였다. 그는 동료 구츠무츠와 함께 이 학교를 박애주의 교육의 분위기로 가득 찬 교육기관으로 가꾸었다. 학교는 곧 널리 알려졌고 번성하여 오늘날까지 존속하고 있다.[90] 잘츠만은 다른 박애주의 교육사상가들과 달리 자신의 교육학적 실천에서만 성공을 거둔 것이 아니다. 그는 사회비판적인 의식을 바탕으로 하여 쓴 다양한 글을 통해서도 큰 성공을 거두었다. 6권으로 구성된 소설 『카알 폰 칼스베르크 또는 인간의 비참에 대하여』[91]는 1784년에서 1788년까지 출판되었으며 큰 성공을 거두었다. 이 소설은 편지 형식으로 쓰였으며, 많은 어린이와 가난한 사람에게 희망을 심어 주었다. 전쟁과 빈곤, 불충분한 영양 공급, 어린이와 가난한 사람들의 영적 · 육체적 장애, 질병, 착취, 억압, 귀족의 교만, 고아와 사생아의 운명, 방랑자와 부랑아의 떠돌이 삶, 여성과 유대인의 인권 유린, 사회의 무관심과 경찰의 냉혹성, 교사의 우둔함과 학교의 맹목성, 교회의 무력성 등 잘츠만이 독자에게 펼쳐 놓은 당시의 사회적 참상

---

89) Ch. G. Salzmann, Moralisches Elementarbuch. 2 Teile. Leipzig 1782f. 이 책은 1788년에 프랑스어로, 1796년에 영어로 번역되었다.

90) 이 학교는 오늘날 'Salzmannschule Schnepfenthal'로, 공립이며 박애주의 교육의 전통을 가꾸며 아랍어, 중국어, 일본어를 중점 외국어로 가르치고, 독일에서 최초로 체육 시간과 체육 마당을 만든 학교이며, 학생이 모두 기숙사 교육을 받는 기숙학교로 건재하다.

91) Carl von Carlsberg oder über das menschliche Elend. 6 Bände. Leipzig 1784~1788.

[그림 4-7] 슈네펜탈 학교에 있는 독일 최초의 체육마당의 현재 모습

은 독자의 심금을 흔들어 놓았으며, 사회적 인간관계의 개선에 눈뜨게 만들었다. 그리하여 잘츠만은 18세기의 교육개혁자 무리 가운데서 사회개혁과 교육개혁의 일원성, 박애사상과 교육학적 · 정치적 참여의 일치성을 강조한 유일한 교육사상가가 되었다.

박애주의에 대한 신인문주의자들의 비판이 시작되면서 바제도

[그림 4-8] 설립 당시의 슈네펜탈 학교 모습

우는 빠르게 잊혀 갔다. 그의 『기본 교재』만이 예외적으로 높이 평가받고 있었다. 캄페는 청소년 문학가로서 명성을 얻고 있었다. 트랍은 교육학의 역사에서 최초의 교육학 교수 자리를 소유하였던 자로 사람들의 입에 오르내리고 있었다. 그러나 잘츠만은 전혀 다르게 교육학 저서들로 높은 평가를 받아 왔다. '교육자의 합리적 교육 지침'이라는 부제가 붙은 『개미의 작은 책』[92] 과 '어린이의 불합리한 교육지침'이라는 부제가 붙은 『게의 작은 책』[93]은 오늘날에도 교육학의 고전으로 널리 인정받고 있다. 그 이유는 분명하다. 캄페나 트랍이 신인문주의적 도야의 철학에서 의미 없다고 보는 물음을 가지고 씨름하였던 반면에 잘츠만은 오늘날에 이르기까지 매력을 발산하고 있는 교육학적 물음에 천착하였다. 잘츠만의 책들은 어린이의 생각과 체험의 세계를 열고 그 안에 자기 자신을 집어넣기, 부모와 자녀 사이의 교육적 관계를 투시적으로 만들어 주기, 일상적 생활 상황과 경험세계로부터 교육학적 관점과 사고로 독자를 인도하기 같은 내용을 담고 있다.

루소가 『에밀』에서 묘사하고 있는 교사는 사실 도처에 있다. 스스로 계획을 세우고 어린이에게 접근해서 어린이를 일정한 질서 안으로 인도하는, 그리하여 교사가 아니라, 어린이가 자신의 성장 발달 과정을 홀로 걸어가게 하는 교육은 늘 있어 왔다. 그러나 잘츠만은 이와 다르게 교사와 학생 사이에서, 부모와 자녀

92) Ameisenbüchlein, oder Anweisung zu einer vernünftigen Erziehung der Erzieher, Hrsg. von K. Richter, Berlin 1869.

93) Krebsbüchlein, oder Anweisung zu einer unvernünftigen Erziehung der Kinder. 1777. Hrsg. von E. Schreck. Leipzig o.J.(1894).

사이에서 서로서로 영향을 주고받고 상호작용을 하는 두 집단이 성장 발달을 함께 이루어 간다고 하였다. 그리하여 자녀가 부모를, 학생이 교사를 교육하는 교육학적 물음을 묘사하였다.

'어린이의 합리적 교육 지침'이라는 부제가 붙은 잘츠만의 책 『콘라드 키퍼』[94]의 주인공인 콘라드 키퍼는 제9장에서 부모를 좌지우지하는 시도를 하고 이에 성공한다. 어린 콘라드는 대단히 귀엽고 발랄한 아이였기 때문에 부모는 콘라드가 원하는 것을 다 그대로 들어주곤 하였기 때문이다. 콘라드는 눈에 띄는 것은 무엇이든 손에 쥐려고 하였고, 부모가 이를 들어주지 않으면 소리를 질러댔다. 그러면 부모는 들어주었다. 이것은 뒤집어진 세계다. 바로 선 세계에선 아이가 부모에게 순종하는 법인데, 여기선 부모가 아이에게 순종하고 있다. 그 이유는 부모가 아이의 고집을 귀엽게 보고, 아이가 새로운 발달의 모습을 보여 주면 이를 기뻐하며 아이의 바라는 바를 즐겨서 들어주기 때문이다. 그러나 아이가 자라서 큰아이가 되면, 사람들은 그때서야 버릇을 고쳐 줘야 한다고 생각하지만, 이미 때가 늦었다. 그래서 부모는 강제적 수단을 동원하고 자녀는 이에 대하여 분노하며 더욱 고집을 꺾지 않는다. 자녀에 대한 부모의 사랑은 급속하게 감소하고 사태를 냉정하게 파악할 수 있는 시간을 갖기도 전에 관계는 고약하게 꼬여 풀 수 없는 사태로 발전한다. 어른들은 아이가 잘못 길러졌으며 교육되었다고 탄식한다. 그러나 사람들은 자신의 지나친 사랑과 양보 그리고 척도 없는 교육이 자녀

94) Konrad Kiefer oder Anweisung zu einer vernünftigen Erziehung der Kinder, Ein Buch für's Volk. 1794. Hrsg. von Th. Dietrich, Bad Heilbrunn 1961.

를 그렇게 만들었다는 반성은 하지 않는다. 이러한 작은 예들은 오늘날까지 잘츠만의 책을 읽을 가치가 충분하도록 만들었다. 그리하여 잘츠만은 페스탈로치와 더불어 가정교육의 고전이 되었다.

잘츠만은 교육의 개선을 계몽주의자들 가운데서 가장 합리적으로 강조한 교육자다. 앞에서 언급하였듯이 박애주의의 다른 교육사상가들이 모두 잊힌 후에도 잘츠만은 계속하여 기억되고 있다. 실제로 잘츠만의 교육학적 글과 소설 그리고 이야기는 놀라우리만큼 날카로운 심리학적 감각과 교육적 재치로 번뜩인다. 잘츠만은 스스로 자신을 어린이의 옹호자로 자처하였다. 그래서 어린이의 교육이 아니라 먼저 교사의 교육에 관심을 쏟았다. 『개미의 작은 책』의 서문에서 잘츠만은 말하였다. “우리는 어린이의 교육에 관한 지침을 담고 있는 책들을 너무나 많이 알고 있다. 그러나 정작 교사의 교육에 관한 지침을 담고 있는 책은 대단히 부족하다. 교사가 아무런 지침도 없이 교육에 임한다면, 그러한 교육이 어린이를 과연 도와줄 수 있겠는가? 사람들이 이론을 실천에 옮기는 방법을 모른다면, 모든 이론이 무슨 소용이 있겠는가? 『학교와 교육제도의 재검토』는 좋은 이론들을 제공하고 있다. 그러나 어디에서 이 이론들이 실천되고 있는가? 우리가 이미 교육에 관하여 알고 있는 참된 것과 좋은 것을 실천하는 문제에 대하여 생각하는 대신에, 우리는 아무에게도 실천적 도움을 주지 못하는 새로운 이론을 제시하기에 바쁘다.” “아, 우리에게 좋은 교육자를 주소서. 우리에게 어린이를 합리적으로 대하며, 어린이의 사랑과 신뢰를 획득하고, 자신의 관심과 소질을 개발하는 능력을 일깨워 주며, 자신의 가르침과 모범으로 젊은이를 그들의 소질과 결정에 따라서 할 수 있고, 하여야 하는 인간으로 만드는 소질과 솜씨와 열심을 가지고 있는 사람을 보내 주소서."

여기서 우리는 잘츠만의 교육 프로그램을 전체적으로 다음 두 문장으로 조망할 수 있다. "너 자신을 교육하라!" "어린이를 알기를 배워라!" 『개미의 작은 책』에서 그는 이렇게 말하고 있다. "오, 너희 모두는 배워라, 내가 간청하노니, 어린이와 함께 놀기를 배워라! 너희는 이러한 연습을 통하여 세 가지 중요한 목표를 달성할 수 있을 것이다. 어린이가 너희에게 오게 될 것이고 어린이의 사랑과 신뢰를 획득할 것이며 그들과 말하고 그들을 다루는 은총을 갖게 될 것이다. 그러면 너희는 어린이의 가장 내면적인 세계 안으로 들어갈 수 있는 기회를 가질 것이다. 어린이는 놀이에서 다른 상황에서보다 훨씬 더 열려 있고 자유롭게 행동하며, 자신의 잘못, 약점, 생각, 소질, 경향을 있는 그대로 보여 준다."

잘츠만은 루소와는 다른 교육의 개념을 정립하였다. 교육은 그에겐 어린이에 합당한 생활과 경험의 공간을 창출하는 것을 의미할 뿐만 아니라, 무엇보다도 교사의 자아교육을 의미한다. 교사는 자아교육을 통하여 비로소 어린이에게 합당하게 되는 것이다. 이렇게 하여 잘츠만은 『개미의 작은 책』에서 오늘에 이르기까지 학교교육의 역사에서 상징이 되어 버린 주제(主題, Thema)를 제시하였다. "학생의 모든 잘못과 부도덕한 행동의 원인을 교사는 자신 안에서 찾지 않으면 안 된다." 교사 자신이 교육하는 일에 실패하였기 때문에 학생이 잘못된 길로 들어서는 원인이 되고 있다. 또한 교사는 학생의 잘못과 부도덕을 교육하는 언행 속에서 무의식적으로 조장하고 있다. 이러한 교육관은 분명히 잘츠만의 고유한 교육관이요 루소와 다른 면이지만, 그럼에도 잘츠만은 루소적 의미에서 어린이로부터의 교육학의 대변자다.[95)]

잘츠만은 앞서 말한 책들 외에도 『어린이에게 종교를 갖게 하는 효과적인 수단에 관하여』,[96)] 『청소년의 은밀한 죄에 관하여』,[97)] 『잘츠만의 학생들의 여행』,[98)] 『지상에 있는 천국』[99)] 등의 책을 썼다.

5. 피에르 빌롬

피에르 빌롬(Pierre Villaume, 1746~1806)은 1746년에 베를린에서 태어났다. 그는 신학을 전공하고 1771년에 목사가 되었으며, 1776년, 할버스타트에서 부인과 함께 '교양 있는 신분과 귀족의 여성교육기관'[100)]을 설립하였다. 1787년에는 베를린의 요아킴스탈 김나지움에서 도덕과 미술을 담당한 교수[101)]로 초빙되었다.

---

95) Ulrich Herrmann, a.a.O., S. 154.
96) Über die wirksamen Mittel, Kindern Religion beizubringen. Hrsg. von K. Richter, Berlin 1870.
97) Über die heimlichen Sünden der Jugend. Leipzig 1785.
98) Die Reisen der Salzmannschen Zöglinge. Leipzig 1784.
99) Der Himmel auf Erden. Schnepfenthal 1793.
100) Erziehungsanstalt für Frauenzimmer von gesittetem Stand und von Adel.
101) Professor. 독일에선 김나지움에서도 일정한 자질을 갖춘 교사에게는 '교수'라는 칭호를 부여하여 우대하고 있다.

1793년에 그는 이 자리를 사임하고 퀴넨 섬에서 거주하다가 1806년에 조용히 생애를 마감하였다.

빌롬은 『재검토』의 필자들 가운데서 최고의 필자는 아니었다. 그러나 가장 성공적인 필자였다. 『재검토』에 실린 그의 글은 모두 8편이나 된다. 그의 글을 글이 실린 권 수, 쪽 수, 제목 순으로 정리하면 다음과 같다.

제II권	297-616쪽, '어린이의 초기적 나쁜 버릇에 관하여'
제III권	435-616쪽, '개인의 자아실현과 사회적 유용성의 관계'
제IV권	『일반적 잠재 능력 개발론』
제V권	161-274쪽, '어린이를 심지가 굳고 순종적인 인격체로 교육하는 방법'
제V권	275-730쪽, '억제되어야 할 본능'
제VII권	1-308쪽, '청소년의 성범죄'
제VIII권	211-490쪽, '체육론'
제X권	569-640쪽, '어린이의 예절'

빌롬의 업적은 체육교육, 여성교육, 인간 개인을 위한 교육과 국가 전체를 위한 교육의 긴장 관계에서 드러나는 교육의 본질적 과제론 등으로 정리될 수 있다. 그가 여성교육을 강조한 것은 부인과 함께 1776년에 설립한 여성교육기관으로 직접 확인되고 있다.

빌롬은 체육교육에 관한 좋은 글을 남겼다. 체육에 관한 그의 글, '어린이의 초기적 나쁜 버릇에 관하여'(II, 297-616)와 '체육론'(VIII, 211-490)은 이 분야에서 가장 권위 있는 글로 인정받았다. 이 글을 바탕으로 빌롬은 『재검토』 제IV권에서 600쪽에 달하는 '좋은 성향과 솜씨를 교육을 통하여 깨우치고 강화하는 방법에 관한 일반적 이론'이라는 긴 제목의 글을, 짧게 줄이면, 『일반적 잠재 능력 개발론』이라는 한 권의 책으로 발전시켰다. 빌롬은 여기서 충분히 다루지 못한 내용을 다시 『재검토』 제V권에서 '어린이에게 주어진 억제해야 할 (해로운) 본능'(V, 275-730)이라는 긴 글로 정리하였다. 이 글은 '어린이를 심지 굳고 순종적인 인격체로 교육하는 방법'(V, 161-274)과 함께 어린이의 교육과 심리 이론의 보완적 쌍벽을 이루고 있다. 빌롬은 『재검토』 제X권에 '어린이의 예절'(X, 569-640)에 관한 글을 실었다. 이 글에서 빌롬은 자연과 진리의 가르침에 거스르는 소위 '유행적 예절(Modehöflichkeit)'로 어린이를 교육하는 일에 대하여 경고하고 있다.

빌롬은 『재검토』 제VIII권에 실은 "체육론"에서 신체의 도야를 깊이 있게 다루고 있다. 그는 인간에서 신체와 정신은 불가분리적인 상호 의존 관계에 있다는 사실을 강조하고 있다. "정열은 대부분 신체 안에 있다. 따라서 정신의 도덕성은 신체의 상태에 근거하고 있다."[102] 빌롬은 이러한 표현으로 당시의 잘못된 교육을 비판하고 있다. "우리의 오늘날의 학교는 수도원 학교의 딸이어서 학교의 전체적 모습이 어머니의 특징을 고스란히 간직하고 있다."(VIII, 227) 학생들은 매일 6시간에서 8시간을 어둡고 좁은 교실에서 나쁜 공기를 마시며 조용히 앉아 있어야 했다.

102) Revisionswerk. VIII, S. 216.

어른이 어린이를 조용히 앉아 있기를 배우도록 하기 위하여 학교에 보내고 있다는 사실을 빌롬은 몹시 안타까워했다. 빌롬 자신이 이러한 잘못된 교육의 희생양이었다. 그는 네 살도 채 되기 전에 읽기를 깨우쳤으며, 성경 구절을 비롯하여 시편과 교리문답과 기도문을 암송하였다. "나는 언제나 앉아 있어야 했다." (II, 432) 이렇게 인간을 현명하게 만드는 유일한 길이 심신을 손상시키고 고통스럽게 하는 것이었다. "신체적 교육은 우리에겐 아직 미지의 과목이다. 우리 가운데 가장 노련한 교사조차도 체육의 기초를 모른다. 어떤 교사가 학생을 벌거벗기고 기름을 발라서 먼지투성이가 되도록 만들고, 서로 씨름하게 놔두거나 심지어는 군사훈련을 받게 하고, 밤에 보초를 서게 하며, 짐을 나르고, 굶주림과 목마름을 참는 연습을 감히 시키겠는가?" (VIII, 288).

빌롬은 신체의 도야를 위한 일반적 수단으로 음식, 의복, 거주, 청결, 습관, 공기, 휴식 같은 섭생(Diät), 노동, 놀이, 체조 같은 연습(Übung), 교육의 보조자로서 이해성 있고 철학적인 의사의 처방(Arznei)을 들었다.[103] 빌롬은 체육에서 질병의 예방, 신체의 단련, 신체적 잠재 능력의 계발, 넓고 편한 의복과 적당한 신발, 음주의 금지, 좋은 스포츠로서 스케이팅의 장려 같은 재미있는 내용을 강조하고 있다. 그의 주 관심은 어린이를 너무 많이 앉아 있게 하지 않는 것이었다. "우리는 어린이를 자유로운 분위기 아래서 사철 내내 모든 날씨에서 놀게 하고 달리게 하여야 한다. 일곱 살이 될 때까지 어린이를 앉아 있기와 공부하기

103) K. A. Schmid, a.a.O., S. 433.

로 내몰아선 안 된다. 일곱 살부터 학교에서 최고로 하루에 한두 시간씩 그것도 여러 번에 나누어서 공부하도록 훈련해야 한다. 2학년부터 비로소 진지하게 앉아서 공부하는 연습을 시작할 것이다."(VIII, 337) 체육의 종목으로 빌롬은 춤, 검술, 총 쏘기, 사냥, 수영, 승마, 씨름, 군사훈련 등을 들었다. 또한 일반적 국방의 의무도 강조하였다. 열여섯 살에서 스무 살 사이에 몇 년간 학생들에게 군복무를 시켜야 한다는 것이다.[104] 그에 의하면, 군복무는 신체의 단련, 질서, 순종, 각성, 정확성의 참된 학교다(VIII, 472). 이러한 빌롬의 체육에 대한 이해에서 우리는 그가 체육을 어린이의 성장과 발달에서 본질적인 통로로, 인본주의적 학교에 대한 비판으로부터 전인적 인성교육의 중심 교과로, 국가와 사회의 관점에서 교련과 군복무까지 포함한 넓은 개념으로 파악하고 있음을 알 수 있다.

빌롬의 교육사상은 『재검토』 제III권에 실은 '개인의 자아실현과 사회적 유용성의 관계'(III, 435-616)에 잘 드러난다. 이 글은 계몽의 정신을 박애주의적 교육관으로 잘 정리한 유명한 논문이 되었다. 이 글은 일반적 인간 도야가 직업적이고 신분적인 도야에 대하여 갖는 관계, 개인적 차원과 사회적 차원 사이에 있는 개인의 삶의 실현을 향한 갈등의 문제 등을 다루고 있다. 이 문제는 당시에 "교육에서 인간 개개인의 완전성이 유용성에 어느 정도로 희생되어야 하는가?"라는 유명한 물음으로 제시되었다. 이 글에서 빌롬은 실제 생활에서 확인되는 이상적 요청과 현실

104) 이러한 견해는 플라톤이 『국가』에서 강조한 방위교육관과 연령과 기간에서 일치한다. 오인탁, 『파이데이아』. 학지사 2001, 273쪽 이하 참조.

적 필요 사이의 균형이 아니라, 유용성을 위한 완전성의 희생을 강조하였다. 다시 말하면, 국가와 사회에 유용한 시민이 되기 위한 교육은 개인의 잠재 능력의 계발과 주체적 자아실현을 통한 삶의 행복 추구보다 우위에 있는 가치이기 때문에 선행되어야 한다는 말이다. 그 이유는 완전성이 유용성과 대립하고 갈등하는 개념이기 때문이다. 왜냐하면 부분보다 전체가 더 우선되어야 하며 인간은 사회적 존재이기 때문에 시민 개개인의 자아실현은 국가 전체의 보존과 발전에 유용한 한도 내에서 이루어질 때에 비로소 타당하기 때문이다.

그 외에도 빌롬의 저술에는 1781년에 펴낸 『교사 핸드북』[105]과 1792년에 펴낸 『인간의 역사』[106]가 있다.

6. 카알 프리드리히 바르트

17세기는 바른 신앙을 찾아 투쟁한 종교개혁의 세기였다. 그러나 18세기에 개혁신앙의 전통은 흔들리기 시작하였다. 계몽의 태양이 독일을 비롯한 유럽 대륙을 뜨겁게 달구었다. 그때까지 주관적 정신을 억압하여 온 세속적·초세속적 지배 권력은 개인의 자유로운 정신과 감정의 표현을 강조하는 계몽의 정신을 새롭게 맛보았다. 이는 낯선 객관에 의하여 지배받아 온 세계에 대한 주관적 직접성에 눈뜸이었으며 객관에 대한 주관의 강조였

105) Praktisches Handbuch für Lehrer. Berlin 1781.
106) Histoire de l'homme. Bronsvic 1792. 빌롬에 의한 독일어 판: 1793.

다. 이는 경험적 주체를 만물의 척도요, 중심으로 삼는 것이었다. 인간의 건강하고 자연스러운, 아직 어떤 교육을 통하여 구겨지지 아니한 지성이 사물을 인식하고 판단하는 최종 기관으로 기능하는 것이었으며, 결과적으로 종래의 인식의 지평을 제약하고 있던 잣대를 대체하는 것이었다.

[그림 4-9] 카알 프리드리히 바르트

바르트(Karl Friedrich Bahrdt, 1741~1792)는 이러한 시대적 특성을 온몸으로 살다 갔다.[107] 그의 생애는 빛과 어둠의 날카로운 혼합이었다. 그는 동시대인에게 독특한 이방인으로, 유일한 단독자(Unicum)로 비쳐졌다. 그는 동시대인에게 한편으론 위대한 학자요, 인류의 계몽자로, 다른 한편으론 정통신앙의 이단자요 형태와 색깔을 탐닉하는 부도덕한 생활인으로 다가왔다.

바르트는 비쇼프스베르다에서 태어났다. 정통 루터교 목사였던 아버지에게 엄격한 교리교육을 받으며 자란 바르트는 1768년에 에어프르트 대학의 성서고고학 교수로 부임하였다. 그는 학문적 욕심이 많았다. 1769년에 써 붙인 강연 예고에서 도그마적 · 도덕적 조직종교학, 신구약 원서 강독, 성서 비판론, 신론,

107) 바르트는 자신의 전기를 날카로운 해학의 필치로 직접 저술하였다. Dr. C. F. Bahrdts Geschichte seines Lebens, seiner Meinungen und Schicksale. Von ihm selbst beschrieben. Frankfurt und Berlin 1790~1791, 4 Teile.

교회사, 교리와 설교 연습, 목회 신학, 논리학, 형이상학, 물리학, 도덕철학, 히브리어 · 시리아어 · 아라비아어 문법 등 신학의 교과목 전반에 대한 체계적 강의를 예고하였다.[108] 그는 1769년에 교리학의 성서적 체계 연구를 저술하였다. 그는 문자 영감설을 부정하였다. 원죄나 하나님의 형상(Ebenbild)이 모든 사람에게 유전적으로 주어진 것이 아니고, 회심도 전혀 행위 없이 이루어지는 것은 아니다, 죄인이 죽으면 지옥에 간다는 교리는 불확실하며 증명 불가능하다 등을 강조하였다. 그는 삼위일체설을 성경적 그림 언어로 축소 해석하였다. 그래서 당대의 저명한 서평지인 『Allgemeine deutsche Bibliothek』[109]은 바울이 사울이 되었으며 이단인지 아닌지를 판단하던 사람이 스스로 이단이 되었다고 즐거워하였다. 정통주의 신학자들은 바르트의 신앙과 신학이라는 인문의 검이 결국엔 신학의 코와 귀를 잘라 버릴 것이라고 염려하였다.

바르트는 자신에 대한 다양한 시비에 직면하여 다음과 같은 견해를 펼쳤다. 루터적 교수의 신앙이 옳고 그른가에 대한 판단은 오직 '종교의 본질적 진리는 무엇이며 문제시되는 강단 신학은 무엇인가?' 와 같은 물음에 대하여 신학자들의 답이 모두 모아지고 하나로 정리된 다음에야 가능하다. 그는 그를 둘러싼 시비를 『교리학의 성서적 체계론』이라는 책으로 대응하였다.[110]

108) Gustav Trank, Dr. Karl Friedrich Bahrdt. Ein Beitrag zur Geschichte der deutschen Aufklärung, In: Friedrich von Raumer(Hrsg), Historisches Taschenbuch 7(1866). S. 215.

109) Die Allgemeine deutsche Bibliothek은 Friedrich Nicolai가 1765년에서 1806년까지 발행한 서평전문월간지(Rezensionszeitschrift)였다.

이에 대하여 당시 독일의 지식인들은 대체로 공감하고 지지하였다. 그러나 동료 교수 슈미트(Schmidt)는 뷔텐베르크 대학교의 신학부에 다음과 같은 공개적 질문을 하였다. '바르트 같은 루터교회의 한 교수가 상징적 저서들에 담겨 있는 내용을 벗어나는 강의를 할 경우에 교수직에 계속하여 머물러 있을 수 있는가?'

당시는 이러한 질문에 긍정이나 부정으로 대답하는 것이 관행이었다. 그리하여 신학부는 바르트가 숱한 무관심주의적(indifferentistisch), 펠라기우스적(pelagianisch),[111] 칼뱅주의적 오류를 범하였고, 따라서 계속하여 바제도우적 행패(Unwesen)를 부린다면 교회의 구성원으로, 박사와 교수로 머물러 있을 수 없다고 결정하였다. 대학부의 결정에도 바르트에 대한 긍정적 평가와 다양한 찬반 논쟁이 지속적으로 일어났다. 바르트는 자신을 둘러싼 문제에 대하여 "만약에 열 개의 신학부가 나를 공격한다고 해도 물러나지 않겠다. 나는 놀라지 않고 하나님의 말씀이라는 무기를 인간의 문장이라는 종이칼에 담아서 대응하겠다. ……나는 공개적으로 요청한다. ……나의 이론 체계를 논파하기를. 나는 여러분이 뷔르템베르크로 오기를, 나의 강의실에서 여러분을 만날 수 있기를 간절히 원한다. 그러면 우리는 누가 하나님과 진리의 편에 서 있는가를 보게 될 것이다."[112]라고 말했다. 바르트는 그가 이단이라는 소송에선 이겼으나 대학은 그가

110) Versuch eines biblischen Systems der Dogmatik, 1769.

111) Pelagius는 기독교의 원죄교리를 부정한 5세기의 신학자다.

112) "D. Karl Friedrich Bahrdt und die Philanthropine zu Marschlins und Heidesheim". In: K. A. Schmid, Geschichte der Erziehung vom Anfang an bis auf unsere Zeit. Bd IV. Stuttgart 1898, S. 330.

교수직엔 머물러 있되, 최대한 세심하게 연구와 교수에 임할 것을 주문하였다. 바르트는 그를 둘러싼 신학적 논쟁을 공개적으로 수집하여 두 권으로 된 『관용의 증진을 위한 조직신학 서신』을 출판하였다.[113]

1771년에 바르트는 기센 대학의 신학교수로 부름받았다. 그는 대학에서 신학의 정교수, 대학 교무회의의 배석관(Beisitzer), 성 판크라티우스(St. Pancratius)의 설교자라는 직책을 수행하였다. 대학은 이와 같은 주요 직책을 수행하게 된 그에게 단 하나의 조건만을 내걸었다. 이는 그가 강단에서 새로운 이론을 제시하지 말고 교회의 전승에 충실히 머물러 있는 것이었다. 일 년 후에 바르트는 대학 교무회(Konsistorium)의 일원이 되었다. 그리하여 바르트는 생애에서 가장 행복한 시절을 보내게 되었다. 학생들은 바르트의 자유분방하고 거리낌 없는 강의를 환영하였다. 그의 설교는 환영받았다. 그의 강의는 인기가 있었다. 그는 강의와 설교에서 교부들을 무식한 사람들로 폄하하는 어떤 계몽적 언사도 사용하지 않았다.

그는 전에 안젤름(Anselm)을 당나귀로 폄하하고 올챙이로 묘사했으며 아테나시우스(Athenasius)를 염소대가리라고 비꼰 적이 있었다.[114] 그는 첫 학기에 베너(Benner)의 『도덕 교과서(Lehrbuch der Moral)』로 강의하였다. 그래서 베너가 그에게 호감을 갖도록 하였다. 그러나 그가 기센 대학과 교회에서 자제하는 모습을 보여 준 기간은 짧았으며 튀는 행동을 하기를 멈추지 않았다. 그

113) 위의 책, 같은 쪽.
114) Gustav Trank, S. 226.

는 동료 교수들을 비꼬기를 즐겼다. 풍족한 월급을 받았고, 사륜 마차를 타고 다녔으며 공개적으로 럼버(L'hombre)라고 하는 카드놀이를 즐겼고, 음주와 흡연을 꺼리지 않았다. 그는 말을 세 마리 키우며 승마를 즐겼다. 이러한 사치스럽고 방자한 생활로 동료들의 지탄의 대상이 되었다. 점잖은 시민들은 바르트를 일러 돼지 같은 언행을 일삼는 자는 스스로 돼지임을 자처하는 자라고 말했다.

그는 철저하게 파고드는 방식이 아니라 일종의 빠른 저술 방식을 취하였다. 그래서 1773년에 『교회사』와 『교리학』의 교과서를 발행하였다. 1774년부터 그는 라바터(Lavater)와 페닝거(Pfenninger)와 함께 『일반신학문고(Allgemeine theologische Bibliothek)』를 발행하기 시작하였다. 그는 이 잡지를 통하여 삼위일체교리와 속죄교리를 문제 삼을 정도로 대단히 뻔뻔하고 건방진 글을 써댔다. 그래서 그의 아버지가 훈계하였다. "네가 너무 멀리 나간 것 같아 심히 염려된다. 너의 그 좋은 직책에서 쫓겨날 수 있으니, 조심해라. 너에게 이렇게 풍족하게 베푸시는 하나님을 찬양하라."

바르트는 박애주의 교육사상가들 가운데서 예외적이고 특별한 사람이다. 바르트는 라이프치히, 에어프르트, 기센 등의 대학에서 신과대학 교수로 있었다. 그런데 부임한 대학마다 스캔들을 만들었다. 그는 대단히 합리적인 신학자였다. 합리적 정신으로 무장하고 있다는 점에서 그는 바제도우와 닮았다. 바제도우의 추천으로 기센 대학교 교수로 있던 바르트는 마르슐린스에 새로 설립된 학교의 교장이 되었다. 바르트는 교육 경험이 전혀 없었기 때문에 데사우에 잠시 머물면서 바제도우에게 박애주의 교육의 현장을 배웠다. 그는 마르슐린스 학교를 박애주의 학교로 개혁하였다. 바르트는 바제도우의 학교 개념과 모델을 그대로 모방하지 않고 개성 있게 재구성하였다. 이를 『박애주의 학교의 교육계획 또는 첫 번째 참된 박애주의 학교 마르슐린스에 관한 모든 소식』[115]이란 책으로 정리하였다. 이 책은 동시대인이 박애주의 학교의 교육이념과 목적, 교육내용과 방법을 확실하게 이해할 수 있는 대표적 저술이 되었다. 캄페는 바르트를 이렇게 평했다. "그는 전체적으로 끊임없이 무엇인가 보완하고 확대하며 언제나 우리가 믿는바 보다 더 좋은 방향으로 수정하고 전진하는 바제도우 학교의 대표 정신이었다."[116]

그에 의하면 박애주의 학교는 '인간애(人間愛)의 재단(Stiftung)'[117]이다. 바르트는 쾌락주의자였다. 그는 즐거움을 교육의 목표로, 도덕을 수단으로 보았다. 교육의 목적은 즐거운 인간을 만드는 것이다. 그래서 체육과 놀이의 의미를 특히 강조하였다. 어린이가 이해하지 못하는 것을 읽고 말할 필요는 없다. 사물의 지식도 직관의 원리 아래서 모색되어야 한다. 그는 소크라테스적 교수법을 강조하였다. 어린이는 자신의 고유한 언어를 가지고 있다. 교사는 그들의 언어를 어린이의 언어에 맞추어야 한다. 그리하여 교실에서 언어의 순수성(Sprachreinheit)을 보존하여야 한다. 오늘날 이러한 교육관은 일반적으로 수용되는 것이었으나, 당시

115) Philanthropinischer Erziehungsplan oder vollständige Nachricht von dem ersten wirklichen Philanthropin zu Marschlins. Frankfurt a. M. 1776.

116) K. A. Schmid, Geschichte der Erziehung von Anfang an bis auf unsere Zeit, Vierter Band zweite Abteilung. Stuttgart 1898, S. 333.

117) Willy Moog, a.a.O., S. 109.

엔 대단히 별난 교육관이었다. 바르트의 이러한 별난 교육관은 마르슐린스 학교의 설립자인 폰 살리스(von Salis)와 갈등하게 하였으며, 바르트는 1776년에 이 학교를 떠났다.

바르트에 의하면 교육의 목적은 인간의 지복성(Glückseligkeit)이다. 지복성은 인간 개개인의 삶의 지극한 행복감을 일컫는 것이며, 이는 사랑에서 오는 것임으로 인간을 사랑할 수 있는 능력을 갖추도록 교육하여야 한다. 교육은 사회 상황과 맥락 안에서 일어나는 활동이다. 그러므로 바제도우처럼 학생을 지나치게 놀이 환경 속에 머물러 있게 해서는 안 되고 교육의 목적과 요구에 따라 교육 환경을 조성하여야 한다. 학생은 더 나아가서 순종(Gehorsam)으로, 인간의 지식 문화로, 예술 능력으로, 풍속과 도덕생활 능력으로 교육하여야 한다. 더 나아가서 바르트는 관용(Toleranz)의 교육과 민족사상의 교육, 독일시민문화와 세계시민문화의 연관성 교육을 강조하였다. 그는 체육을 강조하여 매일 30분씩 신체 단련을 통하여 몸의 활동 상태를 최적으로 유지할 것을 강조하였다.

수업은 직관에서 시작하여 소크라테스적 방법으로 어린이에게 언제나 이미 내재되어 있는 생각과 이해를 불러내어 결론을 스스로 끄집어내도록 하였다. 쓰기를 가르치기 전에 그리기를 많이 시킬 것을, 외국어를 학습하기 전에 모국어를 가르칠 것을 강조하였다. 라틴어와 그리스어는 생활로부터 자연스럽게 이루어지는 학습방법으로 가르쳤으며, 이를 '경험적 학습방법'이라고 하였다. 바르트는 데사우를 그가 설립한 마르슐린스(Marschlins)와 하이데스하임 박애학교의 모델로 삼았다. 상징적 종교의식은 도덕적 생활을 위한 자극제로 보았다. 종교교육은 이신론적

(deistisch) 신앙에 기초하여 이루어졌다. 예배도 역사적 영웅들을 섬기는 성전, 지혜를 섬기는 성전, 덕을 섬기는 성전, 기독교의 신을 섬기는 성전, 이렇게 네 가지 성전에서 예배가 각각 이루어졌다. 바르트는 이 같은 파행으로 유명해졌다.

바르트는 라이닝겐-다하스부르그(Leiningen-Dachsburg) 백작에 의하여 뒤르크하임에서 장학감독에 임명되었다. 백작은 그에게 하이데스하임에 있는 성을 제공하고, 이 성을 새로운 박애주의 학교로 개조하는 과제를 맡겼다. 바르트는 혼신의 노력을 다했고, 이 학교는 1777년 5월에 개교하였다. 그러나 학교는 여러 사정으로 이념과 재정의 폐허가 되어 버렸으며, 바르트는 1779년에 하이데스하임을 도망쳐서 할레로 갔다. 할레 대학교에서 바르트는 강의를 하면서 저술에 힘썼다. 그러나 그의 자유로운 신앙 때문에 할레 대학교의 교수직에서 해임되었으며, 감옥에 갇혔다. 석방된 후에 그는 하녀와 함께 할레에 식당을 차렸다. 바르트는 미식가였을 뿐만 아니라, 대단한 요리솜씨의 소유자였다. 그의 식당은 곧 소문이 났으며, 지식인들의 집합소로 번창하였다. 바르트는 이렇게 말년을 보냈다. 그러나 꾸준하지 않고 변화무쌍한 바르트의 이러한 행각은 시민들에게 박애주의 사상에 대한 부정적 시각을 심어 주었다.

바르트는 여러 권의 저서를 남겼는데, 『도덕신학 조직론』(System der Moraltheologie)(Eisenach 1770), 『조직신학 서신』(Briefe über die systematische Theologie)(Eisenach 1770-1772, 2 Bände), 『교회의 교육 개념의 계몽과 수정 제안』(Vorschläge zur Aufklärung und Berichtigung des Lehrbegriffs unserer Kirche)(Riga 1771) 등이 있다. 『하나님의 최신 계시들에 대한 서신과 설명』

(Neueste Offenbarungen Gottes in Briefen und Erzählungen)(Riga 1773-75, 4 Teile)은 신약을 번역한 것으로, 괴테가 1774년에 해학적 서시(satirischer Prolog)로 비꼰 바 있으며, 독일제국의 추밀원(Reichshofrat)에 의하여 판금되었다. 이외에도 『최초의 참된 박애주의 학교 마르슐린스에 관한 자세한 소식과 박애주의 교육계획』(Philanthropinischer Erziehungsplan oder vollständige Nachricht von dem ersten wirklichen Philanthropin zu Marschlins)(Frankfurt a. M. 1776), 『언론의 자유와 그 한계』(Über Preßfreiheit und deren Gränzen)(Züllichau 1787), 『나의 옥중 생활의 역사와 일기 및 독일연맹에 관한 비밀서류들과 해명』(Geschichte und Tagebuch meines Gefängnisses nebst geheimen Urkunden und Aufschlüssen über Deutsche Union)(2 Teile in einem Band. Vieweg, Berlin 1790), 『그 자신에 의하여 쓰인 바르트 박사의 생애사, 그의 견해와 운명』(Dr. C. F. Bahrdts Geschichte seines Lebens, seiner Meinungen und Schicksale. Von ihm selbst beschrieben)(Frankfurt und Berlin 1790~1791. 4 Teile), 『국가와 종교에 대한 지배자와 시민의 권리와 의무』(Rechte und Obliegenheiten der Regenten und Untertanen in Beziehung auf Staat und Religion)(Riga 1792) 등의 서적은 바르트의 폭넓은 저작 세계를 보여 준다.

그의 인식 관심은 신학과 교육에만 머물러 있지 않고, 정치와 언론의 자유까지 범위를 넓히고 있다. 합리적 이성과 자유로운 영혼의 소유자였던 그는 비록 중세를 지나 근세를 살고 있으나 여전히 교회와 국가의 권위적이고 규범적 군림을 못 견뎌 했다. 그래서 교회의 중세기적 교육 개념을 비판하고 국가의 정치적 불합리를 밝히고자 했다. 그는 성서를 사회심리적 비판적으로,

다시 말하면 합리적으로 해석하고자 했다. 그는 시민의 권리와 의무를 따졌다. 그리고 이러한 그의 입장에서 보면 하나인, 그러나 다른 사람들의 눈으로 보면 다양한 주제로 인하여 교수직에서 해임되고 목사직에서 파면되었으며 감옥에 갇히며 동시대 지식인들의 숱한 비난과 조롱을 받았다. 그러한 가운데서 그는 자신의 전기를 직접 써서 자신의 삶을 변명하고 있다. 바르트의 전기는 루소의 자서전을 연상시킨다. 계몽시대, 자유로운 이성의 깃발을 드높였던 시대에 그는 자유로운 정신 때문에 동시대에 비견할 수 있는 지성이 없을 정도로 거의 유일회적인 특이한 족적을 남겼다. 이 탓에 그의 삶은 고난과 소외의 골짜기에 머물러야 했으나 바르트는 소멸되지 않았다. 식당을 개업하고 음식 솜씨를 발휘하며 자신을 조롱하였던 동료 지식인들까지 포용하며 이름난 지식인 살롱으로 식당을 만들어 가는 것에서 볼 수 있듯이 그는 삶의 끝까지 긍정적이고 낭만적인 정조를 보여 주고 있다.

7. 그 외의 박애주의 교육사상가

1) 크리스티안 하인리히 볼케

볼케(Christian Heinrich Wolke, 1741~1825)는 학교교육을 제대로 받지 않았다. 그러나 독학으로 라틴어를 비롯하여 대학에서 배울 수 있는 지식을 얻었을 뿐만 아니라, 신속하고 철저한 언어 학습법을 스스로 창안하였다. 그는 1770년 바제도우의 네 살난 딸 에밀리의 가정교사가 되어서 열정적으로 가르친 결과 에밀리를 천재아로 유명하게 만들었다. 그 결과로 그는 대학교육을 받은 박애주의 교사들로부터 그들 못지않은 훌륭한 교사로 평가받았으며, 데사우 박애주의 학교의 교사가 되었다. 그는 자신의 독특한 언어 교수방법론으로 이름을 떨쳤다. 칸트는 볼케를 가리켜 '어떤 장애에 직면해도 당황하지 않는, 겸손하고 놀라울 만큼 활동적인'[118] 교사라고 극찬하였다.

1784년에 볼케는 데사우를 사임하고 공산주의 정권의 러시아에서 레닌그라드로 불렸으며 오늘날 예전의 이름을 회복한 상트페테르부르크로 가서 그곳에서 신분계층의 자녀들에게 언어를 가르치는 교사로 이름을 떨쳤다. 볼케는 기숙학교를 세우고 1787년에서 1793년까지 학교를 운영하였다. 1802년에 독일로 돌아온 볼케는 1813년에 베를린에 정착하기까지 여러 곳을 옮겨 다니며 교육학적 글을 썼다. 이 시기에 그는 『즐거운 사회와 고독한 즐거움을 위한 210 노래들』을 1782년에 데사우에서 펴냈다. 이 책의 표지에는 라이하르트(J. F. Reichardt)의 다음과 같은 말이 인쇄되어 있다. "즐거움

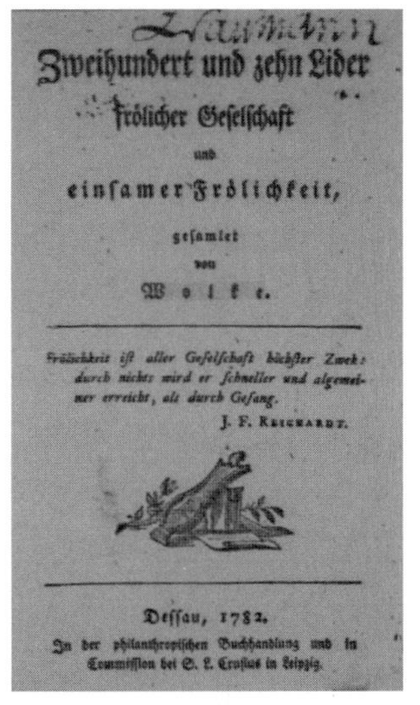
Zweihundert und zehn Lider
frölicher Gesellschaft
und
einsamer Frölichkeit,
gesamlet
von
Wolke.

Frölichkeit ist aller Gesellschaft höchster Zweck:
durch nichts wird er schneller und algemeiner erreicht, als durch Gesang.
J. F. Reichardt.

Dessau, 1782.
In der philanthropischen Buchhandlung und in
Commission bei S. L. Crusius in Leipzig.

[그림 4-10] 『즐거운 사회와 고독한 즐거움을 위한 노래 210』. 볼케가 수집 · 출판하다. 데사우 1782.

118) W. Moog, a.a.O., S. 108.

은 모든 모임의 최상 목적이다. 우리는 즐거움에 그 어떤 것으로도 노래보다 더 빠르고 더 자연스럽게 도달할 수 없다."

볼케는 대단히 다방면적인 정신의 소유자였다. 청소년기에는 그림과 조각에 관심을 쏟았다. 후에 그는 보편적 세계어의 기능을 갖고 있는 언어에 관심을 가지고 일종의 원격 대화술(Fernsprechkunst)에 대하여 연구하였다. 또한 독일어를 음성학적으로 표기하는 방법에 몰두하기도 하였다. 교육학의 영역에서 읽기와 쓰기의 기초교수학, 농아를 위한 수업, 영유아원 설립 등에 관심을 가졌다. 바제도우나 페스탈로치와는 다른, 자신의 독자적 교육사상을 강조하기도 하였다.

1781년에 볼케는 『자연적 수업의 방법』[119)]이라는 책을 출판하였다. 이 책에서 볼케는 바제도우의 『기본 교재』를 비판하였다. 볼케는 자신의 유아교육관을 『어린이의 출생으로부터 읽기를 배울 때까지 초기 언어 지식과 개념 전달에 관심을 가진 어머니와 어린이 교사들을 위한 지침서』[120)]와 『영유아를 둔 어머니와 교사에게 유용한 신체적 · 정신적 · 도덕적 교육에 대한 지침 또는 간결한 교육론』[121)]이라는 책으로 출판하였다. 영유아의 보호와 교육을 위한 기관을 설립하여야 한다는 생각으로 볼케는 시기적으로 프뢰벨보다 앞서서 유아교육을 강조한 개척자가 되었

---

119) Methode naturelle d'instructio. 1781.

120) Anleitung für Mütter und Kinderlehrer, die es sind und werden können, zur Mitteilung der allerersten Sprachkenntnisse und Begriffe, von der Geburt des Kindes an bis zur Zeit des Lesenernens. 1805.

121) Kurze Erziehungslehre oder Anweisung zur körperlichen, verstandlichen und sittlichen Erziehung anwendbar für Mütter und Lehrer in den ersten Jahren der Kinder. 1805.

다. 어린이는 놀기, 사용하는 물건들을 알기, 보기와 듣기 연습하기, 종이와 흙과 초 같은 것들로 작업하기, 그리고 뜨개질하기 등을 할 기회를 가져야 한다. 어린이는 방 안에서가 아니라 자연에서 자유롭게 뛰어놀아야 한다. 이러한 볼케의 생각에서 우리는 박애주의 교육사상의 자연주의적 · 개혁적 성격을 다시 확인하게 된다.

2) 요한 크리스토프 프리드리히 구츠무츠

[그림 4-11] 요한 크리스토프 프리드리히 구츠무츠

구츠무츠(Johann Christoph Friedrich Guts-Muths, 1759~1839)는 1759년에 크베들린부르그에서 태어났다. 열네 살 되던 해 아버지를 잃은 그는 김나지움을 계속 다니기 위하여 마을의 의사 리터(Dr. Ritter)의 두 자녀를 돌보는 가정교사로 들어갔고, 스무 살에 할레 대학교에 입학했다. 우수한 성적으로 대학을 졸업한 그는 다시 리터 집안의 가정교사가 되었다. 1784년, 리터 부인은 잘츠만의 권고로 두 아들을 슈네펜탈 박애주의 학교에 입학시키기로 결정하였다. 그래서 구츠무츠는 두 아이를 데리고 잘츠만에게로 갔다. 구츠무츠와 잘츠만의 만남은 둘에게 서로 강한 영향을 주었다. 둘의 관계는 상대방에 대한 높은 관심과 존경의 관계로 발전하였다. 그래서 잘츠만은 리터의 두 자녀를 학생으로, 구츠무츠를 교사로 받아들였다. 이렇게 하여 구츠무츠는 평생 일터를 찾았다.

구츠무츠는 학교 기숙사에서 일 년 동안 학생들과 함께 생활하였다. 그는 지리, 역사, 프랑스어를 가르치면서 학생들의 체조에 관심을 갖게 되었다. 하루는 잘츠만이 그를 학내의 한 아름다운 장소로 데려가서는 이렇게 말했다. "여기가 우리의 운동장이네." 이 공간에서 구츠무츠는 학생들의 체조를 지도하면서 독일 체육(die deutsche Gymnastik)을 하나씩 하나씩 만들어 갔다.[122] 그리곤 7년 후에 '체육의 필수적인 개선에 대한 기여'라는 부제가 달린 유명한 책, 『신체의 연습에 대한 실제적인 시사를 포함하고 있는 청소년을 위한 체육』을 펴냈다.[123] 『청소년을 위한 체육』은 체육에 관한 첫 교과서로 널리 알려지면서 여러 언어로 번역되었다.

구츠무츠는 체육을 넓은 의미로 수용하고 있다. 그에게 오늘날의 스포츠, 체조, 산책과 등산, 무용, 동작으로 이루어진 모든 놀이가 체육이었다. 총 9장으로 구성된 『청소년을 위한 체육』의 내용은 다음과 같다. 1장 체육의 개념과 목적, 2장 경험에서 추론한 체육의 필연성, 3장 신체 단련에서 추론한 체육의 필연성, 4장 시민의 문화생활 형식에서 확인되는 체육의 필연성, 5장 정

---

122) Ernst Hartwig, Die Wiedererweckung der koerperlichen Erziehung in den Philanthropinen, Diss., Wuerzburg 1933, S. 62.

123) GutsMuths, Gymnastik für die Jugend, enthaltend eine praktische Anweisung zu Leibesübungen, Ein beytrag zur nöthigsten Verbesserung der körperlichen Erziehung. 1793. 100년 후에 초판이 재발행되었다: Wien u. Leipzig 1893. 이 책은 체육연구총서의 제7권으로 다시 출판되었다: Frankfurt/Main 1970.

치적 · 교육적 수단의 불충분성에서 제기되는 체육의 필연성, 6장 신체 단련의 목적으로서 조화로운 도야, 체육의 주관적 목적과 객관적 목적, 7장 체육의 유용성, 8장 체육의 실제 제안, 9장 현대 체육의 방향, 신체 단련의 원리와 분류.

그는 『신체와 정신의 단련과 회복을 위한 놀이』[124]를 1796년에, 『조국의 아들들을 위한 체조 책』[125]을 1817년에 썼다. 그리고 『교육학 문헌 총서』[126]를 펴냈다. 그는 1839년에 이벤하인에서 작고하였다.

3) 프리드리히 에버하르드 폰 로코우

로코우(Friedrich Eberhard von Rochow, 1734~1805)는 귀족의 가문으로 베를린에서 태어났으며 레크안에서 죽었다. 그는 귀족이었기에 가정교육을 받았으며 부란덴부르크의 귀족 학교에서 2년간 교육받았다. 로코우는 독학으로 백과사전적 박학의 경지에 도달하였다. 그 후에 황제의 기사단에 들어가서 7년 전쟁에 중위로 참전하였다. 그는

[그림 4-12] 프리드리히 에버하르드 폰 로코우

124) Spiele zur Übung und Erholung des Körpers und des Geistes. Schnepfenthal 1796. 이 책도 독일의 신체문화 고전총서로 다시 출판되었다: Berlin(DDR) 1959.

125) Turnbuch fuer die Soehne des Vaterlandes. Frankfurt a.M. 1817.

126) Bibliothek der pädagogischen Literatur. Gotha 1800ff.

1756년 로보지츠 전투에서 왼손에, 그 후에 결투에 얽혀들어 오른손에 심각한 부상을 입었다. 이로 인하여 그는 군대에서의 출세 경력을 포기하고 1760년부터 영지에서 농업 경영과 학문 연구에 몰두하였다. 1762년 그는 할버스타트의 참사위원이 되었으며, 이를 계기로 공동의 이익을 증진하는 일에 관심을 갖게 되었다.

로코우는 영주이기에 자신의 영지에서 농업을 개량하여 양식을 증산하고, 농민 생활을 개선하기 위해 애썼다. 이 일을 하는 와중에 그는 농부의 교양 수준이 농업의 개량을 받아들일 수 있는 수준에 미치지 못한다는 사실을 알게 되었고, 학교교육을 통하여 농민의 사회적 · 경제적 형편을 개선하여야 한다는 결론에 이르렀다. 그는 1773년에 자신의 영지 레크안에 마을학교를 설립하였다. 1775년엔 역시 자신의 영지 괘틴(Göttin)에, 1799년엔 크라네(Krahne)에 계속하여 학교를 설립하였다. 그는 잘츠만과 바제도우의 영향을 받아 박애주의 교육에 심취하게 되었다. 음악가요, 작가인 브룬스(Heinrich Julius Bruns)를 교육의 동역자로 얻은 로코우는 정열적으로 교육하는 일에 몰두했다. 그러나 브룬스와의 생산적 동역 활동은 1794년에 브룬스의 사망으로 끝났다. 로코우는 '그는 참된 교사였다'라는 묘비를 세워 브룬스를 기렸다. 로코우가 설립한 학교들은, 특히 레크안 학교는 모델학교로 이름이 나 수많은 교사의 방문이 이어졌으며, 실천적 수업방법의 요람이 되었다.

로코우는 영주로서 농민을 무지와 무교양에서 벗어나게 하고 그들의 생활을 향상시키며, 농민의 자녀들이 좋은 교육을 받을 수 있도록 책을 쓰고 학교를 세웠으며, 뜻있는 교사들과 함께 직접 교육에 참여하였다. 그는 농민의 계몽에 뜻을 두고 1769년에 『비열한 언행의 근절을 위하여 농부들에게 드리는 한 농군의 편지』[127]를 썼다. 1772년에는 『농부의 아이들과 니콜라이 마을 학교를 위한 교재』[128]를, 1773년에는 『농부의 벗』[129]을 출판하였다. 『농부의 벗』은 후에 제목을 『어린이의 벗』[130]으로 바꾸었으며, 오랫동안 독일에서 가장 널리 읽힌 교재가 되었다. 그의 책들은 1908년에 4권의 『로코우 교육학 전집』으로 다시 출판되었다.[131]

로코우는 농부의 아이들을 위하여 저술하고 1772년에 출판한 교재(教材, Schulbuch)에서 이미 개선된 수업방법을 제시한 바 있다. 『농부의 벗』도 로코우가 설립한 학교에서 교재로 사용하기 위하여 펴냈으며 후에 『어린이의 벗』(1권 1776, 2권 1779)으로 책명을 바꾸었다. 이 책으로 그는 박애주의적 계몽의 관점에서 글을 쓰는 국민과 청소년을 위한 성공적인 작가로 인정받았다. 그의 책은 여러 모방 서적을 낳았다. 로코우는 그 외에도 여러 권의 저서를 펴냈다. 『국민학교와 민족성』,[132] 『기독교 기본 원리

127) Schreiben eines Landwirts an die Bauern wegen Aufhebung der Gemeinheiten. Stendal 1769.

128) Versuch eines Schulbuches, für Kinder der Landleute, oder zum Gebrauch in Dorfschulen Nicolai. Berlin 1772.

129) Der Bauernfreund. Brandenburg 1773.

130) 『어린이의 벗. 농촌 학교용 교재』 Der Kinderfreund, Ein Lesebuch zum Gebrauch in Landschulen, 제1권 Gebrüder Halle, Brandenburg und Leipzig 1776, 제2권 Frankfurt 1779.

131) Friedrich Eberhard von Rochows sämtliche pädagogische Schriften, Hrsg. von Jonas und Wienecke 4 Bände. Reimer, Berlin 1907-1910.

132) Vom Nationalcharakter durch Volksschulen. 1779.

에 따른 보다 낳은 법치를 위한 독일 법전 설계』,[133] 『계몽을 추구하는 교사들을 위한 교리문답 핸드북』,[134] 『건전한 이성의 교리문답』,[135] 『모든 구걸 행위의 근절과 빈자 복지원』,[136] 『미라보의 민족 교육론. 그의 사망 후에 각주와 머리말을 달고 번역 인쇄함』(번역서),[137] 『나의 학교의 역사』,[138] 『개요집 또는 인간-교리문답』,[139] 『시민과 산업학교 조기 수업 자료집』,[140] 『작고한 지식인들과의 문학 통신』[141] 등이 그것이다.

로코우는 교양 있는 지식인 귀족답게 안할트 데사우의 영주 레오폴드 III세, 종교문화성 장관 체들리츠, 데사우 박애주의 학

---

133) Versuch eines Entwurfes zu einem deutschen Gesetzbuch nach christlichen Grundsätzen zum Behufe einer besseren Rechtspflege. Berlin 1780.

134) Hand-Buch in katechetischer Form für Lehrer die aufklären wollen und dürfen, Waisenhaus. Halle 1783.

135) Catechismus der gesunden Vernunft, Oder Versuch, in faßlichen Erklärungen wichtiger Wörter, nach ihren gemeinnützigsten Bedeutungen, und mit einigen Beyspielen begleitet, Nicolai. Berlin 1786.

136) Versuch über Armen-Anstalten und Abschaffung aller Betteley. Berlin 1789.

137) Honoré-Gabriel de Riquetti Mirabeau, Herrn Mirabeau des ältern Discurs über die Nationalerziehung, Nach seinem Tode gedruckt und übersetzt, auch mit einigen Noten und einem Vorbericht begleitet, Nicolai. Berlin und Stettin 1792.

138) Geschichte meiner Schulen, Röhß. Schleswig 1795.

139) Summarium oder Menschen-Katechismus, Rähß. Schleswig 1796. 그 보완판(Zusätze)도 같은 해에 출판했다.

140) Materialien zum Frühunterricht in Bürger und Industrieschulen. Berlin und Stettin 1797.

141) Litterarische Corespondenz mit verstorbenen Gelehrten, Nicolai. Berlin und Stettin 1798.

교의 설립자 바제도우, 그리고 잘츠만 같은 숱한 동시대의 저명 인사들과 친분을 쌓았다. 로코우는 1791년에 메르크 지역의 포츠담 경제협회를 설립하고 초대 회장으로 활동하였다.[142] 이 협회는 메르크 지역의 농업과 수공업 산물의 증산과 성장을 위한 모든 문제를 다루었다.

로코우는 1805년에 사망하였다. 그가 시도한 농촌학교개혁은 나토르프(Bernhard Christoph Ludwig Natorp), 튀르크(Wilhelm von Türk), 프로쉬(Friedrich Wilhelm Gotthilf Frosch) 같은 교육자들이 이어받아 계속 발전시켰다. 레크안에 있는 로코우의 성(城, Schloss)은 2001년에 로코우 박물관으로 보수되었다. 박물관에는 학교교육 개혁자 로코우의 업적과 로코우 가문과 레크안 박애주의 농촌학교의 역사적 자료가 전시되어 있다.

8. 종합적 논의: 박애주의적 교사상

박애주의 교육사상가들의 다수가 신학을 전공한 목사요, 박애적 열정에 사로잡혀 교육에서 박애주의를 실현하려고 노력한 교사다. 신학을 전공하지 아니한 박애주의 교육사상가들도 계몽주의적 신앙으로 무장해서 박애주의 교육의 실현을 함께 모색하였다. 그들은 교사의 본질적 자질을 해박한 지식을 소유하고 있고 이를 학생에게 백과사전적 · 교과서적으로 전달하는 활동으로

142) Märkischen Ökonomischen Gesellschaft zu Potsdam. 메르크는 브란덴부르크의 동쪽에 위치한 지역이다.

이해하여 온 인문주의적 전통에 반기를 들고 학생과 생활 세계를 교육적으로 조화롭게 재구성하여 학생이 최적으로 자아를 실현하도록 도와주는 활동에서 찾았다. 물론 지식의 소유는 중요한 자질이다. 그러나 교사의 첫째 자질은 아니다. 다시 말하면, 그들은 참된 교사의 모습을 잘 가르치는 교사, 오늘날의 표현으로, 학생들이 시험을 좋은 성적으로 치를 수 있도록 지도하는 교사에서 보지 않고, 학생들의 잠자는 영혼을 눈뜨게 하는 교사, 자신의 잠재 능력을 발견하고 계발하도록 안내해 주는 교사에서 보기를 고집하였다. 다시 말하면, 교사의 자질을 오로지 교사의 학력과 지식에서 찾아왔던 인문학적 전통으로부터 학생에 대한 사랑, 곧 박애(博愛)로 무장하고 신념을 가지고 학생으로부터 아직 실현되지 아니한, 그러나 언젠가 실현될 모습을 그려보고 선취하는 교육 능력에서 찾았다.

박애주의적 관점에서 우리는 좋은 교사의 자질 세 가지를 확인할 수 있다. 이를 우리는 유치원의 창시자로 유명한 프뢰벨(Friedrich Wilhelm August Fröbel, 1782~1852)의 묘비에 빗대어 묘사할 수 있다. 그의 묘비는 평소에 그가 최고의 장난감으로 꼽았던 공과 원통과 육면체로 구성되어 있다. 육면체 위에 원통이 놓여 있고 그 위에 공이 놓여 있다. 멀리서 보면 맨 위에 있는 공이 잘 보인다. 가까이 다가서면 원통이 보이고, 아주 가까이 다가서면 공과 원통을 받치고 있는 육면체가 보인다. 이 묘비는 교사의 자질에 관한 좋은 설명 모델이다. 교사의 자질은 공에 해당하는 지식, 원통에 해당하는 학생애, 그리고 육면체에 해당하는 소명 의식으로 구성되어 있다.

좋은 교사의 첫째 자질은 지식이다. 지식에는 교사가 가르치는 과목의 내용을 얼마나 잘 이해하고 있으며 완벽하게 지배하고 있느냐에 관한 지식이 있다. 이를 '내용지식'이라고 하자. 그리고 교사가 그 과목을 학생들에게 얼마나 잘 전달하고 있느냐에 관한 지식이 있다. 잘 전달하려면 학생의 성장 발달과 학습심리를 잘 알고 있어야 하고 교수학습이론, 교안작성과 교과지도, 교육공학 같은 지식을 전달하는 방법과 도구를 완벽하게 지배하고 있어야 한다. 이를 '방법지식'이라고 하자. 교사의 자질의 첫째 조건은 내용지식과 방법지식의 소유라고 하겠다. 박애주의 교육사상가들의 글에서 우리는 잘 가르치기 위하여 학생의 발달 단계에 따라서 방법과 내용을 적절히 구성하여야 한다는 강조를 도처에서 본다. 뿐만 아니라 그들은 잘 가르치기 위하여 완벽한 이론의 재구성, 철저한 교재의 편집, 어린이와 청소년 문학의 집대성, 그리고 체육과 실기 같은 실용적 교과를 개발하였다.

좋은 교사의 둘째 자질은 학생애(學生愛)다. 교사는 많은 지식을 소유하고 있는 자이기 이전에 학생을 사랑하는 자다. 그는 학생의 현재와 미래를 사랑하는 자다. 학생은 현재 아무것도 모르기 때문에, 아직 어리기 때문에, 무지하고 무식하나 그에겐 어떤 인간으로든지 될 수 있는 잠재 가능성이 있다. 교사는 학생의 미숙하고 무지한 상태와 앞으로 될 성숙한 인간의 모습을 함께 그려보면서 그를 현재 상태 그대로 아무런 유보 없이 사랑하는 자다.

교사의 두 번째 조건은 이 같이 학생의 현재 모습에 대한 무조건적 사랑과 미래의 모습에 대한 선취적 사랑 사이에 있다. 학생이 현재 무지하고 무식하나, 어리고 어리석으나 어떤 인간으로든지 성장할 수 있는 가능성이 있기 때문에, 교사는 학생의 빈부귀천을 따지지 않고 현재의 그의 모습을 사랑한다. 학생은 현재로부터 마땅히 자아를 실현해야 하는데, 실현할 수 있음에도 게을러서 열심히 공부하지 않거나 유혹에 빠져서 잘못된 길로 가면 교사는 선취적 사랑에서 학생을 엄하게 꾸짖고 벌하지 않을 수 없다. 여기에 교사의 학생애의 양면성이 자리 잡고 있다. 학생을 사랑하는 교사는 자신의 안위와 영달을 위하여 학생을 결코 이용하지 않는다. 오로지 학생의 최적의 자아실현을 위하여 그가 할 수 있는 모든 노력을 경주할 뿐이다. 그러고는 교사는 참고 기다린다. 그래서 교사의 덕목 중에서 중요한 덕목인 인내와 신뢰가 모두 선취적 사랑을 중심으로 있는 것이다.

공자는 지식을 전달하는 교사를 경사(經師)라 했고 인간을 기르는 교사를 인사(人師)라 했다. 그리고 경사는 많으나 인사는 없다면서 시대를 한탄하였다. 그로부터 수천 년이 지났건만, 오늘날 인사를 만나긴 공자의 시대보다 훨씬 더 어려워졌다. 우리는 주변에서 숱한 경사를 만날 순 있으나, 인사를 만나긴 어렵다. 교사인 우리 자신을 곰곰이 되돌아보아도 과연 내가 인사인가 자문하면 자신 있게 그렇다고 대답하기가 어렵다. 인사가 되기는 쉽지 않다. 바제도우의 “아, 인간의 벗들이 원하는 그런 교육자들과 교수들을 몇 개의 세미나에서라도 만나 보았으면!”[143] 라는 탄식에서 우리는 인사에 대한 박애주의 교육사상가들의 애타는 그리움을 읽는다.

좋은 교사의 셋째 자질은 소명 의식이다. 가르칠 지식으로 무

---

143) III의 1『기본 교재』저술의 배경, 참조.

장하고 그 위에 학생에 대한 사랑으로 가슴을 가득 채우고 있는 교사는 더할 나위 없이 좋은 교사라고 할 수 있다. 과연 그럴까? 그렇다. 그러나 그에겐 좋은 교사가 되기 위하여 부족한 조건이 하나 더 있다. 이 조건은 가장 중요한 조건이다. 학생애로 무장하고 가르치는 교사라고 하더라도 그가 교사됨의 소명 의식이 없다면, 그리고 그의 소명 의식이 시대를 초월한 높은 철학과 신앙에서 형성된 것이 아니라면 그는 아직 참된 교사가 아니다. 소명 의식이 결여된 교사는 그가 살고 있는 시대와 문화에 체포되어서 그 시대와 문화가 빚어 주는 삶의 가치를 좇아서 학생을 지도할 뿐이기 때문이다. 그리하여 학생들 개개인을 그의 소질과 관심과 성취에 따라서 이 시대와 사회와 문화에서 성공적인 삶을 살아가는 직업인이 되도록 학생을 선도할 수 있을 뿐 시대를 초월하여 학생을 교육할 수는 없을 것이다. 그러므로 교사의 세 번째 조건은 형이상학적 신념에 의하여 동반된 소명 의식이다.

시대를 초월하여 학생을 교육한다는 것은 무엇인가? 출중한 교육 지식과 학생애로 무장한 교사는 학생을 시대와 사회의 총아로 교육한다. 시대에 체포되어 가르치는 교사의 교육적 척도는, 비록 학생애로 무장하고 있다고 하더라도 정치경제적 가치의 차원에 머물러 있다. 그리하여 소위 '출세'의 길을 걷도록 교육할 뿐이다. 지식으로 무장한 교사는 경사의 차원을 벗어나지 못한다. 직업으로서의 교사의 만족도는 자신에게 돌아오는 경제적 가치에 의하여 결정될 뿐이다. 그러나 소명 의식으로 무장한 교사는 시대와 사회를 초월하여 학생을 교육한다. 그러한 교사는 학생을 그의 잠재력으로부터, 이를 종교적으로 표현하면 하나님이 그의 삶을 통하여 이룩하고자 하는 어떤 뜻이 있어서 그에게 선물한 은사로부터 그를 최대한으로 발전시켜, 다른 말로 표현하면 수월의 경지에 이르기까지 자아실현을 하도록 훈육하여, 그로부터 그가 될 수 있는 최고의 인간이 되도록 교육한다. 자아실현의 결과는 오로지 지복성(至福性)과 유용성(有用性)으로 확인될 뿐 어떤 정치경제적 척도에 의하여 좌우되지 않는다. 한 예로, 1885년 조선에 와서 5년 동안 이 땅에 새로운 의술을 펼치다가 이질에 걸려 짧은 삶을 마감한 의사 헤론(John W. Heron, 1856~1890)은 뉴욕 의대를 수석으로 졸업한 재원이다. 그러나 그의 영혼은 당시 희망이라곤 보이지 않는 황무지 같은 땅 조선으로 그를 인도하였던 것이다. 이것이 교육이다.

박애주의 교육사상가들의 교사관에서 일반적 특성으로 확인할 수 있는 교사의 전문성으로 강조한 세 가지 조건을 전체적으로 다시 고찰하면, 사람들의 눈에 제일 먼저 띄는 것은 첫 번째 조건인 지식이다. 그래서 사람들은 일반적으로 '누가 잘 가르치는가?' 로 전문적인 교사를, 좋은 교사를, 뛰어난 교사를 가려내고 평가한다. 그러나 그는 박애주의 관점에서 보면 가장 천박한 교사다. 그는 학생애와 교육철학적 신념이 결여되어 있어서 학생을 위하여 교육하지 않고 자기 자신을 위하여 교육하기 때문이다. 다시 말하면 그는 직업적으로 교직에 서 있다. 그래서 그는 유명해지고 더 많은 대가를 받으려고 자신의 지식과 기술을 갈고닦는다. 그는 경사일 뿐이다. 그는 소피스트가 보여 준 교직의 한계 안에 있다.

그러나 두 번째 조건인 학생애로 무장한 교사는 학생을 위하여 교육하면서 이로써 갖게 되는 보람에서 삶의 의미를 찾는다. 비록 가난하다고 해도 명예를 존중하기 때문에, 돈을 탐하는 교사가 저지르는 비인간적 교사의 행태로 자신을 더럽히지는 않는다. 그러한 교사는 사람들의 눈에 잘 띄지 않는다. 사람들은 '누가 잘 양육하는가?'라는 물음을 통하여 좋은 교사를 가려내려고 하지 않기 때문이다. 어떤 교사가 학생애로 무장한 교사인가는 멀리서 바라보아선 잘 드러나지 않고, 좀 더 가까이 가서 그가 평소에 학생들과 얼마나 많은 시간을 함께 보내고, 어떤 대화를 어떻게 나누며, 어떤 경험을 공유하는가를 알아야 비로소 드러나기 때문이다. 그러한 교사는 참으로 귀하고 훌륭하다.

가장 귀한 교사는 세 번째 조건인 교육철학적 신념과 소명으로 무장한 교사다. 신념과 소명의 바탕 위에 서 있는 교사만이 시대를 뛰어넘어 학생을 교육한다. 학생을 시대와 문화에 체포되어 있는, 그 시대가 공유하고 있는 상대적으로 출세하였다는 평가를 받는 시민으로 양성하기를 목표로 삼지 아니하고 절대적으로 자아를 최고의 경지에 이르기까지 실현하게 하기를 목표로 삼는다. 그리하여 학생을 시대를 초월하여 위대한 인물로 길러낸다. 이러한 교사는 대단히 드물다. 그래서 너무나 귀하다. 이러한 교사의 모습은 그에게로 아주 가까이 다가가서 그와 함께 신념과 생활을 나눔으로써 비로소 확인할 수 있다.

프뢰벨의 묘비를 멀리서 보면 공만 보이고, 좀 더 다가가면 공을 떠받치고 있는 원통이, 아주 가까이 다가가야 공과 원통이 세워져 있는 육면체가 보이듯, 교사의 가장 전문적인 부분은 숨겨져 있어서 겉으로 잘 드러나지 않고 보이지 않는다. 바로 여기에 교사의 전문성을 지식과 기술의 영역에서만 찾으려는 천박한 이해의 현주소가 있다. 그리고 교사의 전문성을 교육의 본질에서 이해하고 세우는 문제의 어려움이 있다.

여기서 교사의 전문성에 관한 물음은 교육의 본질에 관한 물음과 만난다. 교육이 지식의 전달이요, 기술의 숙련이라면 교사의 전문성은 교사가 학생에게 보여 주는 가르치는 지식에 대한 해박한 이해와 가르치는 방법에 대한 빼어난 솜씨일 것이다. 그러나 교육이 깨우침이라면, 정신의 각성이요 영혼의 눈뜸이라면, 그래서 참 자기다움을 획득하고 정립하는 정신적 · 영적 투쟁에서 학생을 도와주는 일이라면, 해박한 지식과 빼어난 솜씨는 이차적인 의미만 있을 뿐, 본질적인 것이 아니다. 왜냐하면 그러한 것들은 교사가 학생의 잠자는 영혼을 눈뜨게 하고, 방황하는 영혼을 돌아서게 하는 힘을 가지고 있을 때에 그러한 힘으로부터 비로소 의미 있게 작용할 수 있기 때문이다. 여기서 우리는 이렇게 말해야 한다. 교사의 전문성은 교사가 겉으로 제시할 수 있는 석사와 박사 같은 높은 학력이나 화려한 업적과 경력으로 확인되는 것이 아니라, '그는 좋은 교사인가?'라는 물음에 대한 대답에서 확인되는 것이다. 좋은 교사란 학생을 대답을 잘하고 시험을 잘 치는, 그래서 높은 성적을 올리는 학생으로 만드는, 캄페가 비꼰 범지혜자(凡智慧者, Pansophus)가 아니라, 박애정신으로 무장하고 학생을 사랑하며 훌륭한 인격인과 성숙한 종교인으로 기르는 교사다.

5 사상사적 의미

1. 박애주의와 인본주의의 갈등

박애주의는 계몽기에 교육과 교육학의 영역에서 독일을 중심으로 형성된 교육사상이다. 박애주의는 글자 그대로 모든 인간을 교육의 대상으로 삼고 교육의 중심축을 고전어를 비롯한 인문 중심의 교육과 국가 중심의 교육에서 국어를 비롯한 생활 중심의 교육과 학생 중심의 교육으로 전환하고 교육받는 어린이의 생활 경험과 이해 능력에 관심을 둔 새로운 합리적 교육방법으로, 학교교육을 전반적으로 개혁하고자 시도한 새롭고 거대한 학교교육 문화운동이다. 박애주의는 두말할 필요 없이 계몽시대의 교육사상이다.

계몽은 18세기에, 좀 더 구체적으로 1770년대부터 1830년대까지 서구에서 집중적으로 일어난 시대정신이었다. 당대의 지식인들은 소위 계몽정신으로 세계를 집중적으로 새롭게 읽고자 했다. 이러한 정신사적 흐름은 자본주의 생산체제의 정착으로 확인되는 경제적 격변에 대한 지식인들의 자아 이해요, 이와 연관된 시민계층의 정신적 성숙의 표현이었다.

임마누엘 칸트는 계몽을 이렇게 정의하였다. '계몽이란 인간이 스스로 초래한 비성숙성에서의 탈출[1]이다. 비성숙성은 다른 사람의 인도 없이 자기 자신의 이성을 섬길 수 있는 능력이 없는 상태다. 이러한 비성숙성은, 만약에 그 원인이 이해 능력의 결여에 있지 않고 타인의 안내 없이 자기 자신의 이성을 사용하겠다는 결심과 용기의 결여에 있다면, 자초한 것이다. Sapere aude![2] 너 자신의 고유한 오성을 섬길 용기를 가져라! 이것이 계몽의 표어다.'[3] 계몽은 오랜 중세적 인간관과 세계관에 체포되어 있는 인간이 자신의 고유한 이성에 눈뜸을 의미한다. 교육에서 계몽은 전승되어 온 가치에 기초한 낡은 교육관에서 벗어나서 새로운 근대적 인간관과 국가관에 눈뜸을 의미한다. 그리하여 새로운 교육관으로 무장하여 신분계층의 한계에서의 교육에 무반성적으로 안주하지 않고 이로부터 신분을 극복한 모든 인간을 위한 새로운 교육으로 나아간 정신을 의미한다. 이러한

1) Kant가 사용한 독일어는 Ausgang이다. 이는 직역하면 출구가 된다. 그러나 여기선 스스로 초래한 자기 자신의 정신적 비성숙성에서 벗어나 나온다는 의미에서 탈출이라 의역하였다.

2) '사페레 아우데'는 호라즈(Horaz)가 주전 20년에 펴낸 서간집에 있는 경구로, '아는 용기를 가져라.' 또는 '현명하기를 모험하라.'라는 뜻이다. 칸트는 이 라틴어 경구를 독일어와 함께 나란히 씀으로써 문장의 효과를 극대화하고 있다.

3) I. Kant, Über die Frage: was ist Aufklärung? Berlinische Monatsschrift, 1784, 4, S. 481.

정신은 한편으로는 합리적인 교육제도와 교육방법을 통한 교육의 개혁을 외치고 실험하게 하였으며, 다른 한편으로는 교육을 통한 인간의 형성과 세계의 개선에 대한 낙천적 확신을 갖게 하였다.

이러한 의미에서 박애주의는 근세의 학교교육을 지배하여 온 인본주의에 대한 도전이었다. 인본주의는 중세 천 년 동안을 지배하여 온 신 중심의 세계 해명과 삶의 질서를 인간 중심으로 돌이킨 새로운 세계관이요, 사상이며, 문화다. 그 결과로 이 세상 자체에 대한 긍정, 자유와 자율의 강조, 개인의 발견, 역사의 인식, 여성의 동등성 같은 인식의 확대와 심화를 가져왔다. 그래서 고대 그리스와 고대 로마의 문예를 인간의 자유롭고 자율적인 이성이 실현한 최고의 정신적 유산으로 새롭게 강조하게 되었다. 고대 그리스와 고대 로마는 인류의 정신문화가 자율적으로 꽃피워 낸 고전으로 기려졌고, 이를 탐구의 대상으로 삼는 인문 연구(studio humaniora)의 붐이 조성되었다.

이러한 일련의 현상은 라틴어 같은 고전어의 교육을 학교교육의 중심 과제로 삼게 하였다. 이렇게 하여 중세기 말부터 박애주의 학교의 교육개혁운동이 일어난 18세기 후반까지 서구의 교육계를 주도하여 온 관심과 노력은 고전어 교수방법의 개선이었다. 고전어를 가르친다는 것은 너무나 자명한 교육의 과제이기 때문에 비판할 필요가 없는 사실이었다. 라틴어를 가르쳐라! 이것이 학교교육의 절대적 명령이었다. 어떻게 하면 더 용이하게, 더 재미있게, 더 신속하게, 더 철저하게 고전어를 가르칠 수 있는가? 이러한 물음은 모든 교육학자와 교육자가 붙들고 씨름하지 않으면 안 되는 절대적 과제였다. 그래서 이러한 물음에 대한 합리적 천착으로 코메니우스의 『대 교수학』과 『세계도해』 같은 위대한 저작이 나왔다. 그러나 수백 년에 걸친 고전어의 강조는 학교교육을 지나치게 언어적 도야와 수학적 도야로, 한마디로 삶과 괴리된 맹목적 지적 도야로 몰고 갔으며, 삶에서 낯설어진 학교교육의 목적에 대한 비판을 불러일으켰다. 이러한 비판의 물결을 일으킨 중심에 루소와 페스탈로치가 서 있다. 이에 영향을 받은 교육사상가들에 의하여 박애주의가 강조되었으며 학교교육의 전반적 개혁운동으로 이어졌다.

인본주의의 기본 특징은, 당시의 신문에 나타난 표현을 빌리자면, '어린이의 동물성(Animalität)보다 인본성(Humanität)을 더 도야하는 데 있다.'[4] 그런데 박애주의 교육운동이 활발하게 전개되어 가면서 인본주의 교육관을 가진 교육자들이 점차 소수로 전락되었다. 비록 소수로 전락하긴 하였으나 인본주의 교육사상가들은, 그들의 표현으로, 소위 '동물성'을 강조하는 박애주의 교육을 강렬하게 비판하고 이에 도전하는 일을 계속하였다. 그 정점에 니트함머(Niethammer)가 서 있다. 니트함머는 『우리 시대의 교육수업의 이론에서 박애주의와 인본주의의 투쟁』[5]이라는 책으로 박애주의에 선전포고를 하였다. 니트함머에 의하면, 근대의 교육제도는 동물주의(Animalismus)에서 나왔다고 할 수 있으며, 이러한 교육제도의 원천을 이루고 있는 사상이 박애주의

4) Oberdeutsche allgemeine Letratur-Zeitung, CXXI(1808.11.1), S. 756.

5) Friedrich Immanuel Niethammer, Der Streit des Philanthropinismus und Humanismus in der Theorie des Erziehungs-Unterrichts unserer Zeit, Jena, 1808. Neu erschienen: Philathropinismus-Humanismus, Texte zur Schulreform. Hrsg. von W. Hillebrecht. Weinheim 1968.

라는 것이다. 이렇게 니트함머는 박애주의를 인본주의와 근본적으로 대립적인 교육사상으로 규정하고 원색적으로 비판하였다.

라틴어는 독일에서 학문의 부흥기에 유일한 문화 언어로 간주되었다. 라틴어는 그리스어와 함께 고전어의 세계를 이루고 있었다. 고전어는 모든 도야의 절대적 조건이 되었고, 학교는 고전어 교육을 제일의 과제로 삼았다. 그런데 고전어를 효과적으로 가르치는 방법에 대한 관심은 결과적으로 목적을 망각하고 수단에 치중하게 만들었으며, 고전어의 기계적 학습을 강조하게 하였다. 인간의 전인교육을 맹목적 암기 능력의 훈련으로, 언어의 도야를 고전어의 학습으로 변질시켰으며, 학교교육에서 고전어 이외의 과목들에 대한 평가 절하를 가져왔다.

그런데 프리드리히 II세가 즉위하면서 그는 교육에서 실제적 유용성(reale Nützlichkeit)을 강조하였다. 실제적 유용성이란 교육받은 결과가 사회생활과 직업 생활에서 생산성과 유용성으로 확인되어야 함을 강조한 개념이다. 그리하여 교육은 규범적 고전어 교육에서 실천적 지식 교육으로 개념이 재정립되었으며 이에 따라 학문의 개념도 재구성되었다. 지식의 규범적 접근은 이론적으로 순수한 지식은 결코 높은 가치를 생산할 수 없다는 관점 아래서 점점 더 변두리 위치로 내몰렸다.

박애주의 교육사상이 강조하는 핵심은 다음과 같다. 학교는 인간 내면의 모든 정신적 비등을 통제하고 행복하고자 하는 삶의 추동을 억제하며 파괴하는 규범적 지식을 가르치기를 중지하고, 생활에 쓸모 있는 지식과 기술을, 전승되어 온 가치와 습관을, 현재를 구성하고 있는 지식과 기술을, 지복성과 유용성의 조화로운 삶을 이루어 내고 영위할 수 있는 덕목을 가르쳐야 한다. 그리하여 수백년 동안 불변의 교육내용으로 자리 잡고 있었던 고전어 교육이 위기에 처했다. 고전어의 자리에 국어와 외국어라는 새로운 언어가 들어섰다. 근세 국가의 신분계층 시민으로 부상한 자유시민의 생활언어인 국어(독일어)가 학교가 가르쳐야 할 제1언어로 자리 잡았다. 그리곤 제2언어로 고전어 대신에 이탈리아어, 프랑스어, 영어 등의 외국어가 자리 잡았다.

인간은 이성만으로 존재하거나 동물성만으로 존재하는 존재가 아니다. 그렇다고 해서 인간이 이성과 동물성의 양성을 동시에 가지고 있는 것도 아니다. 인간은 양성을 하나로, 둘로부터 이루어 낸 제삼의 하나라는 본질로 가지고 있다. 인간은 이성을 통하여 동물성을 통제하고 승화시킨 존재로 있던가, 동물성을 통하여 이성을 노예화해 버린 존재로 있다. 그러므로 인간에 내재하고 있는 동물성을 이성과의 관계 아래서 파악하지 않으면 안 된다. 수업은 인간을 단지 이성으로 인도하기만 하면 안 된다. 인간은 양면적 본성(eine Doppel-Natur)의 존재다. 그러므로 인간은 단지 이성으로 일깨워야 하는 존재가 아니라, 이성이 본성과 조화와 균형을 이루어 아름다운 언어와 작품과 생활로 표현될 수 있는 능력을 가진 존재로 도야해야 하는 존재다. 수업의 주목적은 이성의 도야다. 바로 이러한 주장에 인본주의는 서 있으면서 박애주의가 서 있는 국가와 사회에 유용한 인간과 자신의 삶의 의미를 충족시켜서 행복을 누리는 삶을 사는 개인의 지복성으로의 교육을 비판하였다. 결과적으로 당대의 정치적 · 종교적 지배 세력을 등에 업은 인본주의에 의하여 박애주의는 구축되었으나, 인본주의가 비판한 바로 그 관점과 내용을 통하여 학교교육은 19세기에 지속적으로 개혁되어 갔다. 그리하여 박애주의 교육사상과 학교교육 문화가 근대적 학교교육의 사상과 제도의 토대로 기능하게 되었다.

2. 개인교육과 사회교육의 조화

앞에서 우리는 간략하게 박애주의 교육사상이 왜 인문주의 교육사상에 의하여 도전받았는지 살펴보았다. 교육학은 구체적 학문이다. 따라서 한 시대의 교육학은 교육의 이념, 목적과 목표, 과정과 내용, 방법과 평가, 제도와 형식에서 그 시대의 사회문화적이요 정치경제적인 상황과 직접적이며 비판적인 상호 교호작용을 통하여 성장해 왔다. 박애주의 교육학은 이러한 점에서 18세기에 서구의 기독교 문화와 계몽정신이 지배하는 사회에서 일어난 활발하고 구체적인 교육운동이었다. 당시의 인본주의 교육은 현실과 거리가 먼, 추상적이고 규범적일 뿐 삶의 직접적인 지식과 능력으로부터 거리가 먼, 따라서 쓸모없는 지식을 강제로 주입하는 교육이었다. 아니, 적어도 박애주의 교육학의 관점에서는 그렇게 보였다. 그래서 이러한 교육에 반기를 들고, 공익성과 지복성의 조화로운 실현을 모색하는 박애주의 교육운동을 전개하였다. 이는 공교육의 이론적이요 제도적인 틀을 개인교육과 사회교육의 조화라는 개념 아래서 새롭게 다지는, 글자 그대로 전혀 새로운 학교교육 문화운동이었다. 박애주의 교육학에서 어린이는 비로소 어린이로 인정되었으며, 교육의 역사에서 처음으로 교육받는 대상인 어린이와 학생의 눈높이에 맞추어 그들을 직접적 독자와 학습자로 한 교재와 부교재가 만들어졌다.

우리는 박애주의 교육학의 이러한 면면을 캄페의 글에서 범례적으로 확인할 수 있다. 캄페의 글 중에 그가 쓴 교육에 관한 글을 편집하여 두 권으로 펴낸 『교육에 관한 글 모음』 제2권 225~308쪽에 '어린이의 해로운 조기 학습과 대량 학습'이라는 글이 있다. 이 글 부록으로 그가 쓴 당대의 인문주의 학교교육을 비판하는 해학적 단편소설 『판소푸스 선생과 발렌틴 구트만 씨의 대화』가 268~308쪽에 실려 있다. 판소푸스(Pansophus)는 범지혜자란 뜻의 라틴어로, 당대의 저명한 교육학 교수의 이름이며 구트만(Gutmann)은 선한 사람이라는 뜻의 독일어로 단순한 농부의 이름으로 등장한다. 고전어와 국어로 된 두 사람의 이름이 이미 인문학이 지배하는 시대정신과 이에 도전하는 박애주의적 교육과 생활정신을 상징하고 있다.

구트만이 여섯 살 된 아들의 교육을 위하여 당대의 저명한 교육학 교수 판소푸스를 방문한다. 그리고 묻는다. 제 아들이 여섯 살인데, 어떤 교육을 받으면 선생님처럼 훌륭한 인물이 될까요? 판소푸스 교수는 대답한다. 내 아들도 여섯 살인데, 반갑소. 내 아들은 이미 라틴어는 유창하게 말하고 쓸 줄 알고 그리스어도 읽을 줄 알지. 그대 아들은 어떤가? 이렇게 하여 시작된 대화는 구트만의 다음과 같은 답으로 끝난다. "내 아들은 살아야 하고, 사는 것을 느껴야 하며, 사는 것을 즐기고, 보다 아늑한 삶을 위하여 매일 매일 준비해야 하기 때문에, 글읽기를 배울 시간이 없습니다."[6] 이러한 어린이의 삶에서 시작하여, 어린이가 현재

6) Campe, Gespräch zwischen Herrn Pansophus und Valentin Gutmann, 6장

의 삶을 적극적으로 '살고' '느끼며' '즐기고' 그리고 미래의 풍요로운 삶을 '준비하게' 하는 교육은 어린이를 교육의 주체로 보고 어린이 자신의 삶을 즐기는 인격인으로 성장하도록 보장하는 교육의 길이었다. 여기에 박애주의 학교교육의 진수가 있다. 이러한 교육은 어린이를 철저히 규범적 교육의 대상으로만 보고, 강제로 라틴어를 주입하여 왔던, 그리하여 신체는 파리하고 머리만 큰, 뜻도 모르고 맹목적으로 키케로와 세네카를 암송하는 원숭이로 만들었던 당시의 인본주의 교육 현실에 대한 직접적인 비판이요, 도전이었다.

박애주의 교육사상가들 가운데서 잘츠만을 제외하고는 교육학의 고전으로 남아서 오늘날까지 읽히고 있는 교육사상가는 없다. 그럼에도 그들의 저서들은 19세기와 20세기를 거쳐서 오늘에 이르기까지 간헐적이긴 하지만 언제나 다시금 인쇄되고 출판되곤 하였다. 그리하여 그들의 업적과 사상이, 그들의 역사적 존재와 크기가 현대에 비추어 끊임없이 재발견되어 왔다. 그렇다고 해서 박애주의 교육사상이 현대에 이르기까지 직접적으로 오늘날의 교육학과 교육현실에, 개혁교육의 물결에 영향을 주어서 영향사로 작용한 것은 아니다. 여기엔 여러 이유가 있겠으나, 한 가지 분명한 이유는 그들이 잘츠만을 제외하고는 너무나 급진적이었다는 것이다. 그들은 비록 옳았으나, 동시대의 정치와 종교의 지도자들이 미처 그들의 사상을 이해하고 공감할 수 있는 상황에 이르기도 전에 전략을 짜고 작전을 수행하듯이 학교 개혁

Über das schädliche Früwissen und Vielwissen der Kinder의 부록, In: Sammlung einiger Erziehungsschriften. Leipzig 1778. Th. 2, S. 225-308. 인용은 S. 279.

의 프로그램을 알리고 개혁학교를 설립하고 단행본과 편집서와 월간지 같은 다양한 매체를 동원하여 문서 활동을 벌였다. 그들은 한마디로 질서 있게 돌아가는 사회를 뒤집어엎으려는 전사처럼 돌진하였다. 결국 사람들은 그들에게 등을 돌렸을 뿐만 아니라, 그들의 활동을 가능한 한 방해하고 억압하였다. 그 결과로 박애주의 교육운동은 시작한 지 반세기도 되지 않아서, 그러니까 1800년대로 접어들기 전에 주저앉았으며 거의 잊혀졌다.

19세기로 들어서자 박애주의 교육운동의 개혁적 성격과 내용은 헤르바르트가 주도한 학교와 수업에 관한 새로운 이론과 실천에 흡수되고 말았다. 그리하여 신인문주의가 내세운 새로운 도야와 교육의 철학 속으로 묻혀 버렸다. 19세기를 지배한 두 사상적 흐름인 신인문주의와 칸트학파는 모두 박애주의를 역사적으로 비판하고 정리하는 역할을 하였다. 신인문주의자들은 박애주의자들의 철학적 천박성을 비판하였다. 칸트의 영향을 받은 관념론적 교육사상가들은 박애주의가 교육의 근본이념으로 강조한 지복성(Glückseligkeit) 개념을 칸트의 의무 개념으로 극복하였다.

루소가 제기하였던 문제, '교육은 인간을 인간(Mensch)으로 도야하여야 하는가 아니면 시민(Bürger)으로 도야하여야 하는가?'를 박애주의자들은 시민으로 도야하여야 한다고 답하였다. 그리하여 시민으로 갖추어야 할 유용성(Brauchbarkeit, Nützlichkeit)을 지복성과 더불어 교육의 이념으로 강조하였다. 이와 대조적으로 훔볼트를 대표로 하는 신인문주의자들은 인간을 인간으로 도야하는, 인격을 갖춘 개성으로, 인간적 완전성과 다면성으로, 자신의 능력을 하나의 조화로운 전체로 도야하는 교육을 강조하였다.

교육과 도야에 관한 이러한 파악은 정신사적이고 이념사적인 대립이었을 뿐만 아니라, 직접적으로 현실적인 생활사의 성격을 담고 있었다. 예를 들면, 트랍은 프러시아의 프리드리히 대왕이 서거한 후에 국가와 학교의 분리를 주장하였다. 다시 말하면 학교를 국가가 직접 경영하는 구조 대신에 시민의 공동체인 지역사회가 학교의 공공적 담지자가 되어 학교의 내외적 문제를 관장하여야 한다는 생각이다. 그러나 이러한 생각은 김나지움의 교사들에 의하여 받아들여지지 않았다. 그들은 자신을 새롭게 교육받은 시민계층의 대변자로 자처하였다. 그들은 1800년대로 접어들어 프러시아의 개혁시대에 국가의 도움으로 고등교육을 통하여 사회적 지위의 상승을 쟁취한 세력이었다. 이러한 경과는 19세기로 접어든 시민사회의 발전 추세를 이루고 있었다. 시민은 귀족과 평민(Pöbel)으로 구분되었으며, 18세기의 국민계몽과 도야에서 표현되었던 본래적 시민 개념은 점차 신분 정치적으로 재구성되었다. 그리하여 '교육은 신분적 특권이 되었다.'[7) 도야와 교육이, 학교와 수업이 우선적으로 정치적 관심사가 되었으나, 아직 교육법이 도입되고 선포되지는 않았다. 교육받은 시민계층은 정치적 폭력을 추구하지도 않았고, 가지고 있지도 않았다. 그러나 그들은 의식적으로 추구하지는 않았으나 관심사였던 것은 사실이었던 만큼 새롭게 구상한 학제와 고등교육기관을 통하여 사회계층의 정착과 재생산이 제도적으로 보장되는 일에는 심혈을 기울였다.

지금부터 약 200년 전에 박애주의는 그들이 주장하는 교육의

7) "Bildung wird Standesprivileg", Ulrich Herrmann, a.a.O., S. 157.

이상을 당시의 사회현실에 지혜롭게 연결시킴으로써 독일의 교육학이 이론과 실천 면에서 근세의 교수학(Didaktik) 이론의 수준에서 현대의 교육학(Pädagogik) 이론의 수준으로 넘어가게 하였다. 다시 말하면, 현대적 교육학의 기초를 놓았으며 통로를 만들었다. 여기에는 이중적인 의미가 있다. 첫째, 계몽기 이전까지의 교육학은 독일에서 독일 고유의 교육사상과 실천의 전통이었다기보다는 주로 외래적인 교육사상과 모델의 수용으로 이루어져 왔다. 이러한 점에서 박애주의는 독일의 고유한 교육학의 시도라고 하는 새로운 출발점이었다. 둘째, 교육과 국가의 개념이 모호하였던 시대에 박애주의는 교육과 국가의 관계를 밝히고 현대적인 의미로 국가를 파악함으로써 교육을 국가의 공적이요, 공개적인 과제로 만들어 교육입국(敎育立國)의 길을 추구하되, 이를 교육받는 인간 개개인의 주체적인 자아 형성의 길 위에서 모색하였다. 이는 당시에 서구를 휩쓸었던 양대 혁명인 프랑스 혁명과 산업혁명에 대한 박애주의자들의 태도에서도 분명히 확인되고 있다.[8)]

박애주의 교육학이 한국의 교육현실에 주는 의미는 양면적이다. 한편으로 우리는 박애주의로부터 교육과 도야의 이론과 실천을 비판적으로 재수용하여야 하겠다. 우리 학교교육은 학업성취의 상대평가 구조에서 전인적 인격교육을 할 수 있는 능력

8) 예를 들면 캄페의 글, "Über einige verkannte, wenigstens ungenutzte Mittel zur Beförderung der Industrie, der Bevölkerung und des öffentlichen Wohlstandes". Wolfenbüttel 1786. 이 글에서 캄페는 교육을 국가산업의 발전과 인구의 증가 그리고 사회적 복지의 증진을 도모하는 가장 합리적인 수단으로 이해하면서 교육이 국민의 경제적 자질 부여를, 현대적인 표현으로 국가 발전을 위한 인력의 수급을 보장할 수 있어야 한다고 주장하였다.

을 거의 상실하였다. 박애주의 학교교육에서 우리는 전인적 인간 도야의 바탕 위에서 시민으로 유용한 지식과 기술의 교육이 성숙하게 이루어지고 있음을 확인할 수 있다. 전인적 인간 도야를 가능하게 하는 교육은 절대적이다. 모든 상대적 개념이 척도로 작용하는 곳에서 전인교육은 설 자리를 잃고 만다. 그러므로 교사의 자질을 박애주의적으로 가꾸어 갈 수 있는 교사교육과 행정 체제의 재구조화가 요청된다 하겠다.

다른 한편으로 우리는 한국의 교육학 이론 정립을 위한 노력에서 교육과 정치의 바른 관계와 인간교육의 바른 길의 모색에서 출발한 박애주의의 사례를 직시해야 한다. 우리나라의 학교교육 정책은 상대적으로 보다 더 국가 중심으로 치우쳐 있다. 그리하여 절대적 인격으로서의 인간교육의 바탕 위에서 시민을 양성하는 것이 아니라, 국가의 보존과 발전에 필요한 인력을 양성하여 배출하는 기능을 최우선시하는 학교교육을 지향하고 있다. 이는 인간자원개발(HRD)이 국가의 정책과 재정에서 차지하는 비중에서 잘 드러난다. 박애주의 교육사상의 핵심인 인격인의 바탕 위에서 시민을 양성하여야 인간 개개인과 국가 전체가 함께 지복성과 유용성의 균형과 조화 속에서 최적으로 꽃피어날 수 있다는 생각을 우리는 우리의 흔들리는 공교육 현실에서 반성해 봐야 할 것이다.

3. 대안교육의 원천

데사우 박애주의 학교는 오늘날 우리가 공유하고 있는 교육에

[그림 5-1] 데사우 박애주의 학교가 똬리를 튼 박애주의의 성지 디트리히(Dietrich) 궁전

관한 학문적 관점에서 볼 때 이론과 실천에서 온전하고 또 멋있는 근대적 학교교육의 시작이었다. 뿐만 아니라 오늘에 이르기까지 어린이, 학생 또는 교육 소비자를 전인적으로 교육하기에 바람직한 학교교육 문화의 실현을 모색하는 모든 대안교육의 원천이요, 조상(祖上, Stammmutter)으로 기능하고 있다. 비록 1774년부터 1793년까지 20년이란 짧은 기간에 탄생하고 활동하였으나 그럼에도 데사우 박애주의 학교가 독일뿐만 아니라 독일을 넘어서서 서구의 근대 학교교육의 전개에 끼친 영향은 절대적이다. 박애주의와 박애주의 학교로 인하여 18세기는 계몽의 세기였을 뿐만 아니라 교육의 세기가 되었다. 이러한 관점에서 우리는 데사우에서 1774년에 인류의 역사상 최초로 '인간의 벗(Philanthropen)'을 기치로 내건 계몽적 개혁학교가 설립된 의미를 보아야 한다.

박애주의 학교는 어린이와 학생에게 이로운 학습방법을 개발하고 실천하여 수업을 어린이와 학생 중심으로 혁신하였다. 이 학교는 전승되어 온 인문학계의 학습내용을 수용하는 대신에 미래의 시민을 양성할 생활 실천적이고 직업 실용적인 지식과 기술과 덕목을 교육내용으로 삼았다. 비록 박애주의 학교개혁 운동이 기성 사회의 지배계층에 의하여 강한 반대와 제약 아래서 좌초하였으나, 독일의 계몽교육 정신에 힘입어 그 이후의 서구의 모든 학교가 박애주의 교육사상이 표방한 학교개혁의 길을 걸어가도록 하는 밑거름이 되었다.

모든 교육은 보다 나은 삶을 지향하고 있다. 그러나 추구하는 형태와 색깔은 다양하다. 인본주의는 규범적 · 신분적 가치를 추구하였으나 박애주의는 삶의 직접적 · 실천적 가치를 추구하였다. 지복성과 유용성이라는 큰 두 가치는 이러한 역사적 삶의 현실을 통하여 정립되었다. 체육교육과 윤리 교육의 강조도 이러한 맥락에서 나온 것이다. 여기서 우리는 박애주의 교육사상이 서양의 교육 전통의 바탕에서 새로운 교육을 시도하였음을 알 수 있다. 서양의 교육 전통은 기독교적 교육 전통이다. 그 중심엔 하나님을 믿는 신앙과 부모 중심의 가정이 있다. 자녀를 교육하는 주체는 국가나 교회가 아니라 부모였다. 가족 간의 밀도 있는 관계를 바탕으로 한 세대 간의 관계 아래서 신앙과 생활교육이 이루어졌다. 민족은 이를 바탕으로 형성된 그 큰 단위였다. 우리는 이렇게 말할 수 있다. 가정은 민족 교육의 기관이요, 힘이다.

박애주의는 18세기에 계몽정신이라는 정신사적 분위기 안에서 일어났다. 교육보다 더 시대문화적인, 다시 말하면 역사적 제약과 조건 아래서 전개되었다. 교육은 인간의 문화활동 가운데서 가장 역사적이다. 역사를 초월하여 이루어지는 교육은 없다. 이러한 관점에서 박애주의 교육학의 이론을 체계적으로 집대성한 『재검토』에서 박애주의 교육학자들이 제IX권에 로크의 『교육론』을 자세한 각주를 달아서 편집 출판한 의도를 알 수 있다.

영국이라는 문화권에서 공동의 역사가 만들어 낸 교육적으로 이상적인 인간상은 신사(Gentleman)다. 이 신사의 개념을 박애주의자들은 지복성과 유용성의 덕목이 조화와 균형을 이룬 인격인으로서의 교양시민으로 재구성하였다. 박애주의자들이 루소로부터 어린이를 발견하였으나, 자연 그대로의 인간으로서 어린이가 아니라, 처음부터 역사적이요 사회적인 존재로서 어린이라는 사실을 잘 인식하고 있었으며, 또한 강조하였다. 어린이의 삶에서 삶으로 이루어지는 교육, 현재의 삶 자체를 느끼고 의미 있게 해 주는 교육, 구체적으로 학문과 종교의 언어인 라틴어와 그리스어 대신에 생활언어인 국어를 필수로 또 먼저 가르칠 것을 강조하고, 체육, 실기 그리고 윤리 같은 생활의 건강과 실용과 덕목을 강조하는 교육은 이러한 바탕에서 정립되었다. 모든 교육은 미래의 보다 나은 삶을 지향하고 있다. 인본주의는 규범적·신분적 가치를 추구하였으나 박애주의는 삶 직접적·실천적 가치를 추구하였다. 지복성과 유용성이라는 두 큰 가치는 이러한 역사적 삶의 현실을 통하여 정립되었다. 체육 교육과 윤리 교육의 강조도 이러한 맥락에서 구성되어 나온 것이다.

이는 시대와 문화의 바탕 위에서 루소를 수용한 인식을 보여주는 것이다. 또한 로크가 강조한 경험심리학적이고 개인중심적인 교육은 개개인을 최적으로 교육하여 일반적 교양으로 무장한 인격인으로서의 신사로 양육하는 것이었다. 박애주의 교육학에서 로크의 신사교육이 18세기 계몽의 정신으로 경험주의적으로 접근하여 국가와 사회에 유용한 이상적 시민상으로 재구성되었다. 그리하여 박애주의 교육학에서 지복성과 유용성 또는 공익성의 조화와 균형을 이룬 시민의 양성이라는 교육관으로 제시되었다. 이는 사회가 공유하고 있는 객관적이고 규범적인 척도로 확인되는 신사의 인간상에서 머물지 않고 주관적 신앙에서 형성되고 정리된 그 자신의 절대적 삶의 가치에 기초한 삶이 동시에 간주관적으로 삶의 공동체인 사회와 국가에 유용한 삶으로 확인되는 인간상이다. 그래서 그러한 인간은 개인적 삶의 지극한 행복과 사회적 삶의 확실한 유용성이 조화를 이룬 하나로 확인되는 인간상이다. 로크가 '신사'로 표현한 교육받은 결과로 실현된 이상적 인간을 박애주의 교육사상가들의 입장에서 표현한다면 아마도 '박애인'이 될 것이다. 우리는 이렇게 말할 수 있다. 박애주의 교육학은 계몽된 시민의 양성을 강조하는 교육을 통하여 영국의 신사교육의 이념을 넘어섰을 뿐만 아니라 후에 훔볼트에 의하여 '일반적 인간 도야(allgemeine Menschenbildung)'로 강조된 시민교육의 이념을 이미 제시하였다. 또한 인간과 국가의 교육적 관계는 언제나 학생 개개인에서 시작하여 균형과 조화의 자아실현으로 끝나지 않으면 안 된다. 이러한 교육은 박애주의 학교교육운동이 보여 주듯 같은 교육관으로 모인 교사들이 교육의 이론, 내용, 방법, 교재의 제작, 교사의 양성, 청소년 문학 같은 학생을 독자로 한 부교재의 제작, 이를 위한 인쇄소의 건설 및 학부모의 계몽과 지지를 위한 학교 공개, 그리고 정치적 · 종교적 지배계층의 계몽을 위한 잡지의 발행 등 전체적(holistic) 접근을 통해서만 성공과 효과를 거둘 수 있음을 보여 주고 있다.

4. 데사우 박애주의 학교의 오늘

최초의 데사우 박애주의 학교는 20년을 지속하다가 폐교되었다. 그 자리에는 데사우 김나지움(Dessauer Hauptmann-Loeper-Gymnasium)이 대신 들어섰다. 그 후 1945년에 이르러 김나지움은 괴테 오버슐레(Goethe-Oberschule III)로 바뀌었다. 그렇게 내려오다가 1968년에 시대 변화와 요구로 다시 데사우 박애주의 학교(Dessauer Gymnasium Philanthropinum)가 되었으며, 오늘에 이르고 있다. 이 학교가 2014년에 설립 240주년이 되었다. 학교는 이를 기념하여 2014년 9월 12일(금)에서 14일(일)까지 설립 240주년 기념축제를 열었다. 이 축제에 작센 안할트(Sachsen-Anhalt)의 문화성 장관 슈테판 도걸로(Stephan Dorgerloh)와 데사우 시장의 축사가 있었으며, 시립합창단과 합주단이 학생들과

[그림 5-2] 박애주의 학교의 건물

함께 합창하며 연주하고 춤을 추었다. 할레-비텐베르크의 마틴 루터 대학교 랄프 토르스텐 슈펠러(Ralf-Torsten Speler) 교수가 특별강연을 하였다. 토요일 밤에는 '박애주의 학교 240년'이란 슬로건을 내걸고 모든 학생과 학부형이 참석하여 축제를 벌였다. 그들은 다양한 경기와 문제 풀기, 토론, 각종 놀이 등을 즐겼고, 240개의 소망을 담은 풍선을 하늘에 날려 보냄으로써 축제는 절정에 이르렀다.

박애주의 학교는 이 축제의 절정에 '인종차별주의 없는 학교-용기 있는 학교(Schule ohne Rassismus-Schule mit Courage)'라는 교패를 교문에 새로 내걸었다. 이 교패는 주 정부가 만들어 주 교육청의 코르넬리아 하비쉬(Cornelia Habisch) 감독관이 에크하르트 질름(Eckhard Zilm) 교장에게 수여하였으며, 모든 학생이 긍지를 가지고 지켜보는 가운데 부착한 것이었다.

'Philanthropen'이란 말은 1774년 이래로 '인간의 벗'으로 번역되어 왔다. 인간의 벗이란 표현은 한 국가와 민족의 테두리 안에서 성과 빈부의 차이 그리고 계층과 종교와 직업의 차이와 상이성을 넘어서서 모든 시민을 벗으로 아우르는 의미에서 사용되었다. 뿐만 아니라 데사우 박애주의 학교는 처음부터 국가와 민족을 초월하여 인간의 벗이 되는 학교로, 질름(Zilm) 교장의 표현을 빌리면, '유럽의 학교(Europaschule)'였다. 왜냐하면 데사우 박애주의 학교는 처음부터 러시아, 네덜란드, 리브랜드, 쿠어랜드, 오스트리아, 포르투갈 등의 학생을 받아들였으며, 현재 772명의 학생 가운데 약 7%의 학생이 다문화가정이거나 이민가정이며, 그중에서 약 20명은 국적이 없는 학생이다. 다시 말하면 박애주의 학교는 종교, 인종, 국적을 초월하여 학생을 받아들여 교육하는 전통을 가꾸어 왔다. 그 결과로 학교에서 이민 온 학생을 새로운 학생으로 받아들이는 일이 지극히 일상적인 사건이 되었다. 그래서 낯선 문화와 종교와 가치들로부터 온 학생들이 능동적으로 학교생활에 뛰어들 수 있도록 하는 이름이 '인종차별 없는 학교-용기 있는 학교'다. 인종차별을 넘어서 미래를 향하여 용기를 가지고 앞으로 나아가는 학교에서 배우는 학생들과 가르치는 교사들이 함께 '여기엔 인종차별주의가 있을 공간이 없다'라는 공감대를 형성하고 있다.

이 학교에서 설립 당대에 이미 칸트(Immanuel Kant), 괴테(Johann Wolfgang von Goethe), 안할트(Friedrich von Anhalt) 같은 동시대의 지성인들이, 그 후에 콜베(Carl Wilhelm Kolbe), 마티손(Friedrich von Matthisson), 할러포르덴(Dieter Hallervorden) 같은 지성인들이 데사우 박애주의 학교의 설립 축하행사에 강연으로, 축사로, 축시로 함께 참여하여 왔다. 슈펠러 교수도 이 학교의 졸업생으로 할레 대학교 박물관장을 역임하고 교수직을 은퇴한 후에 열정적으로 데사우 박애주의 학교의 후원회 회장으로 활동하고 있다.

데사우 박애주의 학교가 1774년 12월 27일에 설립되었을 때 교육이념으로 내건 '박애주의', 다시 말하면 '인간의 벗 주의'는 학교를 종교와 신분을 초월하여 모든 학생에게 개방하겠다는 주의로, 시대적 정신을 초월하며 사회적 가치의 근간을 뒤흔드는 혁명적 사상이요 행동이었다. 그래서 칸트는 멀리 쾨니히스베르크에서 데사우 학교가 계몽의 아들이 되어서 학교교육제도의 혁명을 몰아왔다고 표현하였다. 데사우 학교는 이미 설립 초기부터 교육이념에 충실하게 독일을 넘어서서 스칸디나비아, 러시아,

미국 등에 새로운 학교의 모델로 기능하였다. 설립된 지 240년이 지났으나, 데사우 박애주의 학교는 그 설립이념을 여전히 상실하지 않고 있었을 뿐만 아니라, 오늘날 인종차별 없는 학교교육을 생동적으로 실천하고 있다. 그래서 작센-안할트의 문화성 장관 도걸로는 "엘베(Elbe) 강의 좌편에는 마틴 루터의 유산이 흐르고 있고 우편에는 박애주의의 이념이 흐르고 있다. 이 두 정신을 좌우로 하고 데사우 박애주의 학교가 있는 데사우 시가 자리 잡고 있다. 이 얼마나 의미 있는 지형인가!"라고 축사하였다. 오늘날 이와 같은 학교의 정신과 색깔을 교육현장에서 생생하게 보여 주는 학교가 드물기 때문에 민주주의가 자연스러운 삶의 질서가 되어 버린 오늘날 오히려 박애주의 학교를 더욱 빛나게 하고 있다.

참고문헌

오인탁(1998), "박애주의". 연세대학교 교육철학연구회 편, 위대한 교육사상가들 II. 교육과학사, 245-320쪽.

최재정, 캄페의 박애주의 교육사상에 나타난 "교육과 정치"의 관계. 한독교육학연구, 6권 2호(2001. 10.), 95-121쪽.

Ballauff, Theodor/ Klaus Schaller, Pädagogik. eine Geschichte der Bildung und Erziehung. Bd.II: Vom 16. bis 19. Jhdt. Freiburg 1970.

Basedow, Johann Bernhard, Das Elementarwerk, Erster, zweiter, dritter und vierter Band. Ein geordneter Vorrath aller nöthigen Erkenntniss. Zum Unterrichte der Jugend, von Anfang, bis ins academische Alter, Zur Belehrung der Eltern, Schullehrer und Hofmeister. Zum Nutzen eines jeden Lehrers, die Erkenntniss zu vervollkommnen. In Verbindung mit einer Sammlung von Kupferstichen, und mit französischer und lateinischer Übersetzung dieses Werkes. Dessau 1774.

Bedokat, Bruno, Industriepädagogik bei den Philanthropen und bei Pestalozzi. Diss. Halle 1933.

Campe, Johann Heinrich, Allgemeine Revision des gesammten Schul- und Erziehungswesens von einer Gesellschaft praktischer Erzieher. 16 Teile. Hamburg 1785-1792.

Campe, Johann Heinrich, Robinson der Jüngere, zur angenehmen und nützlichen Unterhaltung für Kinder. 2 Theile. Hamburg 1779/80.

Campe, Johann Heinrich, Sammlung einiger Erziehungsschriften. In zwei Theilen. Leipzig 1778.

Dolch, Josef, Einheitliche Grundzüge abendländlicher Erziehung. in: Vierteljahresschrift für Wissenschaftliche Pädagogik. 38.Jg. Heft 1(1962), S.1-12.

Dolch, Josef, Lehrplan des Abendlandes. Zweieinhalb Jahrtausende seiner Geschichte. Ratingen 1971. 3. Auflage.

Garber, Jörn(Hrsg.), Die Stammutter aller guten Schule. Das Dessauer Philanthropinum und der deutsche Philanthropismus 1774-1793. Niemeyer 2008.

Herrmann, Ulrich, Die Pädagogik der Philanthropen. In: Hans Scheuerl(Hrsg.), Klassiker der Pädagogik. Band I. Von Erasmus von Rotterdam bis Herbert Spencer. München 1979, S.135-158.

Iven, K., Die IndustriePädagogik des 18. Jahrhunderts. Langensalza 1929.

Keller, J., Das Philanthropinum in Marschlins. Gotha 1899.

Leube, Dietrich(Hrsg.), J. H. Campe, Bilder ABEZE. Mit 23 Fabeln und illuminierten Kupfern. Frankfurt: Insel 1975.

Lötze, Curt, Joachim Heinrich Campe als Pädagoge. Ein Beitrag zur Geschichte der Pädagogik im Zeitalter der Aufklärung. Diss., Leipzig 1890.

Moog, Willy, Geschichte der Pädagogik. Bd.3: Die Pädagogik der Neuzeit vom 18. Jahdt bis zur Gegenwart. Osterwieck 1933.

Niethammer, Friedrich Immanuel, Der Streit des Philanthropinismus und Humanismus in der Theorie des Erziehungs-Unterrichts unserer Zeit. Jena 1808. Neu erschienen: Philathropinismus-humanismus. Texte zur Schulreform. Hrsg. von W. Hillebrecht. Weinheim 1968.

Oh, Intahk, Bibliographie Joachim Heinrich Campe. Maschinell geschriebener nicht publizierter Forschungsmanuskript. Tübingen 1977. 346쪽.

Pinloche, Auguste/ J. Rauschenfels, Geschichte des Philanthropinismus. Leipzig 1896.

Rauls, Wilhelm, Deensen. Ein Dorf vor dem Solling im Wandel der Zeiten. Holzminden: Weserland 1967.

Schmid, K. A., Geschichte der Erziehung von Anfang an bis auf unsere Zeit. Vierter Band zweite Abteilung. Stuttgart 1898.

Schmitt, Hanno, Vernunft und Menschlichkeit: Studien zur philanthropischen Erziehungsbewegung. Klinkhardt 2007.

Schrader, Karl, Die Erziehungstheorie des Philanthropismus. Versuch eines Systems. Langensalza 1928.

Schumann, Reinhold, Die Auffassung des Philanthropinismus von Gesellschaft und Staat. Leipzig 1905.

Stach, Reinhard, Das Basedowsche Elementarwerk. Seine Geschichte, Eigenart und Pädagogische Bewertung zum 200. Jahre seines Erscheinens. In: Pädagogica Historica. XIV, 2(1974), S.458-496.

Sünkel, Wolfgang, Zur Entstehung der Pädagogik in Deutschland. Studien über die philanthropische Erziehungsrevision. Maschinell geschriebene nicht publizierte Habilitationsschrift. Münster 1970.

Trank, Gustav, "Dr. Karl Friedrich Bahrdt. Ein Beitrag zur Geschichte der deutschen Aufklärung". In: Friedrich von Raumer(Hrsg), Historisches Taschenbuch 7(1866), S.203-370.

Trapp, Ernst Christian, Versuch einer Pädagogik. Unveräderter Nachdruck der 1. Aufgabe Berlin 1780. Mit Trapps hallischer Antrittsvorlesung, Von der Nothwendigkeit, Erziehen und Unterrichten als eine eigne Kunst zu studieren. Halle 1779. Hrsg. von Ulrich Herrmann, Paderborn 1977.

Ulbricht, Günter, Der Philanthropismus als charakteristische pädagogische Bewegung der deutschen Aufklärung. In: Festschrift zum 200. Geburtstage von Johann Christoph Friedrich Gutsmuths. Hrsg. vom Wissenschaftlichen Rat des Staatlichen Komitees für Körperkultur und Sport beim Ministerat der DDR. Berlin 1959, S.7-17.

Weisskopf, Traugott, Immanuel Kant und Pädagogik. Beiträge zu einer Monographie. Editio Academica 1970.

찾아보기

인 명

내 용

저자 소개

오인탁(Oh Intahk)

숭실대학교, 연세대학교, 독일 튀빙겐(Tübingen) 대학교에서 기독교교육학과 교육철학을 전공하고 1976년 3월에 박사학위(Dr. rer. soc.)를 받았다. 이후 장로회신학대학교 기독교교육학과에서 4년간 근무하고, 1981년부터 연세대학교 교육과학대학 교육학과에서 부교수, 교수, 명예교수로 재직하고 있다. 한국 기독교교육학회, 한국 교육철학학회, 한국기독자교수협의회 회장을 역임하였으며, 한독교육학회를 창립하고 초대 회장을 역임하였다. 주요 연구영역은 고대 그리스의 교육사상, 히브리 민족의 교육, 근대 독일교육철학이다.

〈저서〉

현대 교육철학의 전망(1982), 기독교 교육(1984), 현대교육철학(1990), 고대 그리스의 교육사상(1994), 파이데이아(2001), 한국 현대 교육철학과 교육사학의 전개(2001), 한국 기독교교육학 문헌목록 1945~2005(2008).

〈편저 및 공저〉

위대한 교육사상가들(VII권, 1997-2008), 기독교교육학 개론(2005), 교육의 역사 철학적 지평(2006), 교육학 연구의 논리(2006), 새로운 학교교육문화운동(2006), 대학교육 개혁의 철학과 각국의 동향(2006), 기독교교육사(2008), 기독교학교교육(2014).

〈편집서〉

단계 이규호 전집(9권, 연세대출판부), 기독교교육학 기본교재 총서(26권, 한국기독교교육학회), 교육의 역사와 철학(20권, 학지사).

〈주요 논문〉

슐라이에르막허의 교육철학(1978), 코메니우스의 Pampaedia 이론(1980), 대학과 생명교육(1995), 대학교육발전과 기여우대제(2001), 홀리즘에 대한 교육철학적 성찰(2009), 한국의 기독교교육과 역사(2011), 교육의 잃어버린 차원들(2012), 언더우드가 추구한 연세교육의 수월성과 평등성(2013), 교육의 집을 재건축하자(2014).

교육의 역사와 철학 시리즈 ④

박애주의 교육사상

Die Pädagogik des Philanthropismus

2016년 1월 5일 1판 1쇄 인쇄
2016년 1월 15일 1판 1쇄 발행

지은이 • 오인탁
펴낸이 • 김진환
펴낸곳 • (주) 학지사
121-838 서울특별시 마포구 양화로 15길 20 마인드월드빌딩
대표전화 • 02)330-5114 팩스 • 02)324-2345
등록번호 • 제313-2006-000265호

홈페이지 • http://www.hakjisa.co.kr
커뮤니티 • http://cafe.naver.com/hakjisa

ISBN 978-89-997-0837-4 94370
978-89-7548-823-8 set

정가 13,000원

저자와의 협약으로 인지는 생략합니다.
파본은 구입처에서 교환해 드립니다.

이 도서의 국립중앙도서관 출판시도서목록(CIP)은 서지정보유통지원시스템 홈페이지(http://seoji.nl.go.kr)와 국가자료공동목록시스템(http://www.nl.go.kr/kolisnet)에서 이용하실 수 있습니다.
(CIP제어번호: CIP2015028944)